U0476659

湘湖行

楼柏青　著

杭州出版社

图书在版编目（CIP）数据

湘湖行 / 楼柏青著. -- 杭州 : 杭州出版社, 2024.9. -- ISBN 978-7-5565-2473-0

Ⅰ. K928.43

中国国家版本馆CIP数据核字第2024B5V700号

Xianghu Xing

湘 湖 行

楼柏青　著

责任编辑	徐玲梅
美术编辑	倪　欣
责任校对	陈铭杰
责任印务	姚　霖
出版发行	杭州出版社（杭州市西湖文化广场32号6楼）
	电话：0571-87997719　邮编：310014
	网址：www.hzcbs.com
排　版	杭州立飞图文制作有限公司
印　刷	浙江海虹彩色印务有限公司
经　销	新华书店
开　本	710 mm × 1000 mm　1/16
印　张	20
字　数	260千
版印次	2024年9月第1版　2024年9月第1次印刷
书　号	ISBN 978-7-5565-2473-0
定　价	78.00元

（版权所有　侵权必究）

湘湖行

萧山古湘湖，形状似葫芦。
湖边峙两山，西南向东北。
北宋令杨时，惠民筑湘湖。
蓄水溉九乡，浮舟跨云行。
湖中跨湖桥，桥旁出遗址。
独木一叶舟，问史八千年。
湖北山之巅，范蠡建固陵。
句践尝胆地，春秋越王城。
汉末群雄争，孙策战王朗。
唐代众诗人，浙东启诗路。
永兴贺知章，故里在湘湖。
金龟换美酒，回乡作偶书。
诗人陆放翁，几过梦笔驿。
湘湖独钟情，小艇自采莼。
旧貌换新颜，百姓终圆梦。
旅游度假区，笑迎天下客。

石岩山俯视湘湖图（张惟安摄影）

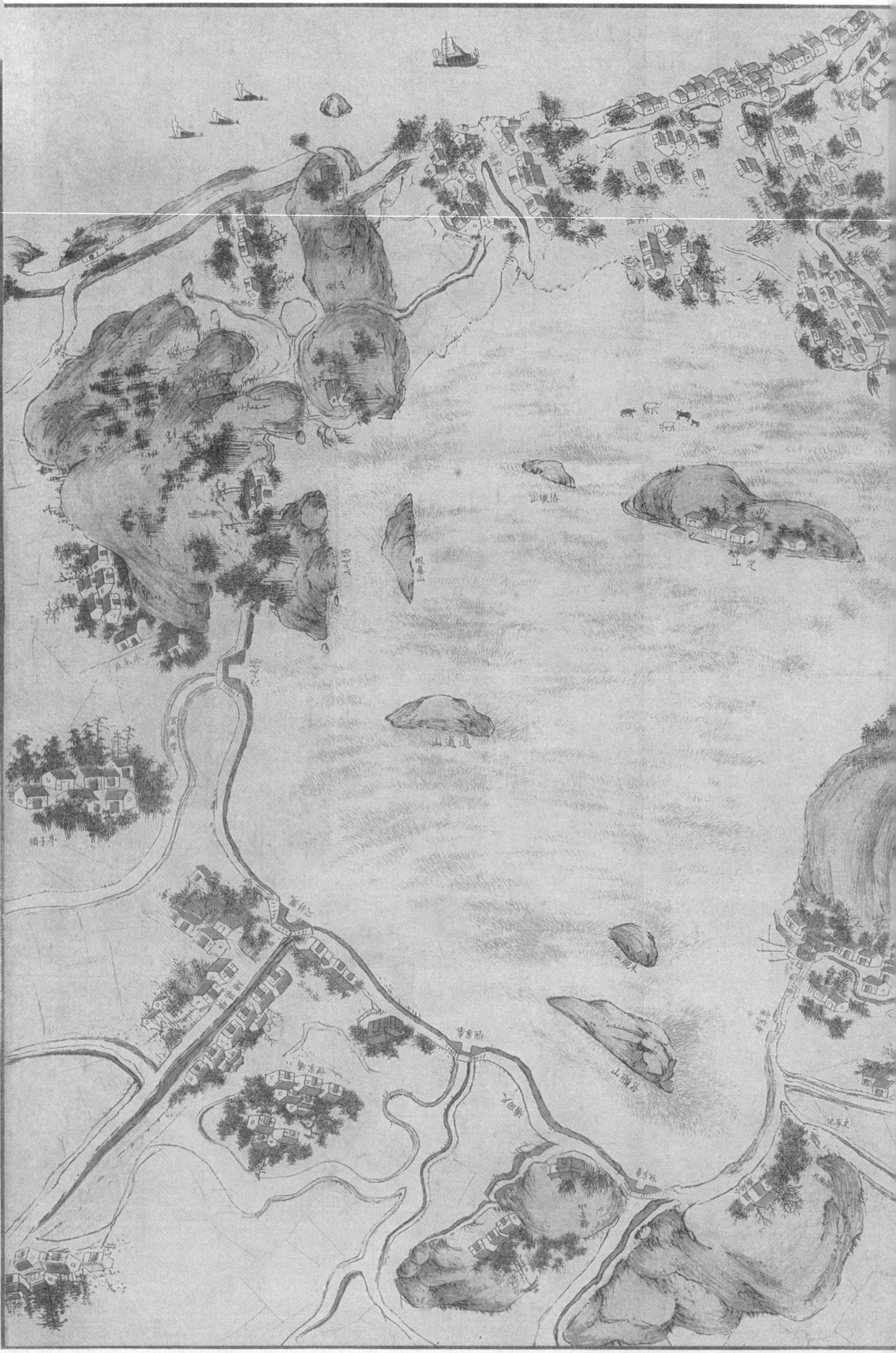

民国十四年（1925）周易藻《萧山湘湖志·萧山湘湖全图》

萧山湘湖全图

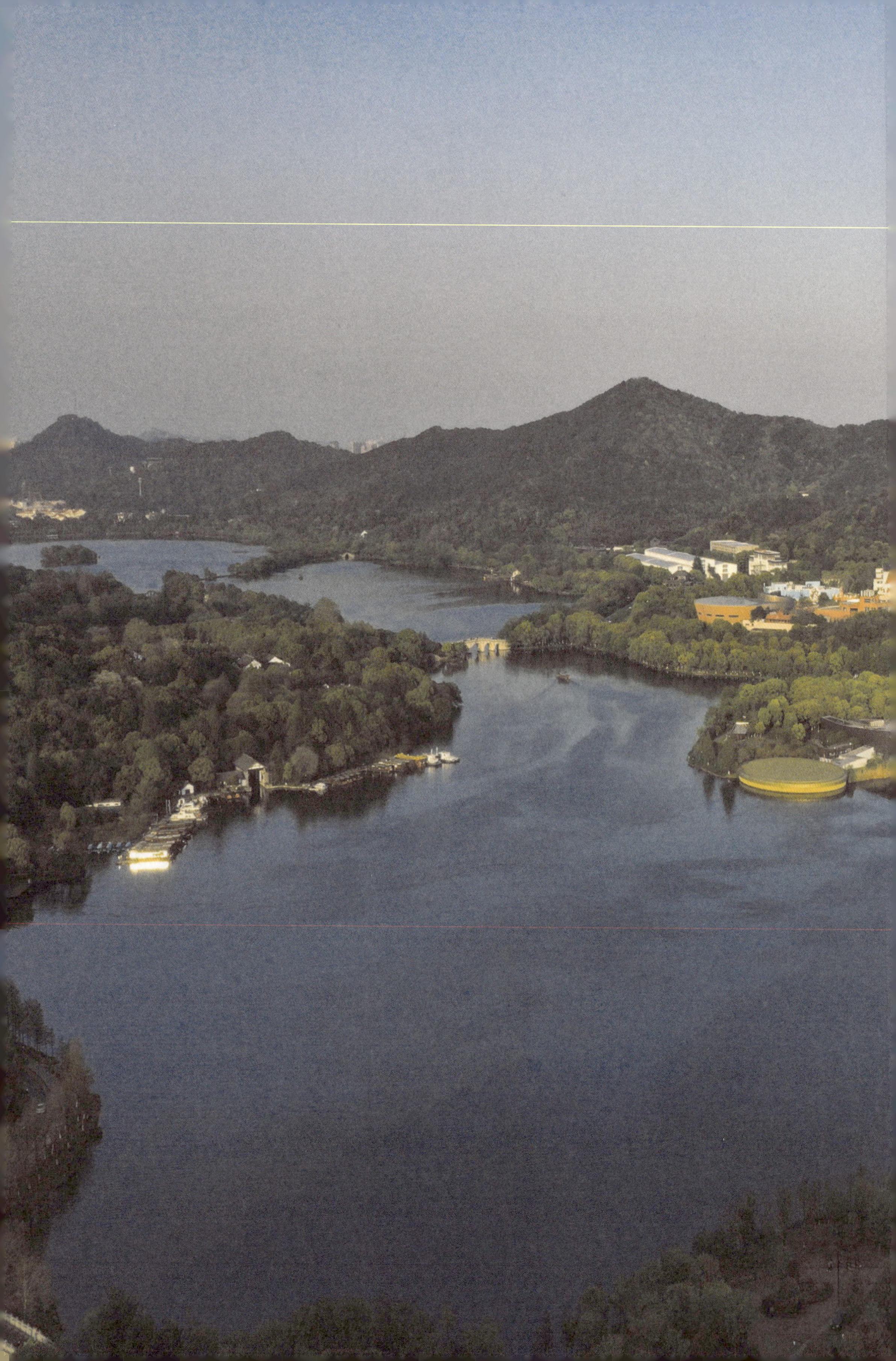

湘湖鸟瞰图（张惟安摄影）

"湘湖杯"第十届元宵冬泳表演赛(宋晓港摄影)

休闲旅游最佳目的地

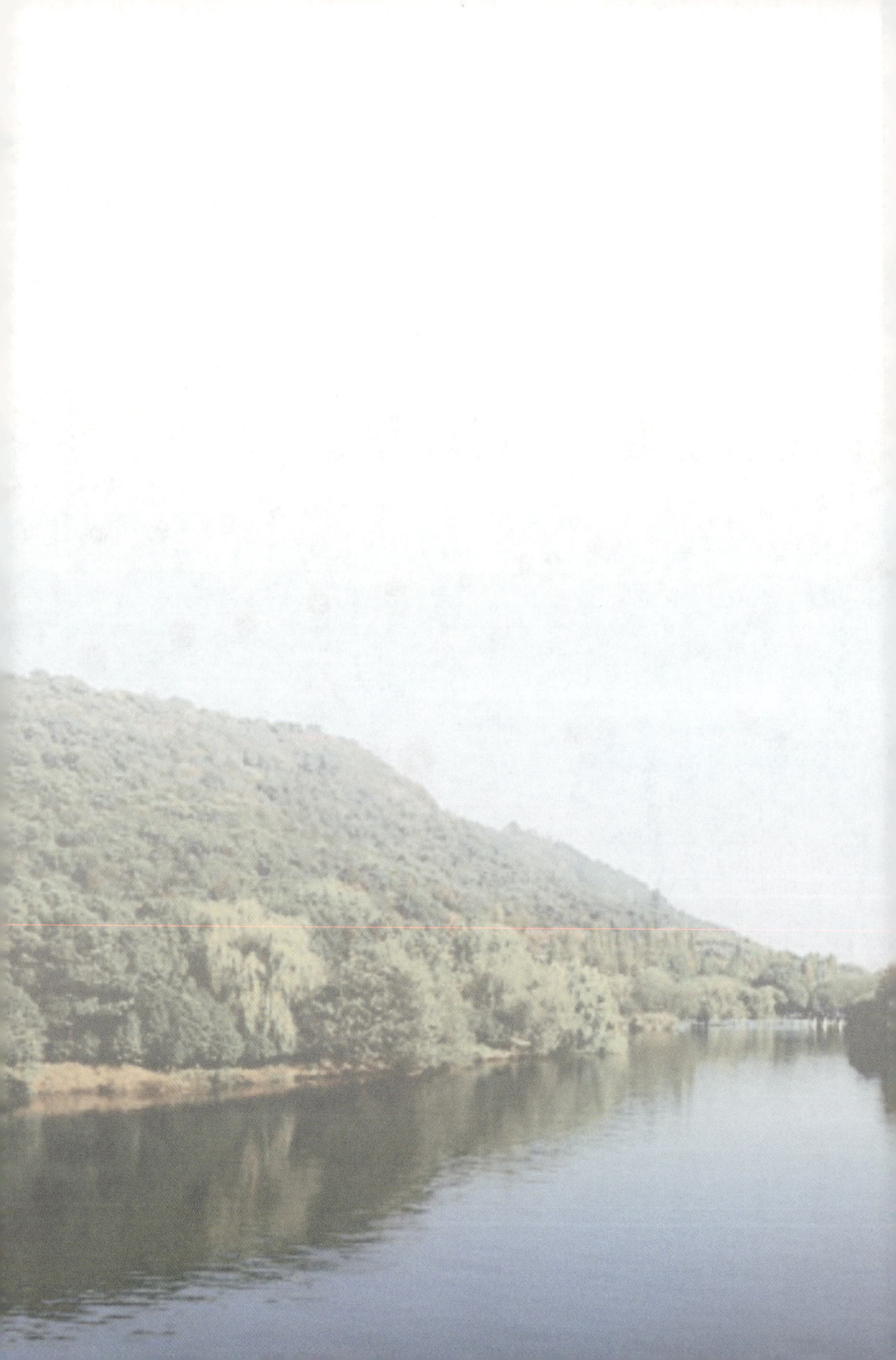

序：一个湖泊如此行走

说湘湖，现在是一种时尚。

文化界眼下热闹，大家都在解说湘湖，分析湘湖，给湘湖出主意。尤其是杭州市、萧山区的文化界，纷纷举办各种研讨会、论坛、圆桌会，中心议题皆是湘湖。湘湖是个时尚课题。

"说湘湖"的时尚，源头在于，湘湖的发生史与发展史本来就很时尚。钱塘江南岸之湘湖的发生，当然与钱塘江北岸之西湖的问世一样，都是杭州古海湾向潟湖的演变；而宋时萧山县令杨时重筑湘湖，也是一段与宋时杭州知州苏东坡疏浚西湖有着同样美誉度的佳话。

苏东坡在第一次到杭任通判时即对西湖有绝美的描绘，至今脍炙人口："水光潋滟晴方好，山色空蒙雨亦奇。欲把西湖比西子，淡妆浓抹总相宜。"

杨时对总面积达三万七千多亩的湘湖的新生，也有这样兴高采烈的描绘："平湖净无澜，天容水中焕。浮舟跨云行，冉冉躐星汉。烟昏山光淡，桅动林鸦散。夜深宿荒陂，独与雁为伴。"

两个美丽的湖泊，两位美丽的诗人！

两个美丽的故事，两项不容易做到的水利工程，两则互为印证的于当代各种研讨会上频频拿出来的例证！

确实，当年湘湖重生的意义是十分重大的：蓄水灌溉了湖泊周边的近十五万亩农田，极大地造福了百姓。湘湖被称为"萧山人民的母亲湖"，实至名归。

所以，说起湘湖的发生史、重生史，大家都是很骄傲的；同样，说起湘湖在后来历史中的逐渐湮没乃至最终消失，大家也是很痛心的。农业时代对于耕地重要性的片面理解与追逐，终于导致了水波粼粼的湘湖在20世纪50年代之后彻底退出萧山地图；虽说湘湖重生之后的几百年里，历朝历代的保湖派与废湖派一直争拗不断。

当然要感谢21世纪初杭州主政者关于唱好"西湘记"的战略决策，也就是说，要在保护、发展好钱塘江北岸的西湖景区的同时，让钱塘江南岸的湘湖也重焕光彩。

杭州忽然有了"两湖"的说法。

萧山人民对这一决策的欢欣鼓舞，自然特别容易叫人理解。让柳丝、花香、水鸟与迷人的湖光山色重现于淤泥塘与一大片凌乱的砖瓦厂，让北宋的湘湖在当代重新浮现，这个前景多么令人感动。

大家都不会忘记，湘湖的重生，曾动用了多么大的人力、物力与意志力；当年吹响的"还湖于民、圆梦湘湖"世纪号角，是多么的激越嘹亮！

湘湖重生的三大步历史性跨越，简直可用"可歌可泣"一词来形容。

第一步，2006年，湘湖一期4.64平方千米的保护与开发顺利完成，面积达1.2平方千米的波光粼粼的湖面完美重现，形成湘浦、湖上、城山、越楼、跨湖桥五大景区，26个各具特色的景点惊艳亮相，包括跨湖桥遗址博物馆、杭州极地海洋公园、下孙文化村、燕尔婚庆园；各种荣誉也向重生的湘湖纷至沓来：中国休闲旅游最佳目的地、中国百强旅游景区、浙江生态景区……

第二步，2011年，湘湖二期的保护与开发工程顺利完成，湖面由1.2平方千米扩至3.2平方千米，景区面积由4.64平方千米扩至10.6平方千米，再建老虎洞、狮子山、湖山、石岩山、中湘湖五大景区，以及湘湖音乐喷泉、青浦问莼、金沙戏水等多个景点。同时，一大批富有地方特色的餐饮茶楼，如越风楼、跨湖楼、湘湖渔村、茗醉园等等，相继出现，加上第一世界大酒店、世外桃源皇冠假日酒店、九龙山庄的先后问世，湘湖的多层次住宿接待体系初步形成。

第三步，于2013年启动湘湖三期工程，继续恢复湖面2.9平方千米。这样，经过三期工程的接力，湘湖水域面积已经达到6.1平方千米，与水域面积为6.39平方千米的西湖基本持平。水波潋滟的湘湖连通了钱塘江和三江口，恢复了历史上漂亮的葫芦形水体格局，水域宽广，林木葱茏，山环水绕，自然风光美不胜收，已成为萧山人民乃至整个杭州人民乐于赏玩的打卡胜地。

当然，湘湖恢复的意义，并不仅仅在于为萧山区添一处令人愉悦的自然景观，不仅仅着眼于旅游，这对于整个湘湖地区的经济发展，有着重大的促进与利好。

也因此，如何让现今的湘湖发展得更好、更迷人、更有竞争力，便又成了热门话题。近期，萧山区的决策部门又召开专题会议，来研究湘湖，并且提出了一个重大课题：如何站在今后二十年的维度，把湘湖建设成中国最美生态湖景区、世界级旅游度假区、跨湖桥文化和吴越文化集中展示地、中国视谷和萧滨一体化核心承载地？

这"两区两地"的新定位，自然又引爆了各界人士的热烈讨论，"说湘湖"三字便又成时尚。

这真是好事情。

也就是说，站在二十年以后来看湘湖，人们会说：果然，湘湖厉害，湘湖不仅是萧山的，不仅是杭州的，不仅是浙江的，不仅是中国的，完全是世界的；湘湖不仅仅是个自然景观湖，不仅仅是个旅游打卡地，完全是一个"产城人文湖"深度融合样板区！

这就要求我们现在就要好好地"说湘湖"，要好好条分缕析，要好好量体裁衣；而其中，更加深入地研究湘湖的来龙去脉、历史特点、人文沉淀，就是一项基础性工作了。

真好，一册楼柏青写的随笔集《湘湖行》就摆在我们面前了。

湘湖，又以它的历史性、文学性、故事性、思辨性，呈现在了我们案头。

"说湘湖"，又添了一册赖以开口的工具书。

湘湖的话题，真个是说不完的。不消说八千年的跨湖桥文化呈现在这里，这里出土了迄今为止发现的整个人类第一条独木舟；光说到春秋时期，故事就很多，吴越争战、范蠡筑城屯兵、馈鱼退敌、越王句践临水祖道、西施离越入吴，件件惊心动魄；秦汉时期，秦始皇祭禹渡江、孙策大战王朗，也是发生在这里的显要事件；湘湖也是"浙东唐诗之路"的源头，李白、孟浩然、温庭筠、陆游、刘基、毛奇龄都在这里留下奇瑰的诗篇；"少小离家老大回"的贺知章故里亦在此地，"笑问客从何处来"自然也是个特别动人的乡愁故事。

这种种历史缘由，都在这册《湘湖行》里有了深刻的行走踪迹。我们细说湘湖的未来，一定要细看湘湖的过往，这就是作者楼柏青这册书今天带给我们的意义。

楼柏青先后在华东交通大学、浙江广播电视大学萧山学院当副教授，敏于讲学，退休后一直关注湘湖并研究湘湖，后来受湘湖管委会聘任，具体参与了研究湘湖历史文化的工作。这册《湘湖行》便是他守望湘湖、研究湘湖的倾心之作，是他二十余年来"湘湖行"的切身体验与认知。如今这册书放在了我们案头，我们是要感谢这位楼教授的。

现在大家都在说湘湖，说话正到热闹关头。楼教授通过这册随笔集的四个部分，给我们起了很多说话的由头，非常适时。

谢谢楼教授的举手指点。

他的这只手举起来，花了二十年工夫，实在不简单。

2023 年 9 月

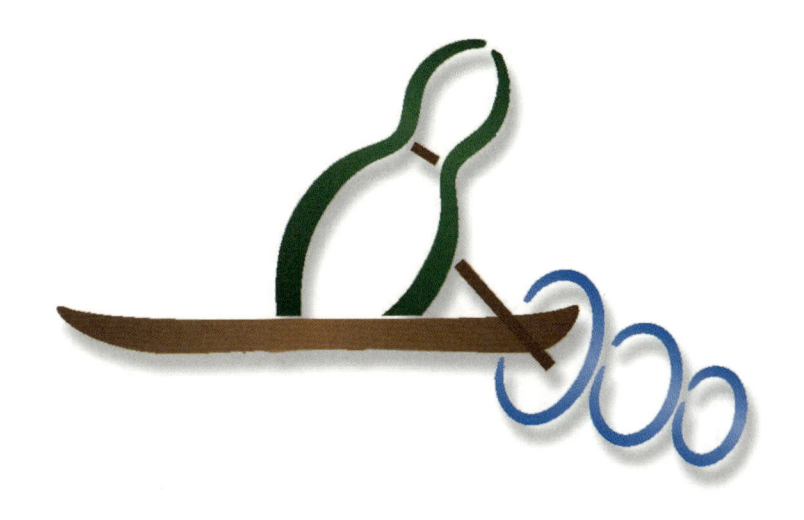

封面图形说明

封面以周易藻编写的《萧山湘湖志》中湘湖全图为背景,其中有用绿、蓝、棕三色,八笔绘成的图形,表示湘湖自然风貌和文化内涵。

图形示意:

1. 绿色两笔和蓝色三笔表示湘湖山水:其中,绿色两笔表示湘湖湖边天目山余脉与龙门山支脉两山对峙,湖山自西南至东北走向,两山间湘湖形似葫芦,蓝色三笔表示湘湖湖水。

2. 棕色三笔:上面两绿山间狭腰处一笔,表示跨湖桥;下面两笔表示跨湖桥遗址出土的独木舟和木桨。

3. 绿色两笔和蓝色三笔形似数字 8000,表示八千年。

图形含义:

1. 湘湖八千年跨湖桥文化。

2. 绿色两笔形似坐在船上的老者,划着船桨,溅起三圈水花,寓意萧山县令杨时,在湘湖建成后,浮舟湖上,作新湖夜行。

3. 若将绿色两笔围成的葫芦看作一个大的苦胆,木桨和水圈当作柴薪，把独木舟当作仰卧之人，可寓意越王句践在越王城山卧薪尝胆。

  4.南宋爱国诗人陆游，对湘湖情有独钟，他在《新晴马上》诗中说："此生安得常强健，小艇湘湖自采莼。"此图寓意陆游乘坐小船，采摘莼菜。

  书名题字，如《萧山日报》报名一样，采用宋代苏东坡书法集字。苏东坡曾两次在杭州任职：先是任通判，就是与知州共同处理政务，地位略次于知州，但握有连署州府公事和监察官吏的实权；再次任杭州知州，也就是州一级地方行政长官。当时，湘湖不属杭州，也还未正式修建，但已有一个叫湘湖的天然湖泊。曾为苏东坡写过任职书的刘攽，其堂兄刘敞在任萧山县令时，还时时骑马临湘湖。如今，重建的新湘湖，已成了杭州城区一部分。

目　录

序：一个湖泊如此行走

封面图形说明

导　言

第一编　湘湖惠民

杨时筑湖惠百姓	4
程氏理学萧山传	6
新湖夜行宿荒陂	8
湘湖的历史演变	10
时时骑马临湘湖	12
湘湖湖名之我见	14
湘湖水利九百年	18
湘湖水利可地利	21
魏骥还乡护湘湖	23
德惠道南建双祠	25
湖贤接力清占湖	27
毛奇龄情系湘湖	29
知章故里在湘湖	31
小艇湘湖自采莼	34
夫差族裔迁历山	36
孙武裔孙围越台	38
甲科济美埭上黄	40
科举无来不成榜	42

湘湖黏土制砖瓦…………………………………………44
周易藻编湘湖志…………………………………………46

第二编　湘湖文脉

砖瓦厂出土文物…………………………………………50
跨湖桥遗址面世…………………………………………53
跨湖桥文化命名…………………………………………55
跨湖桥人的生活…………………………………………57
固陵城馈鱼退敌…………………………………………59
固陵港临水祖道…………………………………………62
句践卧薪尝胆地…………………………………………64
范蠡固陵建奇功…………………………………………66
西施固陵换舞衣…………………………………………69
古越山水铸商魂…………………………………………71
秦皇渡江欲置桥…………………………………………74
湘湖惊现古钱币…………………………………………76
孙策固陵胜王朗…………………………………………78
浙东唐诗谱华章…………………………………………80
湘湖梦成湘湖行…………………………………………83
休闲旅游湘湖行…………………………………………85
康熙爱尝湘湖莼…………………………………………87
湘湖的红色记忆…………………………………………89
建湘湖乡村师范…………………………………………92
湘湖出了金融家…………………………………………95

第三编　湘湖圆梦

始建与复建比较…………………………………………98

故乡情结湘湖梦……………………………………………………102
西湖团圆说湘湖……………………………………………………105
二次就业在湘湖……………………………………………………107
建湘湖文史档案……………………………………………………109
碑文出《四库全书》………………………………………………111
古诗选湘湖楹联……………………………………………………113
古貌新姿跨湖桥……………………………………………………116
湘湖景区当导游……………………………………………………118
湘湖云影推介词……………………………………………………120
湘湖圆梦十年记……………………………………………………122
湘湖景名与楹联……………………………………………………126
纪念杨时筑湘湖……………………………………………………128
湖山拱翠风景幽……………………………………………………130
一百零八湘湖桥……………………………………………………132
元宵冬泳表演赛……………………………………………………136
湘湖泉水清又甜……………………………………………………138
湘湖两岸登山行……………………………………………………140
湖山地下藏文物……………………………………………………142
西湖湘湖姐妹湖……………………………………………………144

第四编　湘湖研究

浅论湘湖的开发与利用……………………………………………148
对湘湖的认识与保护——再论湘湖的开发与利用………………155
湘湖开发与湘湖文化保护——三论湘湖的开发与利用…………164
增设人文景观　展示湘湖文化——四论湘湖的开发与利用……171
湘湖始建和复建的对比与思考——五论湘湖的开发与利用……176
跨湖桥　桥跨湖——浅谈跨湖桥历史及重建问题………………183

湘湖知识拾零……………………………………………………187
湘湖与历史名人…………………………………………………201
湘湖大事纪略……………………………………………………205
龙图遗蜕　越台拱秀——湘湖两处来氏人文遗迹考…………218
构建湘湖文史档案　服务湘湖保护开发………………………221
《九怀词·水仙五郎》的祀神对象与现实意义 ………………226
　　附：清代毛奇龄《九怀词·水仙五郎》注释……………233
五则湘湖文化遗存考究…………………………………………236
故乡情　湘湖梦…………………………………………………241
金韵湘湖泉………………………………………………………245
筑湖传道　功在千秋——评说杨时在萧山的历史功绩………252
湘湖旧貌换新颜…………………………………………………258
王城相湖水依山——湘湖湖名索源……………………………264
贺知章故里浅说…………………………………………………275
越王城山景区简介………………………………………………278

后　记

导　言

　　湘湖，位于杭州市钱塘江南岸萧山区城西，与江北的西湖相距不足15千米。北宋杭州知州苏轼有"欲把西湖比西子，淡妆浓抹总相宜"名诗赞西湖；清代王勉则有"若把湘湖比西子，不知谁是浣纱人"妙句誉湘湖。西湖和湘湖是一对美若西子的姐妹湖。

　　北宋政和二年（1112），萧山县令杨时顺应民意，始建湘湖，蓄洪储水，灌溉农田，造福百姓，惠泽后世。过去民间称"湘湖日进一只金元宝"，湘湖被称为"萧山人民的母亲湖"。像苏东坡用诗句称赞治理的西湖一样，修建湘湖的萧山县令杨时，也以《望湖楼晚眺》"湖光写出千峰秀，天影融成十里秋"诗句颂扬湘湖。

　　历史上，西湖和湘湖分属不同州府的城乡。中华人民共和国成立后，1959年萧山才划归杭州市。进入20世纪末，湘湖青山依旧，湖光不复。20世纪80年代末，我国园艺事业的奠基人之一、鲁迅先生的学生、浙江大学教授吴耕民撰文，建议"开发湘湖，建设湘湖，利用湘湖"，说"湘湖湖面宽广，山峰秀丽，湖中有岛，自然景色比西湖更为壮美，可称西湖的大姐。惜湘湖落户乡间，不事修饰，不如城内西湖小妹有名"，并提出开发设想。

　　随着春秋时期越王城遗址和八千年前的跨湖桥遗址相继在湘湖被发现，湘湖成了萧山的历史文脉所在。

　　进入21世纪，杭州跨江沿江发展，萧山成为杭州市区，市民呼吁恢复湘湖，萧山区政府作出决策，湘湖保护与开发工程建设于2003年揭开了序幕，到2016年10月1日，湘湖恢复湖面6.1平方千米，建成35平方千米的湘湖国家旅游度假区。2023年，是杨时建成湘湖910周年，也是湘湖实施保护与开发20周年。如今，世界旅游联盟总部和世界旅游博览馆已建成开馆。湘湖，已从杭州萧山，走向全国，走向世界。

笔者2001年年初退休后，开始关注湘湖，撰文呼吁"恢复湘湖，开发湘湖"，后受聘浙江湘湖旅游度假区管理委员会，挖掘、研究湘湖文化，参与湘湖保护开发建设。二十多年来，作为湘湖研究者、建设者，我踏遍湘湖景区；作为游览、健身的市民，我攀登了湘湖两岸群山，连续参加了12届"湘湖杯"元宵冬泳表演赛，从湘堤的忆杨亭到城山广场、湖山广场、定山广场，游遍湘湖。2023年也是我坚持冬泳运动20周年。笔者天天、月月、年年"湘湖行"，关心、研究湘湖所撰写的《湘湖行》，可供了解、研究湘湖作参考。当然百闻不如一见，要见识湘湖，就得亲自湘湖行。

众所周知的绝句"踏破铁鞋无觅处，得来全不费工夫"，是湘湖建成数十年后，南宋永嘉（今浙江温州）人夏元鼎"崆峒访道至湘湖，万卷诗书看转愚"，行万里路，读万卷书，作湘湖行之后的感悟。如今，湘湖复建，湘湖行一样也会令人有新的感悟。

第一编

湘湖惠民

杭州市萧山区城西的湘湖，形似葫芦，自西南至东北走向，湖边天目山余脉和龙门山支脉两山对峙，是北宋萧山县令杨时，在北南两端筑堤，依山修建的人工湖泊，用以灌溉周边农田。湘湖惠民编主要记述湘湖地理历史、筑湖护湖、湖名趣事、水利文献及湖区人文遗韵等内容。

杨时筑湖惠百姓

湘湖在富春江与浦阳江汇流钱塘江下游不远处。江水直冲两座山岭间的这片水土，最先淤积成为高阜荒地。当连降大雨时，无处蓄水，往往危害四周农田。萧山居民吴氏等于宋熙宁年间（1068—1077）奏请筑湖，蓄水灌溉农田。宋神宗皇帝批准，并颁发筑湖的圣旨，修筑湘湖已成为一项列入国家计划的工程，却没有一位负责任、有担当的县令组织实施。后又有县民殷庆奏请筑湖。

北宋政和二年（1112），杨时补任萧山县令后，听取了县尉方从礼的意见，顺应民意，决定实施三四十年前皇帝下旨的这项国家工程。杨时首先召集年老的乡民商议，并亲往勘察，确定了"视山可依，度地可圩，以山为界，筑土为塘"的筑湖方针，依靠东西两座山岭，在北南两端修筑两条堤坝，利用高阜地蓄水，自然灌溉农田的科学修建计划。

筑堤建湖工程量大，困难很多，杨时作为代理县令，在短短两年时间内，就完成了历任萧山县令不敢接手的工程，充分展示出他亲民为民的品德和高超的行政才能。杨时知人善任，任用诚心爱民、品德高尚、有作为的县尉方从礼为筑湖工程总指挥，负责监理工程建设。还有杨时的学生、女婿、进士陈渊，一直相伴身旁，萧山学生戴集、萧欲仁和外地学生罗从彦等积极支持筑湖，献计献策，协助方从礼监督管理筑湖工程。筑湖工程惠及民生，自然也得到了百姓的拥护与支持。杨时的人格魅力，无疑是工程顺利进行、有效完成的重要因素。当时萧山百姓非常感激杨时的恩惠、教化，都画了杨时的画像，挂在家中膜拜，可见杨时在当时萧山百姓心中的地位。杨时主持工程建设的领导才能，在修筑湘湖中得到了充分的展示，后来杨时还被任命为工部侍郎。

杨时将37002亩高阜荒地和部分水域建成湘湖，防洪蓄水，灌溉九乡146868亩农田，化水害为水利，惠民利国，不仅提高了湘湖周边农田的收成，造福一方百姓，地方政府也从受灌农田缴纳"均包湖米"税粮中获益。筑湖十五年后，宋朝迁都杭州，为钱塘江北的南宋皇城提供粮食、蔬菜等农副产品，湘湖功不可没。湘湖也保护了跨湖桥遗址，使之适时面世。

　　杨时修建湘湖，形成了"山抱水、水环山，山绕湖转、湖傍山走，山中藏湖、湖中有山，山水交融、湖山争辉"的山水风貌。绿水青山，造就游览观光的自然环境，加上湖西北的越王城素有"周朝胜迹，越代名山"之称，使湘湖成了游览胜地，因其湖光山色可与杭州西湖媲美，故别称"赛西湖"。

程氏理学萧山传

　　杨时（1053—1135），字中立，晚年隐居龟山，人称"龟山先生"。他24岁时考中进士，却不急于为官，先拜理学家程颢、程颐兄弟为师学习。学习结束分别时，老师程颢感叹道："吾道南矣！"他对杨时这位为学最纯、信道最笃的高第南传程氏理学寄予厚望。

　　杨时任官后，始终牢记老师的嘱咐，以"道南"为己任，把传播程氏理学作为自己一生的职责，人到哪里就在哪里传道。杨时60岁时，补任萧山县令，处理公务，主持修筑湘湖，本已十分繁忙，但他仍坚持在萧山讲学传道，而且学生人数最多，影响也最大。正如清代张伯行《杨龟山集序》称："自先生官萧山，道日盛，学日彰，时从游千余人，讲论不辍，四方之士，尊重先生也至矣。"显示杨时在萧山传道的盛况和影响。杨时当时在萧山讲学的地点，被后世称为"道源"。当时，戴集、萧欲仁等萧山学生，在道源向杨时学习程氏理学。杨时"程门立雪"，讲学传道和为民造福的高尚品行，对萧山地区树立尊师重教良好社会风尚，产生了重大的影响，使"萧山之人，闻先生名，不治自化"[1]。戴集的后裔、元代戴成之，在道源河建道源桥，纪念杨时在此讲学传道。

　　杨时在道源讲学，使程氏理学在萧山"道南"，吸引了周围地区学生前来求学。福建南剑人罗从彦，闻杨时得程氏之学，行走一个多月来到萧山，向杨时求学。三日后就说："不至是，几虚度一生矣！"经过面谈，杨时也高兴地说："惟从彦可与言道。"两个福建人，相聚在萧山，因道结缘，好学生找到了好老师，南传了程氏理学。

　　《杨龟山先生集》卷十三《萧山所闻》，展示了当年杨时讲学传

---

[1]　见《杨龟山先生集》卷首。

道的具体内容。《萧山所闻》这篇文章见不到老师杨时"所闻"萧山风土人情，全文只见杨时、明道（程颢号）、伊川（程颐号）、孔孟和东坡的言论，针对实际问题进行理论分析。巧的是《杨龟山先生集》卷二也有一篇《荆州所闻》，记录了先生（杨时）语录，是学生听课记录。而《萧山所闻》题下方"壬辰五月又自沙县来，至八月去"的人，正是罗从彦。可以确定，这是学生罗从彦，壬辰五月至八月间在萧山，"所闻"老师杨时讲学的听课笔记整理稿，记录的是杨时讲学传道的实际内容。这篇《萧山所闻》当时经杨时过目定稿，罗从彦抄了一份给老师留存。这样，当罗从彦与老师杨时在同年（1135）去世后，杨时受业诸子才会将该文"辑录"在《杨龟山先生集》中。

杨时弟子罗从彦，也不负老师的期望，守程氏之学，以《萧山所闻》等作教材，山居讲学不仕，保程氏正宗，又把程氏之学传给同乡李侗。这样，杨时、罗从彦、李侗三个同乡，都成了"接力"传道的先生，被后世称为"南剑三先生"。后来，李侗又传朱熹，从程氏理学传承发展成为程朱理学，萧山是"道南"的重要中转站。当年杨时讲学传道之地（在今萧山区新塘街道），理所当然地被后世称为"道源"。

新湖夜行宿荒陂

北宋政和三年（1113），在今杭州市萧山区城西，富春江、浦阳江汇流钱塘江的三江口旁，一个面积37002亩、用于灌溉农田的新湖建成了。新湖，因湖域内旧有一个湘湖，而被称为湘湖。

主持修筑湘湖的，是"程门立雪"主人公之一、补任萧山县令的杨时。而"程门立雪"的另一位主人公游酢，已早同窗杨时多年，在这里任萧山县尉。修筑湘湖，是杨时处理日常繁忙公务中的一项民生工程，他会经常去工地查看，了解工程的进展，及时处理有关问题。

新湖建成自然得到了百姓的称颂。杨时内心也十分喜悦，也一直关心湘湖，牵挂湘湖。湘湖东北端紧邻萧山县城的是新修建的湖堤。杨时在工作之余仍然常到湖堤，去看看湘湖。湖堤旁有新建的望湖楼，杨时登上望湖楼，新湖一望无际，尽收眼底，想到筑湖的艰辛和百姓对湘湖的期盼，杨时思绪万千，随即吟咏《望湖楼晚眺》："斜日侵帘上玉钩，檐花飞动锦纹浮。湖光写出千峰秀，天影融成十里秋。翠鹬翻风窥浅水，片云随意入沧洲。留连更待东窗月，注目晴空独倚楼。"杨时面对新湖美景，独自倚坐望湖楼，观望翠鸟挥翅翻飞在浅水中窥食鱼虾，几片云彩自由自在地飘入湖边上空，从窗帘上夕阳，更换成东窗上的玉钩，久久不愿离开。

又一天傍晚，杨时来到新湖，浮舟湖上，夜宿荒陂，作五律诗《新湖夜行》："平湖净无澜，天容水中焕。浮舟跨云行，冉冉蹑星汉。烟昏山光淡，桅动林鸦散。夜深宿荒陂，独与雁为伴。"诗的意境表达了这位萧山地方官在为百姓办成一件实事后的心情。

当时，湖面风平浪静，天空中星辰月亮，倒映湖中，水面上前行的舟船，仿佛跨着浮云，缓慢地行驶天河之中。在船上见到黄昏时分暗淡的山色，前行的船桅惊散了岸边林中的乌鸦。时间不知不觉已到深夜，杨时思绪万千，游兴正浓，下船来到山陂与飞雁结伴夜宿。

本书《湘湖行》封面设计八笔图形，再现了杨时《新湖夜行》的场景：一个老者，乘一条木船，荡漾在水面上，船桨翻起三卷浪花，舟船在湖中前行，以此寓意杨时新湖夜行。

杨时修筑湘湖，灌溉农田，其新湖夜行及诗篇，为游客到湘湖休闲旅游，作湘湖行提供了示范和宣传。

湘湖的历史演变

　　湘湖地域至今已有八千年历史。其间在自然作用和人为因素的共同影响下，湘湖这片水土，或为沧海，或为江河，或为湖泊，或为田地。史书古籍和古文化遗址，清晰地记录了湘湖水域历史变迁的轨迹。

　　远古时期，海浸海退频发，这一带沿海平原时常海陆交替变迁。约八千年前海退成为陆地时，这里形成了湖泊，有跨湖桥人在湖边造船作坊制作独木舟。七千至六千年前，海浸全盛期，湘湖一带成为一片浅海。这里老虎洞山至越王城山和萧然山至石岩山两座山岭，成为海中小岛。其中老虎洞山至越王城山这座山岭，地质上属于天目山脉潜渡钱塘江的余脉，在老虎洞山向越王城山延伸至狮子山与象山之间，再次潜渡。随着海退出现，海平面下降，两座山岭间的水域，成为富春江、浦阳江汇流后进入的杭州海湾。

　　两千五百多年前的春秋时期，湘湖一带是吴越争战的重要历史舞台，越国水师大船军驻守的固陵军港就在这里。此时已有文字记载，由此开始，随着水域的历史变迁，曾出现过不同类型、不同特征水域的有趣名称，为湘湖历史文化增添了诗情画意。我国最早的方志之一《越绝书》曾这样记述春秋时期的战事："浙江南路西城者，范蠡敦兵城也"，"句践与吴战，大败，栖其中。因以下为目鱼池，其利不租"，以及句践[①]自述"上栖会稽山，下守溟海，唯鱼鳖是见"的场景。《越绝书》将这片水域称作浙江（今钱塘江）南路、目鱼池和溟海。水域也因西北山上范蠡修筑的固陵屯兵城，被后人称为固

[①] 句，古同"勾"。司马迁撰《史记》和东汉袁康、吴平辑录的《越绝书》，是最早记载越王"句践"卧薪尝胆的故事，而现代一般写作"勾践"。本书决定采用历史上最早的记载，用"句践"。

陵港。据说固陵港是汉代以前我国最大的军港。

北魏时期，郦道元（约470—527）的《水经注》称"有西陵湖，亦谓之西城湖"，又说"昔范蠡筑城于浙江之滨，言可以固守，谓之固陵，今之西陵也"。北魏郦道元首次将这个自然湖泊称作"西城湖"。但是估计他没有亲自来过这里，而误将西城湖与西陵湖、固陵与西陵混为一谈。

唐宋时期，西城湖逐渐淤塞湮废，但唐末至北宋，仍保留有部分天然湖泊。唐末道教学者、处州缙云人杜光庭（850—933）在《道教灵验记·萧山白鹤观石像老君验》中提到"湘湖老人"，是目前发现关于萧山"湘湖"的最早记载。北宋诗人刘敞在杨时筑湖前六十多年，也在其《公是集》诗中提到了"湘湖"。

北宋政和二年（1112），萧山县令杨时，顺应民意，依山筑堤修建湘湖，占地37002亩。湘湖灌溉农田达八百余年之久。

民国时期开始，湘湖收归国有。随着湘湖灌溉功能弱化和周围人口增加，垦殖和利用土地成为必然选择。湘湖师范、湘湖农场等在这里创办，湘湖水面逐渐缩小至1万余亩。

中华人民共和国成立后，湘湖水域创办了大量砖瓦厂，其他工厂、单位、农田和民房也占用大量土地。至20世纪末，湘湖演变成一条11千米长的湘河，为萧山第一自来水厂供水。

时时骑马临湘湖

　　杨时修筑湘湖，作《新湖夜行》诗前六十余年，这里就有一个叫湘湖的天然湖泊，当时有位萧山县令，还"时时骑马临湘湖"。

　　北宋著名学者、史学家、经学家刘敞（1019—1068），字原父，世称公是先生。其弟刘攽（1023—1089），字贡父，号公非。兄弟俩同中北宋庆历六年（1046）进士。刘敞《公是集》有诗文《得萧山书言吏民颇相信又言湘湖之奇及生子名湘戏作此诗》。他在《岁寒堂记》中说："天圣中，伯父为萧山，去十二岁，而吾弟和亦为萧山。萧山之人固望而喜矣！"在《寄题萧山岁寒堂》中又有注："伯父曾宰此邑。"刘攽《彭城集》诗文《寄和父》中原注："时自宋之任越州。"《寄杨十七》中原注："杨有诗道和父萧山政善，作此报之。"诗中刘敞所称"吾弟和"、刘攽所称"和父"，是刘敞的堂弟、刘攽的堂兄刘敔，字和父。刘敔比刘敞兄弟早四年中进士，故被刘敞称为"吾家千里驹"。

　　从上述诗文中可见，当时刘和父在萧山任县令，在"萧山政善"，修复了萧山岁寒堂，干了许多惠民实事，使"萧山之人固望而喜矣"。刘敔在萧山行政顺畅，春风得意，时常将在萧山的所行所见，以书信诗文告诉堂兄弟刘敞、刘攽。刘敞"得萧山书"后，回复"吾弟和"所作的诗句"清酒肥鱼宴宾客，时时骑马临湘湖""湖波无风百里平""令尹生儿湖作名"等，真实记载了当时的湘湖风景优美，湖面广阔，影响很大。儿子降生后，刘敔特意为其取名为湘。

　　刘敞一家，与萧山、湘湖还很有缘分和情谊，早在堂弟刘敔任职萧山前十二年，其伯父也在萧山任县令。刘敞、刘攽与刘敔兄弟情深，他们经常从刘敔寄去的诗文中了解萧山，关心萧山，自在情理之中。《宋史·刘敞传》载，"敞侍英宗讲读"，"帝固重其才，每燕见他学士，必问敞安否。帝食新橙，命赐之"。可见刘敞在皇帝心目中的地位有多重。

刘攽在州县任职二十年后，宋英宗治平三年（1066）前后，已与哥哥刘敞同朝为官，官至中书舍人，负责承办各项文书，起草有关诏书。之后，当萧山居民吴氏等具状闻奏，乞筑为湖时，兄弟俩自然会向宋神宗介绍萧山湘湖有关情况，使宋神宗皇帝"可其奏"，并"旨下"筑湖，只因"无贤令不克缮营"，[①]才使皇帝批准的这项筑湖国家工程没有实施。但这为几十年后"贤令"杨时顺利修筑湘湖，打好了基础。

刘敞、刘攽兄弟可能还是修筑湘湖的前期功臣。而"时时骑马临湘湖"的萧山县令刘敞，及时提供萧山湘湖真实情况，也功不可没。

---

① ［明］张懋:《萧山湘湖志略》，载民国十四年（1925）刊本《萧山湘湖志》卷五。

湘湖湖名之我见

我对湘湖湖名的认识，经历了从认同明代钱宰湖名说，到怀疑，然后探索湖名取义的过程。

先是认同钱宰湖名说。我从周易藻《萧山湘湖志》中首次见到明代学者钱宰（1299—1394）[①]《湘阴草堂记》"境之胜若潇湘然，因以名之"的湘湖湖名解释，其给我留下了深刻的印象。在建议"恢复湖面，开发湘湖"的文章中，我提出"让潇湘湖光再现人间"。

萧山区政府正式实施湘湖保护与开发后，我受聘参与湘湖历史文化研究和保护开发建设。从有关湘湖历史文化的文献资料和在湘湖发现的跨湖桥遗址中，我见到了湘湖水域历史变迁的轨迹和不同时期有趣名称的记载，并撰写了《湘湖趣名记沧桑》一文，认为湘湖经过保护与开发，"将使潇湘湖光重现光彩"。

后来，在为湘湖启动区块湖边的观鱼景区命名时，专家不同意采用"湘浦观鱼"的景名，说"湘"是专指湖南的，不能用。而当我翻出《康熙字典》"湘"字条，读出了"湖名。《广舆记》：在绍兴府萧山县"时，专家便一致同意定名"湘浦观鱼"。由此，我对"境之胜若潇湘然"的湖名说产生了怀疑。

"湘"字，最早出现在《楚辞》中，是从"相"字发展而来的。商代武丁有子封于相（今河北）。周时战乱，有相人南逃今湖南地区。后人将相人择水而居的江，称为湘水。后来，湘也成了湖南省的简称。但"湘"字不是湖南的专用词，同样也被《康熙字典》解释为萧山湘湖的湖名。而湘湖湖名究竟何所取义的问题，却一直萦绕

[①] 钱汝平《明初著名诗人钱宰生平事迹新考》[《浙江海洋大学学报（人文科学版）》2018年第5期]认为，钱宰生卒年为1314—1401年。

心头。我重新查阅了有关文献资料和当前学者关于湘湖湖名取义的论述，通过调查考证和分析研究，我从中受到启发，对湘湖湖名取义有了新的认识。

前文说到，唐末至宋代，就有湘湖湖名的记载。而最早记述古湘湖山水名称的东汉《越绝书》称："浙江南路西城者，范蠡敦兵城也。其陵固可守，故谓之固陵。所以然者，以其大船军所置也。"所称浙江南路，指浙江南通道，即今湘湖水域，当年为越国大夫范蠡"大船军所置"的固陵港。西城，因地处越国都城会稽之西而名，为越国大夫范蠡所筑的屯兵城，时称固陵。《越绝书》还说："会稽山上城者，句践与吴战，大败，栖其中。因以下为目鱼池，其利不租。"句践讲述了自己"上栖会稽山，下守溟海，唯鱼鳖是见"的凄惨情景。所称"会稽山（当时不知山脉地质构造而将潜渡钱塘江的天目山余脉误称会稽山）上城者"是指西城，即固陵，今称越王城。所称"溟海"，是指浙江南路，当时为杭州湾海湾。"唯鱼鳖是见"，这与被称为目鱼池的记载相一致。东汉赵晔《吴越春秋》也记载："越王句践五年五月，与大夫种、范蠡入臣于吴。群臣皆送至浙江之上，临水祖道，军阵固陵。"说明西城（固陵）就是句践保栖的会稽山上城，即今越王城遗址，为浙江省省级文物保护单位；群臣送至浙江之上，临水祖道之地就在今越王城遗址山下的固陵港，即今湘湖边。此后，浙江南路淤塞成天然湖泊，被北魏郦道元在《水经注》中称为"西城湖"。

自《越绝书》记载"西城"，《水经注》记载"西城湖"后，西城与西城湖的名称一直延续了较长的年代。直到唐代，才又见到相关山水名称的记载，但是名称却已改变。西城被唐代诗人宋之问诗句称为"越王台"，李白诗句称为"越台"，元代张招和明代刘基诗句称为"越王城"。唐代以来诗人所称越王台（城），应当是当时萧山百姓称呼的名称。而湖名，在唐末和宋代诗文中已有"湘湖"名称的记载。

"西城"和"西城湖"是目前所见古湘湖山水名称的最早记载，都是以方位词定名。西城湖应当是以湖边被称为"越代名山"上的西城（固陵）而命名的。这种定名方式容易雷同，缺乏名称的特点与文化内涵。当时周围百姓根据代代相传在这里发生的吴越相争故事，知道越王句践在此"保栖固陵""临水祖道""卧薪尝胆"等复国雪耻的传奇经历，为怀念他，弘扬卧薪尝胆精神，而将昔日范蠡修筑、屯兵的西城改称越王城。当然，百姓也不会忘记越国大夫范蠡，亲自陪伴越王入臣于吴，在"十年生聚，十年教训"期间，振兴越国经济，富国强民，助句践复国雪耻。范蠡、文种是越王句践的左膀右臂，是越王句践之下的最高行政长官，即后世所称宰相，如清代毛奇龄称吴国大夫伍子胥为伍相一样。范蠡有宰相才，在越国执宰相事。可以说，没有范蠡，就没有越国的复兴与称霸。难怪著名史学家司马迁《史记·越王句践世家》记载："范蠡事越王句践，既苦身勠力，与句践深谋二十余年，竟灭吴，报会稽之耻，北渡兵于淮以临齐、晋，号令中国，以尊周室，句践以霸，而范蠡称上将军。"显然，句践"灭吴""以霸"，离不开范蠡"苦身勠力，与句践深谋二十余年"。范蠡也在越国"号令中国，以尊周室，句践以霸"时，得到"上将军"的封号。但范蠡却选择急流勇退。范蠡在离开越国时，句践以"孤将与子（范蠡）分国而有之"相挽留，离开越国后，"句践表会稽山以为范蠡奉邑"，为范蠡保留了封地，足见句践对范蠡在越国的地位和所建功绩的肯定。此文还记载："范蠡浮海出齐……齐人闻其贤，以为相。"范蠡以"久受尊名，不祥"，"乃归相印，尽散其财"。这表明范蠡离开越国后，也确实曾在齐国为相。

　　当萧山百姓决定改称作为"范蠡敦兵城"的"西城"为"越王城"时，自然也会想到，与越王城山水相依，以西城命名的西城湖——当年越国"大船军所置"的固陵港，采用范蠡在越国的宰相地位，取相字，加水旁，称为"湘湖"，如古人将相人择水而居的江称为"湘水"一样。清代毛万龄《湘湖春泛》诗句"越王台上錞于冷，丞相祠前松桧枯"中，湘湖越王台上丞相祠的丞相，显然是指范蠡。明代玉芝和尚《越王台》诗句"越王台上客登临，范蠡湖头草正新"将越王台下的湘湖称作"范蠡湖"，都表示湘湖湖名与范蠡有关。

虽然范蠡离开了越国，湘湖一带古越大地的百姓，从历史文化传承中，更希望用范蠡相关的湖名，环护越王城。城以越王名，湖以范相名。当年"时时骑马临湘湖"的萧山县令刘和父，应当是了解湘湖湖名取义，才"生子名湘"，对儿子寄予厚望。

王城相湖水依山，湘湖碧绕越王城。因范蠡在越国的贡献和职位，西城湖改称湘湖，顺理成章，实至名归，显示出萧山百姓对湘湖历史的尊重。

湘湖水利九百年

北宋萧山县令杨时，修建湘湖，开启了湘湖九百年水利历史。

湘湖地区，位于萧绍平原西北端，是典型的江南水乡地带。这里春夏时农田不缺雨水，而夏季多暴雨，洪水频发，往往使周围低洼农田受淹成灾。杨时依山筑堤，在这片高阜地建成的新湖，正好可以蓄水防洪，避免周围农田受涝，而秋季农田晚稻生长急需用水时，却往往干旱少雨，这时湘湖所蓄之水，正可借高阜地势，自然放水灌溉。湘湖将水害化作了水利，使周围农田的收成有了保障。正如明代魏骥《咏湘湖》诗句所说："水能蓄潦容千涧，旱足分流达九乡。"

湘湖，是一项科学修建的农田水利工程，而且依山筑堤也大大减少了筑湖的工程量。湘湖的建成，通过依山所建的北南堤坝上的18个穴口，借助周围的天然河道和堤闸、堰闸，构筑了湘湖农田水利灌溉系统。西南端所筑湖堤较长，设置11个穴口。东北端两山间距离短，只设6个穴口。而在湖的西北方，老虎洞山向越王城山延伸时，这座潜渡的天目山余脉，又在井山湖处再次潜渡，为湘湖与白马湖水系沟通创造了条件。建湖时也需在这里构筑湖堤，并在此设置了柳塘穴1个穴口。湘湖之水，正是通过这3条湖堤上18个穴口，借助四周河道水网和堰闸、河岸堤闸，通过一条条通道，先后"分流达九乡"。

修建37002亩湘湖，占用了原有一个不小的湘湖和大片高阜田地，却使周围4倍以上，即146868亩农田的灌溉用水得到了保障。湘湖筑湖得失的性价比很高。

水利是农业的命脉，湘湖成为周围百姓生活的保障。萧山百姓依赖湘湖，保护湘湖，将湘湖称为"母亲湖"。萧山地方官也将湘湖水利当作行政要务，结合实际，及时推出一系列科学使用、管理湘湖水利的规章制度。

第一，明确用水成本，确保官府收入。修建湘湖用的这片高阜田地，明代张岱《陶庵梦忆》载，有湘湖田数百顷。从官府每年征收所废农田的税粮为一千石七升五合看，有湖田是事实。而说巨富任长者因建湖一夜而贫，只是"梦忆"的故事罢了。这片湖田如属私田，必然会作补偿；属于官田，就会租给百姓耕种。湘湖建成后灌溉146868亩农田，接受灌溉的农田理应付出湘湖水利成本。湘湖废田的总税粮，由受灌溉近15万亩农田分摊，每亩税粮为七合五勺，称为"均包湖米"。

第二，从南宋绍兴二十八年（1158）县丞赵善济制定《均水法》到淳熙十一年（1184）县令顾冲重定《湘湖均水利约束记》，完善了湘湖水利用水制度，规定每年立秋前三日放水，白露后三日闭闸。湘湖全年蓄水，灌溉仅一个多月。按九乡农田距离远近、地势高低，规定了用水的顺序，并在放水穴口设置了水位高度标尺，规定了开闸时间和按标高控制放水量。

第三，按照周围农田的地理位置，就近分配相应的湖堤穴口，供水灌溉崇化、昭明、来苏、安养、长兴、新义、夏孝、由化、许贤等九乡农田。其中，有的堤穴灌溉多乡农田，如石岩穴、黄家霪灌溉崇化、昭明、由化乡；有的多个堤穴灌溉1个乡农田，如横塘、金二穴、划船港、周婆湫、黄家湫和河墅堰等6个堤穴灌溉夏孝1个乡农田；还有许贤霪只灌溉许贤乡农田。

第四，以"金线为界"确定湖区范围。湘湖依山而建，蓄水灌溉农田，湖面有时高，有时低。湖面低时，两座山脉山麓湖边土地，易被侵占垦殖或作他用。南宋嘉定六年（1213），萧山县令郭渊明根据山土红色的特征，提出"金线为界"的方针，确定湖区范围，有效防止湖区被侵占。

第五，北南湖堤，虽无可侵占之地，但湖堤的保护整修，堤穴的开启使用,即湘湖水利的用水管理,由民间推荐的塘长等专人负责。

  湘湖水利灌溉系统,由地方官为主管理和塘长等专人负责相结合的水利管理机构与周围农田的百姓,结成了湘湖水利利益共同体,使湘湖历九百年而不废。在历次禁垦之争中,主禁方始终占据主导地位,有效保护了湘湖,直至民国时期湘湖水利功能弱化。湘湖也成了国内外学者研究中国农耕水利社会的典型案例。

湘湖水利可地利

九百多年前，萧山县令杨时修筑湘湖，灌溉周边九乡农田，成为我国农耕经济时代一个典型的湖泊水利灌溉区，构成了我国农耕经济时代一个典型的库域型水利社会。[①] 湘湖周围农田，种植两季水稻，当地春夏季多雨，农田一般不会缺水，而秋季常遇干旱，农田需要灌溉。湘湖作为一个水库，储蓄全年雨水，从立秋前三日到白露后三日开闸灌溉。受灌溉农田，每亩缴纳原粮七合五勺。取得湖水使用权、缴纳"均包湖米"的百姓，就自以为湘湖就是九乡的私产。直到民国十五年（1926），县知事郭曾甄召集会议，仍然认定湘湖是九乡私产。

为保障湘湖灌溉水利功能，历代萧山地方官持续不断地重申禁令。南宋淳熙十一年（1184），县令顾冲重定《湘湖均水利约束记》，刻石碑立在湖边，作均水约束，以防纷争。南宋嘉定六年（1213），县令郭渊明提出"湖沿以金线为界"。明洪武十年（1377），县令张懋重新刻宋淳熙《水利图记》石碑，立在县庭前面。清康熙二十八年（1689），乡官毛奇龄撰写了《湘湖水利永禁私筑勒石记》。清乾隆四十八年（1783），郡守范思敬撰《禁湘湖盗占碑记》。直至清光绪二十八年（1902）、三十年（1904），还先后为黄元寿毁塘建闸案、垦荒案，先后"立碑永禁"。地方官绅以"金线为界""永禁私筑"为一成不变的执政理念，维护湘湖库域型水利社会达八百多年之久，在国内外都十分罕见。

萧山地区年均降雨量为1500毫米左右，湘湖全年蓄水高度可达

[①] 钱杭：《库域型水利社会研究——萧山湘湖水利集团的兴与衰》，上海人民出版社，2009年。

1500毫米以上，足可保障周边近15万亩农田的灌溉需要。事实上，湘湖蓄水也不深，灌溉结束以后，湖边许多地方就露出水面达数月甚至半年以上。加上数百年来的泥沙淤积，湖边形成了越来越多的抛荒地或是季节性抛荒地。而湘湖湖边和灌溉区，又不断迁入大量外来居民，需要土地耕种、生活，使湘湖的禁垦之争延续达八百多年之久，成为不可避免的历史事件。每次禁垦之争，都因地方官绅的政令与维护，主禁方始终占据主导地位，垦种方被清退耕地，为首的也都遭到严惩处置。

用湘湖这块高地建湘湖，使周围农田免遭洪涝灾害，又能适时得到灌溉，化水害为水利，使九乡百姓受益。九乡百姓使用湘湖水灌溉自己的农田，但湘湖不是九乡的私产，而是萧山官府的公产。湘湖建湖初期为保障水利灌溉功能，制定使用办法和禁令是必要的，但是经过数百年以后，实际情况有了很大变化，应当在不影响农田灌溉的前提下，科学管理、合理利用这片暂不蓄水的抛荒土地，全年或季节性地租给当地农民种植，使湘湖水利、地利实现双利，官府从中也可以收取田赋，实现官民双赢，社会和谐。

魏骥还乡护湘湖

辞官还乡的明代南京吏部尚书魏骥是保护湘湖的功臣，被称为湘湖湖贤[1]。

魏骥（1373—1471），字仲房，号南斋，浙江萧山人。其先祖是南宋大臣，随康王赵构南下，定居临安（今浙江杭州）。魏骥父亲魏希哲，因看中萧山民风淳朴，于1370年自临安迁至萧山城西（今西河路桥下达）居住。由此，魏家也成了湘湖灌区的居民。魏骥在萧山出生、成长。他常去湘湖，关心湘湖，了解湘湖，直至33岁时，考中进士，外出为官。

魏骥在各地任官四十余年后，在77岁时辞官返回到出生、成长地萧山。他再次见到的湘湖，已与年轻时所见的湘湖大有不同，当地豪强占湖为田，已使湖面大面积缩小。湘湖蓄水量减少，严重影响了周围农田的灌溉，而且湖堤、堤闸年久失修，也影响蓄水和灌溉用水。

魏骥还乡，本可颐养天年，享受清福。但魏骥依然保持清廉为官本色，情怀湘湖，心系百姓，主动担起保护湘湖的重任。湘湖成了他辞官还乡后工作、生活的重要场所。魏骥首先来到距家不远的湘湖边，查看湘湖被损情况，然后会同官绅和百姓，组织实施湘湖疏浚和维修保护工作。

魏骥不顾年高体弱，常常头戴笠帽，脚穿草鞋，亲自带领百姓，疏浚湘湖淤泥，切实加固湖堤，整修穴口、堤闸，以确保湘湖蓄水灌溉功能正常。他还配合官绅，坚持清理出被豪强侵占的湖田近8000亩，大大恢复了湘湖的蓄水量。后来，当他力不能及时，还不

---

[1] 见〔清〕於士达：《湘湖考略》附录。

忘托付他的弟子何舜宾继续清理被侵占的湖田。魏骥还根据湘湖历史文献和自己参与湘湖保护的实践，撰写了《水利事实》《水利切要》等湘湖水利专著。

魏骥也时常乘船，饱览湘湖湖光山色，并写下许多诗篇。他对湘湖情有独钟，将湘湖边徐家坞一个小山坡，选作自己安息之地，并称为"乐丘"。

明成化七年（1471），皇帝遣使萧山，慰问魏骥还乡后保护湘湖有功于民。但使者到时，魏骥已经病故。他的儿子按照父亲遗嘱，将丧葬费献出，作赈济灾民之用。但朝廷却仍然按封建传统规格，拨款在乐丘修筑了一座前有石人、石马、石羊、石虎作护卫的陵墓，保留至今。

魏骥还乡二十多年，亲力亲为保护湘湖。当地百姓将魏骥为湘湖作出的贡献都看在眼里，十分感激。在他去世后，纷纷请求设祠庙祭祀。后湘湖四长官祠改建为德惠祠，魏骥被批准入德惠祠祭祀，坐像列于杨时右侧。

德惠道南建双祠

杨时在萧山筑湖讲学，德惠百姓，道南理学，深受当地百姓的爱戴和尊敬。当时萧山之民"人人图画先生形像，就家祠焉"[1]。明代开始，传统祭祀受到了官民的重视。明洪武十年（1377），萧山县令张懋不仅撰写《湘湖水利图记》，还在湘湖首建四长官祠，祭祀湘湖创建初期有功于湘湖的萧山县令杨时、县丞赵善济和县令顾冲、郭渊明。明景泰元年（1450），在旧址重建杨长官祠（或称杨郭二长官祠），到成化元年（1465），朝廷从民所请，赐额称"德惠祠"。同年，县令窦昱又在祠东侧建道南祠。

德惠祠，位于湘湖北湫口坝净土山山麓（今萧山精密压力机厂内），有大殿三楹，中厅祀县令杨时，右厅配祀尚书魏骥，左厅附祀御史何舜宾、孝子何竞父子，仪门前有德惠祠碑记。道南祠在德惠祠东面，有屋三楹，中厅堂供奉"程门立雪"的两位主人公萧山县令杨时和前县尉游酢神牌。两边厅堂连左右两厢房，右为道南书院，展示杨、游四方学生从学事迹。德惠祠和道南祠，春秋祭祀，先在德惠祠祭祀，后至道南祠致祭。

德惠祠前立石碑，上面刻《德惠祠记》，由提学副使刘釪撰写，记述杨时简历、筑湖惠民、南传理学及后世影响，还记述三百余年后的魏骥与杨时似有"神交"，而在辞官家居萧山时，"默契"配合保护湘湖，并提议恢复杨长官祠，由其子带领肇建。其中还记述一件有趣的事情：高丽国王曾向宋朝使者路允迪、傅墨卿问询："龟山先生今在何处？"[2]可见杨龟山先生影响所及已到海外。石碑可能还

---

[1] 见《杨龟山先生集》卷首。
[2] 见《杨龟山先生集》卷首。

刻有大学士刘珝撰写的《魏文靖公配享德惠祠记》。

20世纪60年代，在湘湖边建造萧山第一自来水厂时，工人们将一块放在湫口坝的古石碑，用大板车拉到了厂内，放在办公楼门前的桂花树下。石碑长2米，宽1米，厚0.3米，平放着。当时经常躺在上面午休的人清楚地记得，石碑上密密麻麻刻着文字，其中刻有"湘湖""周围八十里"等文字。从石碑原先存放在湫口坝及记载"周围八十里"的"湘湖"文字来看，这可能就是原先的《德惠祠记》石碑，是一件见证湘湖历史、很有价值的文物。如能找到，可放在重建的德惠祠前，展示湘湖历史文化。

前几年，听说萧山第一自来水厂将停用，在这里将建穿山隧道，这是寻找、发掘石碑的好机会。于是笔者通过湘湖景区经营管理公司韩经理安排，请来了当时建造自来水厂的建筑工程队和原自来水厂有关人员，一起进行回忆和调查。大家认为当时确有一块刻记湘湖的太湖石大石碑，后因建造配电房，从办公室前桂花树下移到别处，后来断成两块，小的一块被埋掉，大的一块一直靠山斜放着，但不知什么时候不见了。在修建穿山隧道时也一直没有发现，实在可惜！好在明代《萧山水利续刻》，收录了《德惠祠记》。

湘湖，因杨时筑湖传道，德惠、道南建双祠，主祀杨时一人，这在祠庙祭祀中十分罕见。

德惠祠

湖贤接力清占湖

湘湖为蓄水防洪、灌溉农田而修建。修建、保护湘湖和使用管理湘湖作出重要贡献的历代地方官员和乡绅,被尊称为湘湖湖贤,受到萧山百姓的敬仰和怀念。

湘湖建湖数百年以后,由于自然淤积、湖边周围的人口增加及湘湖蓄水灌溉后,湖底露出水面,抛荒长达数月甚至半年之久,常常引发侵占湖地垦种的事件,违反了萧山官府的一贯禁令。自明代开始有许多辞职还乡的官员和乡绅就站出来,维护地方政府的禁令和九乡百姓的利益,清退被侵占的湖田,保护湘湖。明景泰元年(1450),乡贤魏骥由吏部尚书辞职还乡后,带领百姓疏浚湘湖、加固湖堤、清理出被吴姓豪强等侵占的大片湖田。魏骥还将自己著作的《湘湖水利事述》一书和宋代县令顾冲所作《萧山水利事迹》送给门人、前南京湖广道监察御史何舜宾,并嘱咐继续清退被占湘湖湖田。何舜宾因得罪权奸获罪,至广西庆远戍边。当时他已获得赦免返回家乡,就遵照恩师托付向县衙门具奏豪民孙全私占湘湖湖田。县令邹鲁受孙全贿赂,设计盗走何舜宾赦免的公文,派人押送返回途中,将何舜宾害死,迫使何舜宾的儿子何竞远走他乡。后来,听说邹鲁将调任山西,何竞就返回萧山,趁邹鲁赴杭城领取调任公文时,率领亲友,在陈习园痛打邹鲁,并请其母亲等人向上申冤,使侵湖者受到惩处,也清出所占的田、地、堰池和瓦窑、房屋等,尽复为湖,乡贤何竞也被称为"何孝子"。何舜宾、何竞父子清占湖田,保护湘湖的行为备受称颂。后来何舜宾、何竞父子入祀德惠祠,在左厅附祀。明正德十四年(1519),何舜宾的女婿、乡贤、金事富玹与何舜宾门人、乡官工部尚书张嵩一起,请御史中丞许庭光,委托分巡副使丁沂,调查孙肇五等占湖为田的事实,给予严惩示禁。

清代有县令刘俨、乡贤毛奇龄和任辰旦对孙凯臣等占湖私自筑堤架桥，督令清除，按律定罪，并勒石永禁。清代，还有来起峻、王宗炎、来大夏、来翔燕等十位乡贤，清退傅学明在定山之北筑堤占湖。

　　自宋代至元、明、清、民国时期，参与较大清占湖田的有六十余位湖贤。正是这些关心、保护湘湖的湖贤，前赴后继，接力清占湖田，才使湘湖历九个世纪而不废，以水利灌溉造福百姓。

毛奇龄情系湘湖

杭州市萧山区城厢街道百尺溇，有个叫西河沿的地方，过去有个毛公泰墙门，门额"西河旧家"。清朝著名经学家、文学家毛奇龄就在这里出生、成长，告老辞归后，又在这里著书讲学。毛奇龄（1623—1713），又名甡，字大可，号初晴，先祖为西河郡名门望族，学者以毛氏郡望西河，称之为"西河先生"。当地人以毛西河先生名望引以为荣，将毛宅边沿的地方，称作西河沿。

湘湖通过萧绍运河和由北向南的河道灌溉昭明、崇化两乡农田时，湘湖水也会流过西河沿毛宅旁的河埠。毛家就成为湘湖水利灌区的百姓，毛奇龄从小也与湘湖水结了缘。

萧山毛氏始迁祖毛贞，明洪武年间（1368—1398）由余姚迁居萧山，自此毛家人才辈出，世代入仕。萧山毛氏与何氏两家结亲联姻，监察御史何舜宾的孙女，成了毛奇龄的祖母。毛奇龄小时候也会经常听祖母讲述何御史复湖、何孝子复仇等有关湘湖的故事。这种亲情故事，也使毛奇龄增加了对湘湖的情感与重视。

毛家是官宦世家，一向重视对子弟的教育，本就聪颖早慧、记忆力惊人的毛奇龄，自小就在长辈和老师的教育指导下，勤奋学习，博览群书，熟读经文，知识渊博，成了师长眼中的才子，还不到20岁，就在社会上有了名气。毛奇龄在学习和以文会友中，结交的许多有名望的文人，也对他以后的经历和仕途，给予了关心和帮助。

毛奇龄生逢明末清初乱世，学历顺畅，但仕途坎坷。他先是避乱在萧山城南隐居，后因削发为僧，被清政府剥夺诸生学籍，失去科举考试资格，还因结怨遭人陷害，四处流亡，直到50多岁时，才在好友的帮助下，化解恩怨，不再流亡。后又在好友的帮助和举荐下，恢复诸生学籍，并于康熙十八年（1679），在57岁时赴京，应征博学鸿词考试，比当年贺知章 36 岁进京赶考，还年长 21 岁。好在这两位萧山老乡，都赶上新朝选拔人才的特定考试。毛奇龄考中博学鸿词，授翰林院检讨，在明史馆参修明史，七年后才回到萧山故里。

毛奇龄在外流亡、为官四十余年，对湘湖虽情有所系，却无暇顾及。回到萧山后，湘湖问题才成为面对的现实。康熙二十八年（1689），毛奇龄听闻豪绅孙凯臣等人公然违反历代湘湖禁令，在湖中筑堤围田，就亲临湘湖调查，撰写了《湘湖私筑跨水横塘补议》和《请毁私设湖堤札子》，提出湘湖筑堤围田"四害五不可"，后被采纳。毛奇龄又撰写了《湘湖水利永禁私筑勒石记》，勒石永禁。毛奇龄保护湘湖，功不可没。毛奇龄还以他自己的湘湖情怀和声望，撰写了湘湖保护功臣魏骥、何孝子传记和《湘湖水利志》，这些成为后世了解、研究湘湖历史文化的重要文献。另外，毛奇龄所作的数十首游览湘湖的诗文，也向后世展示了当时的湘湖风光。

毛奇龄治学范围广，著作多，被《四库全书》收录的有 28 种，存目的有 35 种，总共 63 种。从个人著作录存《四库全书总目》数量上说，毛奇龄位列第一。萧山人民为有这样一位学者大家而感到骄傲。

湘湖湖山广场景区，设置了毛奇龄塑像，以纪念毛奇龄情系湘湖、保护湘湖、传承湘湖历史文化的功绩。

知章故里在湘湖

"少小离家老大回,乡音无改鬓毛衰"是唐代贺知章(659—约744)《回乡偶书》中的诗句,脍炙人口,千古传诵。湘湖正是这位"少小离家""乡音无改"诗人贺知章的故里。

《新唐书·贺知章传》和《嘉泰会稽志》都说"贺知章,字季真,越州永兴人",历史上也一直为学界所认可,其父亲、祖父也必然是越州永兴人。唐天宝元年(742),永兴改称萧山。萧山湘湖边思家桥村(今知章村)有贺家园、百步禁界及村南山上文笔峰、山南周官湖和村内知章学校等有关贺知章的传说和地名。清代毛奇龄《九怀词》中,"荷仙"含贺仙之义,说:"贺监也。监,吾邑人,少名知彰,取知微知彰义也!"清代郭伦《萧山赋》说"文笔环季真之宅"等,表明今萧山湘湖边知章村贺家园就是贺知章出生、成长的故里。

贺知章族祖、太子洗马贺德仁、族姑夫陆元方、族表弟陆象先,均在京城长安朝廷为官。贺知章与陆象先从小就相识相知,长大后也常有来往。

贺知章少以文词知名,兼善书法,十分自信。适逢武则天于690年称帝,国号改唐为周。新朝新政,武则天重视文化和文人,决定全国举行科举考试,选拔人才。贺知章认为这是改变自己命运的机会,就于694年下半年,"少小离家",提前半年赴京赶考。

贺知章从小就与陆象先要好,到了京城,陆家父子自然十分欢迎,为贺知章提供了住宿、饮食和学习等条件,还帮助贺知章熟悉环境,为参加科考作好充分准备。这半年,贺知章与陆象先在一起生活,更增加了友情。陆象先曾对人说:"季真清谭风流,吾一日不见,则鄙吝生矣!"正是当年两人情感的真实写照。贺知章也不负众望,考中"超群拔类科"。天时地利人和,加上本人学问超群,贺知章高中状元,由陆象先推荐在国子监任国子四门博士,从此开启了近五十年的官宦生涯,历经武周王朝和唐代四朝,这与贺知章生性旷达、坦荡、豪放、爱交友、喜谈论的性格和人品有关。贺知章深得皇上的信任,同仁和朋友的尊重,还与诗仙李白金龟换酒,结为忘年交,并举荐李白在朝廷为官,直到85岁高龄才请辞归乡。唐玄宗特地安排,任命贺知章儿子为会稽郡司马,以陪伴照顾年老的父亲。司马是一个五品清闲州官,在故里萧山县就不可能有这样高的职位,可见唐玄宗良苦用心。更为难得的是,贺知章归乡时,唐玄宗亲自赋诗相赐,还命皇太子率百官到京城东门为其饯行,参加的官员各作诗唱和,这是我国封建王朝时代,官员还乡绝无仅有的待遇和盛典。

唐天宝三载(744),贺知章随儿子赴会稽任职定居前,首先来到萧山故里探望,见到故乡儿童和门前湖波依旧,贺知章触景生情,于是就有了那首《回乡偶书》。

萧山有位贺先生,小时候在家中保存了1877年修的《萧山贺氏宗谱》。他的舅舅也见过这套宗谱,看到宗谱中有贺知章画像,当时还对外甥说,你们还是贺知章的后代呀!贺知章后裔也成了受惠湘湖水利的百姓。

当然,有人根据《唐书》中贺知章自号"四明狂客"和李白《对酒忆贺监》中"四明有狂客"的诗句,以为贺知章是"四明人"。其实,萧山贺氏的先祖在四明郡,是四明郡的望族。四明是萧山贺氏的郡望。古人尊重先祖的居地,常以本姓氏郡望作为自己的字或号。贺知章自号"四明狂客",是以萧山贺氏郡望"四明"为号自称。正如清代毛奇龄,也因萧山毛氏郡望西河,而被人称"西河先生"。

还有人根据《新唐书》,说贺知章"乃请为道士"和李白《送贺宾客归越》诗句:"山阴道士如相见,应写黄庭换白鹅。"因贺知章"请为道士",以为李白诗中"山阴道士"就是贺知章。其实,李白知道贺知章是书法家,送行时想起典故:王羲之很喜白鹅,山阴地方有个道士知道后,就请他书写道教经典之一《黄庭经》,以自己所养一群白鹅作报酬。李白想贺宾客归越,恐怕也会有道士上门求书。可见诗中是上门求书的山阴道士,而非请为道士的贺知章。

贺知章的故里,在今萧山湘湖一带,这是不容置疑的。

小艇湘湖自采莼

"此生安得常强健，小艇湘湖自采莼"是南宋爱国诗人陆游《新晴马上》中的诗句。莼菜是湘湖的一大特产，采摘季节性强，暮春初夏，采摘的莼菜嫩茎新叶是上品，如茶叶采摘明前茶一样。由此，当暮春时节，出行在外的诗人，想起曾在湘湖见到或者亲自采摘莼菜的情景，不禁有感而发与莼有关的诗句，如毛奇龄采莼歌："压乌山前春欲暮，阿子前湖采莼去。"而陆游"常强健""自采莼"的心愿，又与他本人出身成长和经历有关。

陆游（1125—1210），字务观，号放翁，南宋越州山阴（今浙江绍兴）人。陆游出生在名门望族、藏书世家，曾祖、祖父和父亲都在朝廷为官，是典型的官二代甚至是官三代。陆游自幼聪慧过人，在家长和名师的指教下，发奋学习，博览群书，增长才干，12岁就能作诗为文。陆游在家庭熏陶下树立了抗金复国的爱国情怀，这成了他一生矢志不移的信念。

陆游身处南宋战乱时期，生不逢时，虽有一腔爱国抱负，却受奸相妒恨打击，又屡遭权臣陷害排斥，仕途不顺，生活动荡。人们以为陆游只是一介文弱书生，其实陆游自幼习剑，达四十年之久，堪称文武全才。面对偏安一隅的南宋朝廷的避战主张，陆游一直无法实现自小树立的复国之志。

陆游满腹经纶，出口成诗，吟诗作文成了他倾诉自己抱负和梦想的最佳形式。湘湖莼菜也成了他倾诉的对象，在有关萧山湘湖的诗文中多次提到莼。如为解脱思念故乡山阴而写的《渔父》诗曰："湘湖烟雨长莼丝，菰米新炊滑上匙。"《雨中泊舟萧山县驿》诗曰："店家菰饭香初熟，市担莼丝滑欲流。"在返回故乡想起"莼羹鲈脍"典故时所作《稽山行》中有"湘湖莼菜出，卖者环三乡。何以共烹煮，鲈鱼三尺长"。从桐庐经渔浦回家乡时作《渔浦》称："桐庐处处是新诗，渔浦江山天下稀。安得移家常住此，随潮入县伴潮归。"最后一句中说的"县"，指萧山县城，诗中表达了要移家常住萧山渔浦的愿望。

陆游抗金复国的抱负一直无法实现，直至临终留下绝笔《示儿》作遗嘱："死去元知万事空，但悲不见九州同。王师北定中原日，家祭无忘告乃翁。"爱国情怀令人崇敬。陆游自言"六十年间万首诗"，后经自己删除之后仍有九千三百多首诗存世，是我国诗作最多的诗人。

陆游十九世裔孙陆怡迁居萧山，成为萧山陆氏始祖，后子孙繁衍，萧山陆氏在城厢镇何家弄（原人民路小学内）修建陆氏宗祠敦伦堂。后陆怡十九世孙、陆氏族长一家，又迁居闻堰，建造了一座墙门房屋。闻堰靠近渔浦，又在湘湖旁边。当初陆游在萧山渔浦"移家常住此"的心愿，由他的裔孙实现了。

陆家墙门，主体正屋为五间两层楼房，正屋前有一个铺石板的大天井，两侧厢房，天井前面是朝南的石库大墙门，正屋后面还有一个种树木花草的小天井，两侧有檐廊，后有房屋、后门，是一座建造精美、保存完好、十分罕见的江南清代建筑，已被列入"杭州市第三批历史建筑保护名单"。陆家墙门如能迁移至湘湖景区内，异地保护，将不仅为湘湖增添一处清代古建筑景观，也可作一处纪念陆游的人文景观，展示著名爱国诗人陆游的诗词文化。

夫差族裔迁历山

北宋末年，湘湖建成。数百顷湖水，碧波荡漾，风景迷人。有水的地方，就是适宜居住的好环境。湘湖湖畔山麓地带，也陆续迁入许多外来人，其在此定居发家，成了湘湖水利灌溉区的百姓。

在湘湖南堤坝中段钱塘江边，有一座历山，山不高，范围也小，今称小砾山，相传是舜耕之地。

南宋咸淳十年（1274），左丞相吴坚避乱隐居在萧山沿河荡。其子吴贤见湘湖清静、景美，就迁到湘湖南边的历山定居，还作了一首《卜居历山》诗："我居历山麓，且爱湘湖清。湘湖分支绕，历山曲而平。乃追历山迹，自昔舜所耕。一云会稽是，姚江亦垂名。名垂萧山者，蜿蜒湖边横。谢公墩有二，后人亦相争。何况舜大孝，千古推真诚。我不稽古迹，卜筑心是营。平畴正旷远，山亦不峥嵘。定山方斜拱，压乌对面呈。足以看云影，足以听潮声。湘之莼可采，湘之鱼可烹。子孙耕且读，陶渔亦谋生。高风慕怀葛，尘世谢簪缨。开轩邀松伴，筑亭与鸥盟。时立山之顶，四望寄遥情。"这首诗表达了作者乔迁之喜和对湘湖美景及田园生活的向往。

这首五言湘湖古诗，经书写装裱，挂在原湘湖农场工业园区一家纺织有限公司吴总经理的办公室墙上。湘湖管委会办公室周慧丽，去公司作拆迁工作调研时，见到墙上这首古诗，她十分重视。吴总经理介绍了古诗的来历，还为湘湖管委会提供了电子版《历山吴氏宗谱》。宗谱上载有吴王夫差父亲吴王光（阖闾）的画像和这首古诗。

吴，本为姬姓。自周太王之子泰伯、仲雍封于吴，子孙遂以国为姓。泰伯、仲雍是吴氏一世祖，传至十七世吴王寿梦。寿梦有四个儿子：长子诸樊、次子余祭、三子夷昧和四子季札。按吴王寿梦临终嘱咐王位"兄终弟及"，诸樊、余祭和夷昧先后继承王位。后夷昧病危，要季札接替王位。季札推辞，还逃到延陵，被后世称为延陵季子。于是夷昧长子继承王位，就是吴王僚。后诸樊长子、公子光派专诸刺杀吴王僚，自立为王，就是吴王阖闾。阖闾的四叔父季札是吴氏十八世祖。湘湖历山吴氏正是延陵季札的后裔，也是吴王阖闾、夫差父子的族裔。

春秋时期，吴越两军对垒，相互攻伐，结怨甚深。公元前494年，句践伐吴兵败，被吴王夫差统率的吴军一路追杀，不得已退守固陵城（今湘湖越王城）。吴王夫差按军师孙武《孙子兵法》"不战而屈人之兵"的策略，不敢轻易入固陵港（今湘湖边）追击越军，退至钱塘江南岸查浦（今萧山区闻堰街道潭头），围困越军。句践不得已向夫差投降，在鸡鸣前赶到查浦吴军大营，等候吴王批准，入吴为奴。此地被称为鸡鸣墟[①]。

当年夫差在查浦屯兵，围困越军，越王句践到此"待诏入吴"。不承想，一千七百多年后，夫差的宗族后裔迁到了相距不远的历山定居，子孙繁衍，成了越地居民，守护湘湖达八百余年之久。如今，历山吴氏居民，支持湘湖保护和开发建设，已迁往政府安排的住宅小区定居。历山附近的小砾山大型供水站，将钱塘江水源源不断送往千家万户。湘湖也在这里定期自钱塘江引水，保持湖面一定的水位。

---

① 〔东汉〕袁康、吴平：《越绝书》卷八，浙江古籍出版社，2013年，第53页。

孙武裔孙围越台

孙武，春秋末期吴国著名军事家、政治家，以兵法十三篇闻名于世。后人称其为兵圣，所著兵书称《孙子兵法》。孙武助吴王阖闾，使吴国打败了强大的楚国，称霸中原。

公元前494年，吴王夫差在太湖大败越军，一路追杀，逼使越王句践退守固陵（今湘湖越王城）。夫差屯兵钱塘江南岸查浦，采用孙子兵法"不战而屈人之兵""用兵之法，十则围之"的策略，围困越军达三年之久。句践不得已，才入吴为奴。

孙武次子孙明，在吴国征战有功，封于富春，为富春孙氏一世祖。子孙先后迁富春瓜邱、东梓、龙门（今富阳龙门）。孙武五十九世孙、龙门孙氏十一世孙应鹮，元初避兵乱，迁到萧山湘湖北岸越王城山麓，生息繁衍，裔孙散居在湖里孙村上孙、中孙、下孙三个自然村，仿佛替先祖效力的吴王夫差，又将越台即越王城围住，却虔诚祭祀越王句践达七百多年，直到湘湖保护和开发建设，孙氏居民积极配合，乔迁附近安置房湘湖家园新居。

湖里孙村，背靠越台，面临湘湖，是一个狭长的村庄。村里无田地需要灌溉，不是湘湖的水利灌溉区。湘湖孙氏，以晋代先辈孙康映雪读书典故为榜样，勤奋好学，耕读传家，历代出过不少人才。明嘉靖年间（1522—1566），湘湖孙氏十世孙学思，由楷书考选儒士，历官中书舍人、礼部主客清吏司郎中，热心地方事业，出资建造了跨湖桥。其弟孙学古，嘉靖二十三年（1544）进士，历官东莞知县，有政绩，民感其恩，立有专祠。鉴于孙氏兄弟的政绩善举，当地将他们誉为"湖中双凤"，还在萧山西门外筑"湖中双凤"牌坊。由楷书入仕的孙学思还为"甲科济美"牌坊题书，牌坊至今仍矗立在湘湖边知章村。清乾隆年间（1736—1795）编修的《湘湖孙氏宗谱》

还收录了孙氏族人孙光阳等人所作的"湘湖八景"（龙井双涌、跨湖春涨、水漾鸣蛙、湘湖秋月、尖峰积雪、越城晚钟、柴岭樵歌、湖中落雁）诗，传承湘湖文化。

湖里孙村，村里无田地，村里居民多以制作砖瓦为业。制砖取泥占湖地较少，取泥后又可还湖，对湘湖水利并未造成多大侵害。但随着孙氏家族人口的增加，孙氏族人为生计和方便交通，私占湖田，在湖中筑堤建桥，成了明清时期湘湖多次禁垦之争中侵占湖田的主角，遭到了九乡百姓和地方官绅的反对和惩处。

湖里孙村一带，湖边风景秀美，山上又有古越文化遗址和历史传说，是人们游览怀古之地，湘湖孙氏始祖才选择此地定居。但他可能不会想到，七百多年后在其裔孙建造的跨湖桥旁湖中，发现了有八千年历史的跨湖桥遗址，其后又在下孙村发现下孙遗址，从而命名的跨湖桥文化，不仅将当时浙江省文化史提前了一千年，也成为萧山的历史文脉所在。

为了湘湖的保护和开发建设，湘湖孙氏居民离开了世居七百余年的古村落。原下孙村，利用老屋和重建的牌坊、土谷祠、孙氏宗祠、商店、餐馆，构建为下孙文化村，传承湘湖民俗文化、宗族文化和历史文化，成了一处引人驻足参观的景点。

甲科济美埭上黄

古湘湖东南埭上河两岸，以黄姓为主聚族而居的自然村鳞次栉比，延绵十里。萧山民间所称"十里埭上黄"，说的正是这里。

南宋绍兴年间（1131—1162），湘湖修建二十余年以后，两浙提举、诸暨花亭人黄槐，途经此地游览湘湖时，"见大江北绕，文峰南翔，山明水秀，土厚风淳"，就在这里定居发族。埭上黄氏尊黄槐为始迁祖，尊东汉尚书令黄香为始祖。

埭上黄地处湘湖之南、塔山（今木尖山）北麓，绿水青山，风景秀美。此地有湘湖水灌溉，农田收成得到保障。黄氏族人在这里生息繁衍，家风敦厚，农耕致家富裕，读书科考入仕。据统计，明清两朝，埭上黄氏中举人的有28人，其中又经会试、殿试，有8人中进士。在封建社会，朝政腐败，经济困顿，民不聊生，乞讨者比比皆是，唯埭上黄氏，重教尚学，耕读传家，家业饶裕，人才辈出，屡中科举，仕宦不替，为萧山望族，浙东名家。故旧时民间有"十里埭上黄，旗杆多如讨饭棒"的俗语。

事实上，埭上黄在科举时代的确盛况非凡。黄九皋家族，从他本人至曾孙四代，有4人中举人，其中2人又登进士，有贡生12人，国学生4人，邑庠生19人，还有明清两朝中出4对同族同榜举人。清光绪间出了元寿、同寿同胞两举人。为表彰埭上黄科举盛况，明嘉靖四十年（1561），钦差太子太保兵部尚书总制军务右都御史胡宗宪等奉旨，在史家桥村（今萧山区蜀山街道知章村）敕建"甲科济美"牌坊。胡宗宪为安徽绩溪人，是绩溪胡氏的先祖。牌坊由礼部郎中孙学思题额。孙学思为湘湖孙氏十世，由楷书致中书舍人，嘉靖三十三年（1554）出资建造了湘湖跨湖桥。"甲科济美"牌坊，气势雄伟，建筑精美，经四百六十余年风云变幻，至今仍矗立在埭上河南岸，直面塔山文笔峰，现为杭州市市级文物保护点。

埭上黄氏重教尚学，除了科举入仕为官，也有不为良相当为良医的医学名家。笔者姑丈的父亲黄镐京，就是清末民初绍兴、萧山一带的名医。当时正在写作《清史通俗演义》的蔡东藩，原配妻子王氏和次子都相继去世，长子蔡溃又得了重病，到处求医仍未见好转，听说义桥有名医，蔡东藩就背着儿子从临浦到黄镐京诊所求医。在为孩子诊断病情过程中，蔡东藩谈到了自己丧妻失子的伤心事。诊断后，黄镐京让女儿开了医方，并介绍女儿黄晚霞与蔡东藩相见。黄镐京见蔡东藩文质彬彬，谈吐不俗，后来就把女儿黄晚霞嫁给蔡东藩。在黄晚霞的照顾下，蔡溃的病也好了，蔡东藩的生活起居正常，似有神助，文思喷涌，在临浦租借的"临江书舍"，继续书写起《历朝通俗演义》。

黄镐京与蔡东藩因治病结为翁婿。蔡东藩也向岳父学医，后来还开了诊所，不辞辛劳，为乡人治病济世。

黄镐京，编著《医学程式》四卷，还与父亲和儿子一起编著《黄氏三世良方集》三卷，父亲黄太占著上卷《疹科要略》，黄镐京著中卷《直指医方》，儿子黄元吉著下卷《危症验》，也是对埭上黄甲科济美的发扬光大。

杭州市市级文物保护点"甲科济美"牌坊

科举无来不成榜

　　湘湖北面的夏孝乡，原为萧山长河镇，现属杭州市滨江区长河街道，是湘湖灌溉九乡之一，也是长河来氏的聚居地。南宋嘉泰二年（1202），河南鄢陵人来廷绍（1150—1202），以龙图阁直学士进阶宣奉大夫，出任绍兴知府，赴任途中，在萧山祇园寺僧舍中病逝，安葬在湘湖东方家坞，其子师安、师周请浙东安抚使、知名词人辛弃疾写了墓志铭。来廷绍长子师安，为守父墓，在冠山南长河头筑室定居，尊其父为长河来氏始迁祖，至今已传三十余世，来氏后裔有1.7万余人。来氏成为湘湖灌溉区的居民。

　　相传后来有人在湘湖中得到一块石碑，刻有"龙图遗蜕"四字。来氏后人在始迁祖墓前筑了亭子，将"龙图遗蜕"石碑竖立中间，亭柱有楹联："传遗诗礼家声远；秀发湖山瑞气长。"来氏族人，也正是以诗礼传家，重教兴学，鼓励子孙读书进仕。来氏声名远扬，像秀美的湘湖湖山一样瑞气长存。萧山旧有"无来不成榜"的俗语，说的是在封建社会，朝廷举行科举考试发榜公告时，都会有来氏子孙的名字，没有来姓族人就不能成榜公告了。当时县考，甚至省考（乡试）确实是这样。长河来氏在进京会考中也屡次金榜题名，成绩辉煌。据李维松先生查阅《萧山来氏宗谱》统计，明清两代，来氏子孙出进士26人、武进士3人，举人47人、武举人17人，贡生97人。科举时代，一旦金榜题名，就取得了入仕为官的资格。长河来氏，共有包括受封赠的大大小小官吏387人。长河也有"三石六斗芝麻官"的俗语。

　　来氏十四世孙来宗道（1571—1638），明万历三十二年（1604）进士，历官光禄大夫、少傅兼太子太傅、礼部尚书、户部尚书、内阁大学士、太子太保，是明末宰相级的重臣。

建造湘湖的杨时与其儿子都是进士。长河来氏也有两对父子先后中明清两朝进士。其中一对是来氏十六世来方炜（1594—1648），明天启五年（1625）进士；他的儿子来垣（1633—1703），清康熙六年（1667）进士。来方炜历官吏部验封司员外郎。吏部为六部之首，俗称吏部官吏为天官。由此，为官刚正不阿的来方炜被乡人称为"来天官"，以崇祀萧山乡贤、嘉定县名宦祠，为后世纪念。他在长河故里的宅第被称为"天官第"，门前大道称为"天官路"。来方炜于明崇祯十三年（1640），随五叔为祖父之墓立"越台拱秀"墓碑，请同朝为官的大学士、明万历四十四年（1616）状元钱士升题书。来方炜祖父光国之墓，在越王城遗址东南外侧仰天田螺山。墓碑上未写明墓主名，而被当地村民误称为来天官墓，其实是来天官为祖父所立之墓碑。

湘湖灌溉区长河来氏，在科举时代确实盛况空前，成绩辉煌，从"龙图遗蜕"到"越台拱秀"墓碑人文古迹，也得到了印证。

湘湖黏土制砖瓦

　　湘湖湖底有富春江、浦阳江和钱塘江水淤积的黏土，土质细腻，黏性很好，是烧制砖瓦的优质材料。湘湖建成以后数百年，外地迁居湖边的人口不断增加，形成了许多村落。有的村民为了生计，就在湖边挖泥用来烧制砖瓦。开始时并未对湘湖蓄水造成多大损害，管理者也听之任之。直到后来有豪绅占湖垦田，才被官府和乡绅一起禁止、清退。但是烧制砖瓦毕竟是湖边村民的生活来源，总是无法禁止的。清代汪继培《湘湖竹枝词》曰："茅屋濒湖三百家，抟泥弄瓦作生涯。窑中火候炉中诀，细看浓烟几缕斜。"这是当时湘湖人家生活的真实写照。湘湖生产的砖瓦，品种齐全，品质上乘，除了供应萧山本地居民建筑房屋，也供应杭州。杭州的文澜阁是清代七大皇家藏书阁之一，曾收藏《四库全书》中的一套。据说在维修时发现，文澜阁使用的黄色琉璃瓦有湘湖出品的标记。湘湖生产的砖瓦也成了许多著名亭台楼阁的建筑材料。

　　进入民国时期以后，湘湖砖瓦业又得到了很大的发展。周易藻《萧山湘湖志》记载："沿湖各村大半以陶为业，故砖瓦为湖中大宗出品。"湘湖11个村庄共有63座砖窑，主要集中在下湘湖，有砖窑52座，其中下孙村就有11座。上湘湖边的定山、汪家堰和山前吴三个村只有11座砖窑。当时环湖砖场工地密布，沿山是一座座砖窑。暮色苍茫之际，湖边山脚窑烟缥缈，成为湘湖特有的一大景色，称为"山脚窑烟"。湘湖出产的砖瓦和各种砖制品多达35种，成为萧山出产的大宗名产，满足市场的需求。抗日战争期间，砖窑倒闭，砖瓦业凋敝衰落。

　　中华人民共和国成立后，随着建筑业的发展，湘湖砖瓦业逐渐恢复生产，并得到快速的发展。1952年建立了浙江砖瓦二厂，1953年私营窑户开始组织起来，先后成立了杭州砖瓦厂、萧山砖瓦厂、城厢砖瓦厂、长河砖瓦厂、西兴砖瓦厂和许多村级砖瓦厂等国营和集体所有的十多家砖瓦厂。生产方式也开始从纯手工制作向机械化生产发展，生产规模不断扩大，产量大幅度提高。1970年生产砖瓦3000余万块（张），1984年增至近36000万块（张），比1970年增加11倍。20世纪80年代是湘湖砖瓦业最辉煌的时代。当时各地来湘湖购买砖瓦的车辆络绎不绝。进入20世纪90年代后，由于钢结构新兴建筑的出现以及为保护耕地，实施墙体材料改革，采用空心砖等其他材料，与九百年的古湘湖相伴一半岁月的湘湖砖瓦业，终于退出历史舞台，正好为新时期湘湖的保护和开发，实施湘湖复湖留出了空间。

四百多年来，湘湖湖底的黏土，烧制成砖瓦，被运送到各地，建造千家万户的房屋和其他建筑，留下了历史的记忆。而挖泥留下的多个三四十米大深坑，也大大减少了新湘湖复湖的挖泥土方量。目前，新湘湖总蓄水量为2310万立方米，而为恢复新湘湖挖泥土方量为1016万立方米。两者相差1000多万立方米，就是历年制砖挖泥预留的蓄水量。这是湘湖砖瓦业为新湘湖建设所作的贡献。更为重要的是，制砖挖泥使跨湖桥遗址得以面世，跨湖桥文化得到弘扬。

湘湖古砖窑

周易藻编湘湖志

　　周易藻（1864—1936），字芹生，号璐琴，萧山戴村镇丁村（今半山村）人，清光绪十五年（1889）中举人，人称周老爷。从他编写的《萧山马谷周氏宗谱》中得知，他的一位族姑，还是笔者的高祖母，说来与这位周老爷还带点远亲关系。周易藻为人耿直，但仕途坎坷，四次赴京参加会试，都没有如愿，授任江苏候补知县，也因无法忍受官场风气而返乡，先后出任萧山县劝学所总董（县教育主管）、县立高等小学校长和县参事等职，与县府官员和乡绅多有交往，相约多次游览萧山城西的湘湖，见这里既有家乡风貌，离县城又近，就选定越王城山山麓，作为自己的归宿和安身之地。

　　周易藻在湘湖边缸窑湾购买了一块土地，建了生圹，还在左前方建造三间房屋，作居住庐舍，因建于辛酉年（1921），定名辛庐，自撰一副门联："读书不成名，著书未成卷，行年周甲，马齿徒增，悔当年浪迹飘零，万里轮蹄销壮志；左傍至湖岭，右傍跨湖桥，太岁在辛，牛眠是卜，愿此后尘缘摆脱，一龛风月寄闲身。"这副64字的超长楹联，反映了作者的坎坷经历、超脱心态和辛庐建造的时间、地点。周易藻请文人好友撰写了《辛庐记》《辛庐铭》和五副楹联，展示当地历史文化和主人的经历。周易藻还将周围湘湖的风光美景，编成"辛庐八景"。辛庐旁就有"缸窑湾听涛"一景。缸窑湾在大小王坞（今建有金融小镇）山口左侧，山口右侧不远是湘湖狭腰处跨湖桥，必然风大浪高。周易藻住在此地，常闻涛声阵阵，由听涛联想到周围景色，以地名景。跨湖桥泛棹、寨岭庵闻钟、越王城玩月、缸窑湾听涛、至湖岭踏雪、水漾坞采莼、九里墩戏鹭和三善桥观鱼等"辛庐八景"，成了湘湖特色景观文化。

　　周易藻住在湘湖，了解湘湖，当时还"著书未成卷"的这位老先生，产生了写湘湖"著书成卷"的想法，当然也可能是为他提供"水利诸书""历年卷宗"的地方官和乡绅朋友，在辛庐聚会谈论开垦湘湖时，对他提出建议，才让他决定编写《萧山湘湖志》。于是，他"驾一叶扁舟，游览湘湖，穷幽探隐，日夕始返，夜则检查水利诸书，摘录历年卷宗，参互考订"。经过六个多月现场调研和文选查证，1925年编成《萧山湘湖志》八卷，后又编《萧山湘湖续志》一卷，于1927年印刷成书。萧山县知事郭曾甄高兴地为志书作了序，说写成此书，不光是萧山人的幸事，也是自己的幸事。正是依据《萧山湘湖志》的文史资料，这位县令开垦湘湖的举措因此立即停止，避免深陷纠纷而不能自拔，才发出此书之成，也是他本人幸事的感叹。《萧山湘湖志》为1927年开始的湘湖建设提供了参考，也为七十余年后湘湖保护和开发工程建设提供了翔实的文史资料，这确实是萧山人的幸事。

周易藻编撰《萧山湘湖志》的辛庐，虽然在20世纪60年代因建砖瓦厂被拆除，但周氏家人一直是湘湖人。2004年5月21日，萧山区城厢街道湘湖股份经济合作社，仍以周易藻夫人周美荣名义，颁发了"杭州市萧山区股份经济联合社股权证"（农龄股股数为10，股份额为90）。

辛庐见证了当代湘湖的变革。周易藻与辛庐，在湘湖历史文化中占有一定的地位。如今，湘湖湖山广场景区有8位湘湖名人塑像，其中就有编写《萧山湘湖志》的周易藻。在城山广场边湖中的掬星岛上，建有三间平房，中楹门额为辛庐，门柱上采用周先生为辛庐自撰门联截句："万里轮蹄销壮志；一龛风月寄闲身。"湘湖管委会工作人员还特地到杭州养老院拜访了周易藻的小女儿。

周易藻先生的亲属，听说湘湖掬星岛上重建了辛庐，向湘湖管委会捐赠了当年周易藻编写《萧山湘湖志》时使用的桌子、凳子、书箱和毛笔、砚台等书房物品。戴村镇马谷村周氏宗亲周利春也赠送了清光绪己丑年（1889），为周易藻中举人而立的"文魁"匾额。

萧山文物收藏者申屠勇剑向湘湖管委会转让了周易藻编纂的《萧山湘湖志》，并赠送了周易藻画像镜框、周易藻书写的一副对联和为《萧山湘湖志》作序的王仁溥题书的字幅。这些当年伴随辛庐的物品，将使辛庐成为湘湖一处有特色的人文景观。

第二编

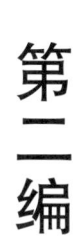

湘湖文脉

历史文化是湘湖的灵魂。湘湖是萧山的重要历史文脉所在。一九八九年十二月,湘湖越王城遗址被公布为浙江省省级文物保护单位,考古发掘确认,这是"越王屯兵作战的军事城堡"。一九九〇年五月底六月初,湘湖又发现跨湖桥遗址,二〇〇二年考古发掘出土了距今八千年的独木舟。二〇〇六年四月二十日,跨湖桥遗址入选第六批全国重点文物保护单位。自跨湖桥文化时期以来,地处钱塘江南岸交通要道、军事重地的湘湖地区,在历代积聚了深厚的湘湖文化。湘湖保护与开发,传承和弘扬了湘湖文化。

砖瓦厂出土文物

湘湖，历经水陆变迁，是一块神奇的土地。这里曾经是古代先民生存的乐土，由于海浸和泥沙淤积，保存了当时人类生活的信息。杨时修建的湘湖，保护这方水土达九百年之久，直到水利功能弱化以后，湘湖从以水利民转为以地惠民的时候，湘湖水土下的人类史前文化，才具备了揭开神秘面纱的时机。

自20世纪50年代开始，凋敝的湘湖砖瓦业从个体经营向国营和集体企业发展，制作工艺也从手工转为半机械化生产，建立了浙江砖瓦二厂、杭州砖瓦厂、萧山砖瓦厂和湘湖城厢砖瓦厂等。笔者在萧山中学读高中时，曾于1958年到浙江砖瓦二厂参加挖砖泥劳动，见到取土工地三面围着堤坝防水，在靠岸的一面将挖出的砖泥送上去。劳动情景记忆犹新：几个同学在泥塘底部用铁铲将泥土切成边长25厘米左右的立方块，再由五六位同学站在1米多高的台阶上，一个个接力往上传递到岸上。湘湖砖泥，青黑色，黏性很好，不会碎散，也不黏手。岸上的同学再把泥块传递到一个大转盘里，让牛踩练后，才能送入机器制砖。当时在泥塘里，除了青黑色的砖泥，没见到什么其他的杂物。

1960年以后，杭州砖瓦厂的厂医陈中緘先生，在湘湖砖泥塘里发现了史前文物，并有意识地进行采集。可见，在20世纪60年代，湘湖史前文化就已经在向人类招手呼唤。后来，陈医生的家人将采集的骨器、石器等文物，上交给萧山博物馆，发现与跨湖桥遗址发掘的文物完全一致。遗憾的是，湘湖出土史前文物的信息，当时没有直接有效地上报文物管理部门并引起重视，要不跨湖桥遗址可能比河姆渡遗址还要提前面世。事实上，信息没有直接有效上报有种种原因，其中主要是在当时文保意识比较淡薄的社会背景下，在生产工地，企业看重的是工程进度，哪管什么是文物。听说湘湖风情大道东面建水城，在挖泥时曾发现过一条木船，也随外运的泥土丢掉了。当时企业如上报文物管理部门，影响工程进度不说，还要倒贴资金陪着考古发掘。其实，湘湖砖瓦厂泥塘里有骨器、石器、木器等，已经是公开的秘密。当地居民、工人见多不怪，熟视无睹，不当一回事而已。笔者曾听到多位湖边居民说起，当时就见过这些器物，还说发现过木材堆积场，都拿回家烧火用。制砖挖泥，让受湖底水土保护的古文化逐渐显现。

好在杭州砖瓦厂陈医生有意识采集文物的行为，言传身教，直接让他的儿子、在杭州砖瓦厂从医的小陈医生，喜欢上了湘湖文物的采集。小陈医生又将对文物的爱好，影响了比自己小四五岁的好伙伴、杭州砖瓦厂黄厂长的儿子黄巍。而黄巍又带动了邻居小伙伴郑苗，开始关注砖瓦厂泥塘里的"宝贝"。郑苗随父亲住在杭州砖瓦厂的宿舍里，宿舍不远处湖中，就是跨湖桥西南面城厢砖瓦厂的泥塘。郑苗说，每逢大雨过后，挖土机碾压过的泥塘里，陶片、骨器等就清晰地显露出来，他们就会过去采集。

1990年5月30日早上，浙江广播电视大学萧山学院学生郑苗，带着在湘湖采集到的几件骨器、石器和陶器碎片等来到学校，交给语文老师陆建祖看，巫凌霄老师也在办公室。几位老师看了后，认为应该报告文管会处理。巫凌霄老师立即给萧山市文管会打了电话。郑苗的班主任胡建功老师听说后，知道文管会的人马上就要到学校来，就把郑苗叫到办公室，要郑苗实话实说，把在湘湖发现这些东西的情况向文管会的同志介绍。起初郑苗还有思想顾虑。原来，小伙伴当初约定过，这件事不要说出去。胡老师鼓励说，既然他把这些东西给老师看了，就应当对文管会的同志说，小伙伴也会理解的。萧山市文管会的倪秉章、施加农两位先生，很快赶到了学校，一看这些就知道是出土文物。郑苗一口答应都交给国家。

6月1日，郑苗骑着自行车，带领萧山市文管会倪秉章、施加农两位先生，来到捡到文物的湘湖城厢砖瓦厂取土工地。当时现场一片狼藉，但从附近土层的一个剖面上看到了文化层堆积。倪秉章确定这是一个遗址。郑苗的小伙伴黄巍也把捡到的文物上交给文管会。两人受到了文管会的奖励。

湘湖砖瓦厂出土文物的信息，经过二十多年后，终于直接上报给萧山市文管会。后来主持遗址第二次、第三次考古发掘工作的蒋乐平先生说："郑苗提供跨湖桥遗址的线索，直接促成跨湖桥遗址的发现。"

郑苗的荣誉证书

跨湖桥遗址面世

湘湖制砖挖泥显露的文物，当时并未引起人们的重视，直到二十多年后，萧山市文管会才接到浙江广播电视大学萧山学院学生郑苗捡到文物的报告。萧山市文管会施加农、倪秉章两位新老结合的文物管理工作人员，立即赶往学校，一看郑苗捡来的器物，就认定是文物。6月1日，又在郑苗的带领下到现场查看，有经验的倪秉章确定这是一个遗址。萧山市文管会还向郑苗颁发了荣誉证书，表彰他积极保护国家文物，成绩显著。可以说，萧山市文管会接到报告后一刻也不耽误，但是跨湖桥遗址的发掘同样经历了一波三折。

要确定这是什么遗址，就要报国家文物局批准，由浙江省文物考古研究所来进行考古发掘。萧山市文管会文物部主任施加农，是从萧山绍剧团调到文管会还不到一年的文物管理新兵，经进修学习，已完成了角色的转换，像当年主演绍剧一样，主动担负起促进遗址发掘的重任。他抓住时机，第二天就向省文物考古研究所领导汇报发现了遗址，希望专家来确认和发掘；同时也向湘湖城厢砖瓦厂厂长说明情况，争取挖掘的经费支持和配合。

1990年10—12月，浙江省文物考古研究所、萧山市文管会，对遗址进行了首次发掘，出土了130余件石器、骨器、陶器等文物，还发现了建筑遗迹和橡子窖藏。发掘结果表明，跨湖桥遗址的文化面貌非常独特，其木质标本经碳-14年代数据测定，结果表明遗址距今8200—7000年（笼统讲距今八千年）。这一"石破天惊"的结果引起了考古界对遗址年代问题的争议，怀疑碳-14年代测定的准确性。业内专家以早已面世的著名河姆渡遗址为标准来评判，认为比河姆渡遗址出土的陶器还先进的跨湖桥遗址，又怎么可能比河姆渡遗址还早约一千年呢？于是学术界对跨湖桥遗址采取了较为谨慎、保守的学术态度，让遗址再次沉睡了十年之久。如果 20 世纪 60 年代湘湖出土文物的信息立即上达，引起重视并进行发掘，遭受怀疑的可能就是河姆渡遗址了，出土陶器制作落后的遗址，怎么会比距今八千年的跨湖桥遗址还晚约一千年呢？好在浙江的考古工作者并没有放弃跨湖桥遗址，陆续发表了不少相关学术论文；好在萧山市文管会的施加农，将跨湖桥遗址当作心目中埋下的一颗种子，时刻牵挂，等待时机。

功夫不负有心人，一等十年，终于迎来了转机。原来，浙江省文物考古研究所新发现了同属浦阳江下游的楼家桥遗址，其与跨湖桥遗址文化面貌差别很大，但与河姆渡文化的联系要密切得多，为一探究竟，成立了由蒋乐平负责的浦阳江流域史前遗址调查的研究课题组。施加农认为这是难得的机会，就争取将跨湖桥遗址调查纳入课题组的调研范围。这一次，是同一区域，类似河姆渡文化的楼家桥遗址帮了忙，使跨湖桥遗址重新受到重视，有了再次发掘的机会。

2000 年 12 月下旬，考古人再次踏上跨湖桥遗址时，经过砖瓦厂挖掘机、铲土机十年的挖泥铲土，当年遗址已面目全非，无踪可寻。最后在工人指引下，才找到了一个文化层堆积。考古人员后来称，这是跨湖桥遗址的最后阵地，如果晚来一步，跨湖桥遗址就极可能消失了。2001 年 5—7 月，跨湖桥遗址完成了第二次考古发掘，出土的器物群比第一次发掘更为完整，经修复的陶器多达 150 余件。跨湖桥遗址被评为"2001 年度全国十大考古新发现"之一。遗址因地处跨湖桥旁的跨湖桥自然村而命名。

2002 年 10—12 月，跨湖桥遗址又进行了第三次考古发掘，不仅发现了人工栽培的稻谷颗粒，还发现了独木舟和相关的遗迹，使跨湖桥遗址的文化面貌更加完整。

在浙江省、萧山区文物考古工作者坚持不懈的共同努力下，距今八千年的跨湖桥遗址终于面世，恰好为萧山区实施湘湖保护和开发提供了有力的文化支持。

跨湖桥文化命名

　　跨湖桥遗址的文化面貌个性非常强，与当时浙江其他遗址几乎没有相似之处，好像来无影、去无踪的孤独英雄。孤独的跨湖桥遗址，其遗址文化的命名，却没有重蹈当年文物出土十余年遗址才面世的覆辙。这要归功于热心市民提供的线索和文物考古工作者的敬业与坚持。

　　孤掌难鸣。根据考古学文化命名规则，必须发掘两处以上同类型遗址，才能命名遗址文化。十多年前接手郑苗上交文物的施加农，这时已任萧山博物馆馆长，成了萧山文物考古工作的领军人物。施馆长新官上任三把火，为争取"跨湖桥文化"早日命名，与省文物考古研究所联合组队，开始对湘湖周围地区进行大规模考古调查。正是想什么，来什么。2002年11月，文物爱好者倪航祥在萧山区城厢街道湘湖村下孙自然村砖瓦厂取泥坑，发现了一些陶片，他事先得知湘湖的陶片可能有不一般的意义和价值，就将捡到的陶片送到跨湖桥遗址考古队。倪航祥先生是杭州铁路工务段的职工，在铁路工务施工中经常会发现石器、陶器、骨器等器物，渐渐对文物产生了兴趣，采集了不少文物，也对文物有了一定的判别能力。湘湖发现跨湖桥遗址后，倪先生就常在休息日到湘湖砖瓦厂的泥塘里看看。采集文物成了倪航祥工作中养成的习惯，他的家里也放着采集来的各种物品。2013年，他将收集的205件文物，捐献给了跨湖桥遗址博物馆。[①]

　　浙江省文物考古研究所与萧山博物馆联合考古队人员，在倪航祥带领下来到实地，马上就发现有遗存堆积和跨湖桥遗址一样的典型器物，紧接着就对该地进行了有针对性的调查和试探性发掘。经过对出土遗物和遗迹的分析研究，确认这是一个与跨湖桥文化类型

---

① 杭州市萧山跨湖桥遗址博物馆编：《倪航祥捐赠文物集》，中国文化出版社，2014年。

有密切关系的新石器时代遗址。位于下孙村的新石器时代遗址浮出水面，使跨湖桥遗址有了同门"姐妹"，而不再孤独。2003年11月至2004年1月，下孙遗址考古发掘出土了一批文物，其文化面貌与跨湖桥遗址的类型一样，年代也基本一致。倪航祥先生提供线索发现和发掘的下孙遗址，为跨湖桥文化的命名提供了基本条件。

萧山博物馆馆长施加农与考古队队长蒋乐平通力合作，为在萧山召开的跨湖桥考古学术研讨会作好了充分的准备。2004年12月，《跨湖桥》考古报告出版。2004年12月17日，跨湖桥文化学术研讨会暨《跨湖桥》报告首发式在萧山召开。"跨湖桥文化"的概念，在会上得到了来自北京大学、浙江大学、中国社会科学院考古研究所和故宫博物院等权威考古研究机构和博物馆考古学家们的支持与认可，"跨湖桥文化"得以成功命名。跨湖桥遗址的知名度迅速提高，受到国内和国际学术界的关注。

湘湖曾经保护了跨湖桥遗址，而跨湖桥文化的适时命名，也为湘湖复水还湖，或是以地建园，提供了科学的选择。

湘湖跨湖桥遗址出土的独木舟及相关遗迹

跨湖桥人的生活

八千年前的新石器时代,在世界上绝大多数地区还是荒凉的不毛之地的时候,跨湖桥人已经向世人展示出灿烂的中华文化。跨湖桥遗址和下孙遗址发掘出土的一大批遗存和遗迹,为我们还原了一幅幅跨湖桥人当时生活、劳作的场景画面。

约八千年前,湘湖一带海退成为陆地,今跨湖桥村和下孙村一带,是跨湖桥先民聚居的两个原始村落。当时居住地的高度,为当今黄海高程负1—2米。村落旁有河道与今钱塘江相通。跨湖桥人居住的简单木构房屋,采用干栏式结构。房屋周围立柱插入四方形的柱洞中,再用石块固定。相对两立柱的上端,固定一排排顶梁,再绑上木条,铺上茅草,做成倾斜的房顶,以利排除雨水。相对两立柱的中间固定横梁,在横梁上绑铺木条,将房屋分成上下两层。为防止野兽侵袭,上面住人,下面饲养牛、猪、狗等家畜。中间横梁处,放置独木斜梯,供人上下使用。

心灵手巧的跨湖桥人,制作出各种各样石器、骨器、陶器和木器等生产工具和生活用品。在跨湖桥村落旁的河岸边,有一个制造、修理独木舟的作坊。独木舟被木棍固定起来的架子支撑着,旁边放着木头、木桨和工具。跨湖桥人先用火烤,再用石斧、石锛砍凿制作独木舟。附近不远处堆放着制作独木舟用的马尾松原木。

在制陶作坊里,跨湖桥人使用木质陶轮和陶里手,采用慢轮制陶术制作陶坯,再在陶窑里烧制出黑陶、灰陶和带太阳图腾的彩陶等陶器。他们制作的陶器器壁匀薄,造型规整,装饰手法多样。部分陶器内外壁漆黑油亮,做工精美,令人惊叹。

跨湖桥人用骨耜耕田,种植水稻;使用木弓、箭镞、骨镖和木矛狩猎、捕鱼和防护自身安全;他们也会到山上采集橡子等野果作为食物；他们还将稻谷晒干，放在苇席编织物内，储藏在房屋内挖建的灰坑里。

跨湖桥人已经掌握了弓钻取火技术。他们用钻柄、钻身、钻头和钻弓等组成一个复合式弓钻取火器，就可用来钻木取火，再用陶甑、陶釜、陶罐烧煮食物。跨湖桥人已经开始吃米饭，不仅吃肉，而且吸食骨髓，食物多样，较为丰富。他们还会使用制作精良的陶线轮和骨针，进行纺线、纺织和缝纫等工作。

跨湖桥人的物质生活已经基本能满足生存的需要。他们还会煎煮中药和用骨锥作针灸治病。他们也有精神生活方面的需求。跨湖桥遗址各种精美的彩陶纹饰，反映了他们对美的追求。其中太阳纹饰反映了人们对太阳图腾的崇拜和敬仰。

跨湖桥遗址和下孙遗址出土的文物，让人们直接触摸八千年前远古文化。跨湖桥遗址博物馆原址保护的独木舟和陈列的出土文物，重现了跨湖桥人的生活，展示的跨湖桥文化成为萧山的重要历史文脉所在，在当时使浙江文化史提前了一千年。

固陵城馈鱼退敌

春秋末期,诸侯纷争。地处我国东南的吴越两国,北南接壤,与当时其他诸侯国一样,奉行远交近攻的策略。两国为了各自的利益,相互攻伐,征战不断,结怨已久。公元前496年,吴王阖闾趁越王允常刚去世、句践继位不久之机,出兵伐越,图谋一举吞并越国。当时两国军事实力相差悬殊,越国根本不是吴国的对手,幸好句践有范蠡和文种两位大夫相助。面对强大的吴军入侵,范蠡向句践献计,以出奇制胜。范蠡率越国水师到槜李(今浙江嘉兴市西南)拒敌,先以三百名死囚为前阵,分队跪在吴军阵前,口称有罪,然后自刎而死。阖闾统率的吴军虽然征战无数,却从未见交战对手以这种方式对阵,先是窃窃私语,继而哄然大笑,纷纷挤到阵前想一看究竟。其时,范蠡大夫亲率越国将士从左右两边杀来,吴军阵营大乱,毫无抵抗之力。慌乱之中,吴王阖闾被越国将军灵姑浮刺伤大脚趾而亡。夫差继位后,日夜操练军队,誓报杀父之仇。

公元前494年,听说吴王夫差日夜练兵,准备报复越国,句践不听范蠡"战者逆德""行者不利"的劝谏,决意亲自兴师伐吴。结果,越军在吴地夫椒大败,吴王夫差亲率十万水犀军,一路追杀越军。句践被迫带领残兵五千人,退回到浙江(今钱塘江)。

夫差统率的吴军,浩浩荡荡一路追杀越军,无奈人多,行军速度要慢一些,句践乘隙退回江南后,有足够时间重新调兵遣将。句践选石买为将,欲在浙江之上阻击吴军。当时越国都城在诸暨埤中。浙江之战直接关系到越都的安危,但句践不听当地耆老、壮长的进谏,任用"人与为怨""贪而好利""无长策"的石买为将。"石买发,行至浙江上,斩杀无罪,欲专威服军中,动摇将率,独专其权。

士众恐惧，人不自聊。"①果如耆老、壮长所料，"王而用之，国必不遂"。吴军主帅伍子胥趁机采取"或北或南，夜举火击鼓，昼陈诈兵"的奇谋，迫使石买率师沿江败退，至浦阳，"越师溃坠，政令不行，背叛乖离"。句践闻报，不得不杀石买谢师，暂时稳住了军心。然而，面对伍子胥"为诈兵，为两翼，夜火相应"神出鬼没的攻击，吴国的十万大军已将句践退回越都的后路切断了。"句践大恐，振旅服降"，却遭伍子胥断然拒绝。正在走投无路之际，范蠡率水犀军前来，接应句践上了固陵城。

原来，因范蠡劝阻句践伐吴，所以句践有意不带范蠡出征，而让范蠡屯兵固陵城作为接应。范蠡自兴师在槜李打败吴军后，料想吴国迟早会来报复，就向句践建议，在浙江南路筑城，屯兵抗吴，以山下水域作军港，配置大船军守卫。湘湖北有处仰天田螺山，此山顶"中卑四高，宛如城堞"，易守难攻，其东南"两峰对峙如门"，有谷口可直达山下天然良港。范蠡遵命选定城址，指挥越国兵士，沿山脊填土夯筑。这就是《越绝书》所称的："浙江南路西城者，范蠡敦兵城也。其陵固可守，故谓之固陵。所以然者，以其大船军所置也。"由此构建了以固陵城为中心，周围群山和水上大船军为依托的水陆防御体系，成为面对吴国前沿的军事城堡和越国北部出入的交通要津。自从句践亲率大军伐吴后，范蠡屯兵固陵城，日夜操练水军。句践兵败夫椒后，范蠡已作好了迎接越王入城，继续抵抗吴军的准备。

夫差见句践向固陵城撤退，立即分兵遣将，继续向前攻击越国都城，而且亲率吴军主力包围固陵城。吴水犀军船队行到查浦，伍子胥见固陵港口被石岩山和老虎洞山这两座山岭环抱，山上旌旗飘扬，杀气腾腾，山下军港内有无数条越国舰船在游弋，无比威武，伍子胥怕中埋伏，不敢贸然继续追击，便向吴王夫差建议，暂在查浦安营。这

---

① 〔东汉〕袁康、吴平:《越绝书》卷八，浙江古籍出版社，2013年，第53页。

就是南朝陈夏侯曾先在《会稽地志》中所载的"吴王伐越，次查浦"，夫差决定以吴国十万水犀军围困越军，迫使句践投降。

当时的固陵港为海湾，固陵港内全是海水。相传夫差按伍子胥的计谋，派两名使者到固陵城，送去盐和米，其余什么也没有说。范蠡见吴国使者送来盐和米，已知吴王的意图：越军缺粮绝水，只有投降。范蠡即向句践献计，命越兵从山上洗马池中捕两条嘉鱼，让使者带给夫差。原来当年在取土筑固陵城时，范蠡有意在泉眼处挖池贮水，并放养了嘉鱼。两年多来，鱼已养大，正好回馈吴军。夫差接到句践回馈的嘉鱼，知道固陵城内有水，范蠡在此屯兵，城内粮草必有贮备，且固陵城易守难攻，才"解军而去"。这就是越王句践固陵城馈鱼退敌的故事。

继夏侯曾先的《会稽地志》后，南宋《嘉泰会稽志》、宝庆《会稽续志》和自明嘉靖以来的《萧山县志》也都记载了这个故事。宋代诗人华镇作《城山》诗曰："兵家制胜旧多门，赠答雍容亦解纷。缓报一双文锦鲤，坐归十万水犀军。"诗咏的就是馈鱼退敌的故事。

固陵闻钟

固陵港临水祖道

公元前494年春，越王句践伐吴失利，败退到浙江南路。吴王夫差采用孙子兵法"不战而屈人之兵"，在查浦屯兵十万继续围困越军。句践的五千残余部队被迫栖息于固陵及其周围的山上。句践在山上"四顾萧然"，后世称固陵对面的山为萧然山，萧山也成了地名。

十万吴军围困着五千越军，使越军似乎看不到一丝反败为胜的希望，等待句践的就是失败的命运。他后悔不听范蠡劝谏，才落得"军败身辱，遗先人耻"。这时，若想扭转局势，需要的是计谋。大夫文种以古时商汤、周文王、晋公子等称王称霸的史事劝慰句践。范蠡也提出了"卑辞以地让之""厚礼以遗之"和"身与之市"等计谋。句践万般无奈，只得按文种、范蠡的计谋行事。他先派文种到吴营去求和，因吴相国伍子胥反对，求和不成。再由文种以美女、宝器贿赂吴国太宰伯嚭，并当面向吴王说：如果吴国再拒绝讲和，句践就要杀尽他的妻子、儿女，烧掉宗庙，把宝器沉于江底，率五千将士与吴军决一死战，那样吴军将会付出相当大的代价。伯嚭在一旁也趁机敲起了边鼓，劝说夫差赦免越国，准许句践入吴为臣。夫差终于同意了越国的请求。这一着使越国暂时避免了亡国的危险，也给句践转危为安带来了希望。

句践"入吴为臣"，并不是到吴国去做官，而是去做人质，当奴隶。这个不得不为之的办法，事关句践和整个越国的安危。但是，范蠡看到吴国的相国伍子胥，一直是坚决反对句践入吴为臣的，深知只有他陪伴句践入吴，才能防止中途变卦，才能随机应变，时时处处保护好句践的安全。否则，他和文种复兴越国的所有计谋都会落空。东汉赵晔的《吴越春秋》最早把这个非常悲壮的故事作了详细记述："越王句践五年五月，与大夫种、范蠡入臣于吴。群臣皆送至浙江之上，临水祖道，军阵固陵……""军阵固陵"是指当时越国将士驻扎在以固陵城为中心的周围群山和水师舰船上。固陵（今湘湖越王城），地处浙江南路（今钱塘江的南侧水流通道，也就是今天的湘湖水域）岸边山上。

当时，人们出行前都要在始发地祭祀路神，祝酒饯行，这种仪式称为"祖道"。公元前492年，这年农历五月的一个午夜，越国的群臣从固陵城送越王句践一行下山，在临水的地方举行祖道仪式。句践已经将国事托付给文种等大夫管理，越国的其他官员也纷纷表示"怀德抱术，各守一分，以保社稷"，各尽职守，辅助文种大夫。

大夫文种在祖道仪式上，边流泪边读祝词，他希望句践得到"皇天祐助，前沉后扬""大王德寿，无疆无极""去彼吴庭，来归越国"。

句践接受了群臣为他饯行的祝酒后，"仰天太息，举杯垂涕，默无所言"。

祖道后，句践告别群臣，和夫人及范蠡等三百余人一起乘船西行，在凌晨鸡鸣前，到查浦吴军大营附近，待诏入吴。天亮以后，句践才进入吴军大营，正式向吴王夫差呈上求降书，得到了夫差准许入吴的诏书。句践待诏入吴的地方，后人称之为"鸡鸣墟"，就是现在滨江区浦沿街道的鸡鸣山。

清代翰林院检讨、文学家朱彝尊的《固陵怀古》诗，对句践入吴前临水祖道时君臣离别的悲惨场景作了最真实的注释，其中有云："越王此地受重围，置酒江亭感式微。想像诸臣纷涕泪，凄凉故国久暌违。"

祖道亭

句践卧薪尝胆地

句践领取了夫差颁发的入吴诏书后，坐船前往吴国。途中，句践夫人雅鱼眼见乌鹊在水面自由自在，飞去复来，想到自己丧失自由，随越王入吴为奴的凄凉境况，不禁痛哭流涕，唱起了《乌鸢歌》。句践闻听夫人的怨歌声，想到夫人也跟着自己吃苦受难，内心更是万分难过。船队行驶到吴越疆界时，身怀六甲的句践夫人感到一阵阵肚痛，在一个叫柴辟亭的亭子里，早产生下了女儿，寄养在李乡一位乡民家中。

句践夫妇入吴后，夫差就让他们住在阖闾坟墓旁的一间石头房子里，为阖闾守坟，为夫差养马。夫差出行坐车，就让句践牵马驾车。句践吃苦受辱，臣事吴王三年，才被夫差赦免，返回越国。

句践回到固陵港时，就与前来迎接的越国群臣商量如何发愤图强，复国雪耻。句践把国家政事交付大夫文种管理，而让范蠡等两位大夫再到吴国当人质，以迷惑夫差，句践自己时刻牢记亡国的耻辱。司马迁《史记·越王句践世家》记述了句践"卧薪尝胆"的故事："越王句践反国，乃苦身焦思，置胆于坐，坐卧即仰胆，饮食亦尝胆也。曰：'女忘会稽之耻邪？'"固陵，是句践被吴军围困两三年的保栖之地和临水祖道、入吴为奴，遭受耻辱之地。句践被赦返后，不忘耻辱，常来固陵。相传句践在湘湖固陵城和老虎洞等地卧薪尝胆。正如明代中书舍人、越王城山麓湖里孙村人孙学思《越王城吊古》诗句所说，"越峤迢迢旧有城，越王曾此驻行兵"，"敌国漫论尝胆事，野台还著卧薪名"。清康熙癸酉年（1693）释超寤为师兄、越王城山大拙禅师释超理所著《梧桐阁集》撰序，开篇就称"城山高邃，系越王卧薪尝胆之区；湘水微茫，乃游客载酒赋诗之处"。明朝文人刘宗周游览了城山西南的老虎洞山老虎洞后，撰联"此地曾传尝胆事；我来犹忆卧薪人"。遭受耻辱的固陵城，成了越王句践奋发图强的励志之地。

句践亲自到田地里耕作，他的夫人也亲自养蚕、织布。他们吃饭不吃肉，衣着不穿绸缎，还经常访问贤人，虚心听取意见，时时关心民众疾苦，救济贫穷的百姓。

　　越国采用文种的"九术"和计然的"七策"，在大夫范蠡、文种的辅佐下，奖励耕织，发展经济，鼓励生育，同时年年向吴国进贡物品，还在距湘湖不远的苎萝山找到美女西施，派范蠡把西施和其他美女，送到吴国。夫差宠爱她们，放松了对越国的戒备，使吴国忙着与齐国争霸。公元前482年，吴国打败齐国，成为霸主。

　　句践卧薪尝胆，励精图治，经过"十年生聚，十年教训"，越国乘吴国在争霸战争中损失惨重、国力削弱之机，于公元前473年，句践带着大夫范蠡、文种，率领水犀军，从固陵港出发，在姑苏彻底打败吴军，夫差被迫自杀，句践复国雪耻，成为春秋末期最后一位霸主。

　　卧薪尝胆，成了中华民族奋发图强的代名词。卧薪尝胆精神也广为传承和弘扬。2007年，由著名影视演员陈道明主演的电视连续剧《卧薪尝胆》播出后，广受好评，收视率非常高。萧山郁家山下人郁康淳是制片人，正好来湘湖调研参观。当他了解古湘湖吴越争战的历史后，立即拿出手机，拨通了正在韩国参加"首尔国际电视节"活动的陈道明的手机，说："我现在就在越王句践卧薪尝胆的地方！"后来，也有韩国电视工作者来到湘湖，登上了当年句践卧薪尝胆的越王城山。

越王城遗址

范蠡固陵建奇功

春秋末期,诸侯纷争。楚国宛(今河南南阳)人范蠡审时度势,投奔越国,其间在固陵山水(今湘湖一带)历经不平凡岁月,为越王句践复国称霸,建立了奇功。对此,不仅古籍文献多有记述,本地民间亦有传说。

范蠡出身贫寒,微时"佯狂、倜傥、负俗",时人尽以为狂。宛令文种识其贤,称"蠡有神鬼不测之机"。二人"志合意同","俱见霸兆出于东南(吴越之地)",以吴有伍子胥在而入越。时值句践继位,礼贤下士,以二人为大夫。

范蠡入越后受命筑城屯兵。杭州湾南岸会稽山脉西北,为天目山脉潜渡钱塘江的余脉,古时不知山脉地质构造,被《越绝书》误称为会稽山上城。此地有浙江(今钱塘江)作天堑,又山水相间,为天然良港。范蠡在此择易守难攻之"填山",在山巅填土筑城。《越绝书》卷八称该城,为"浙江南路西城者,范蠡敦兵城也。其陵固可守,故谓之固陵。所以然者,以其大船军所置也"。浙江省博物馆编写的《越魂》图文本,明确肯定固陵遗址,是"越国建筑在钱塘江南岸沿线的重要军事城堡",为"句践命范蠡在浙江(今钱塘江)之滨(在今萧山区城厢街道)建筑屯兵城","称为固陵,后又称越王城"。城山下是越国大船军军港,今湘湖越王城遗址为浙江省省级文物保护单位。

公元前496年,吴王阖闾伐越。《越绝书》卷六记载了范蠡入越后首次吴越之战:"范蠡兴师,战于就(槜)李,阖庐(闾)见中于飞矢。"而这次"范蠡兴师",正是由固陵港出发,抵槜李迎战,而勇胜吴军的。《史记·越王句践世家》也概述了槜李之战:"越王句践使死士挑战,三行,至吴陈,呼而自刭。吴师观之,越因袭击吴师,吴师败于槜李。"

公元前494年,句践不听范蠡谏阻,亲率越军由固陵伐吴,兵败夫椒。后"战于浙江之上",又在浦阳"军败失众",幸得屯兵固陵的范蠡接应,句践才以五千余兵保栖于会稽山上城(即固陵城)。吴王追而围之。范蠡与文种将计就计,"馈鱼"智退吴军,为越国求得一线生机。吴王夫差亲率十万大军,围句践于固陵,同时横扫越国全境,越国百姓惨遭涂炭。巍然屹立于浙江南路的固陵,是越国唯一根据地,被困三千越甲是越国赖以存在的希望,句践夫人和越大臣纷纷前来投奔。范蠡等大臣陪伴越王,保栖于固陵近三年,固陵成了临时越都王城。

越王被困固陵,面临国破人亡,后悔不已,"谓范蠡曰:'以不听子故至于此,为之奈何?'蠡对曰:'持满者与天,定倾者与人,节事者与地。卑辞厚礼以遗之,不许,而身与之市。'"[①]句践采纳了范蠡"身与之市"的谋略,决定与夫差订城下之盟,入吴为奴,并让文种以美女宝器重贿吴太宰伯嚭,而使夫差赦越罢兵。

公元前492年五月,越王句践"与大夫种、范蠡入臣于吴。群臣皆送至浙江之上,临水祖道,军阵固陵"。范蠡离开固陵港后,在陪伴句践入吴为奴三年间,出谋划策,终于保护句践安全返回越国。

句践返国后,卧薪尝胆,"与百姓同其劳。欲使范蠡治国政,蠡对曰:'兵甲之事,种不如蠡;填抚国家,亲附百姓,蠡不如种。'于是举国政属大夫种,而使范蠡与大夫柘稽行成,为质于吴。二岁而吴归蠡"[②]。范蠡不顾危险,再次入吴为人质。

在越国"十年生聚,十年教训"期间,范蠡苦身勠力,鞠躬尽瘁。而在越国国力强大后,范蠡又五六次统率越师由固陵港伐吴,终使越国称霸中原。

灭吴后,句践向范蠡求"预见之策",范蠡以"王而毋泄此事"献出锦囊妙计,越王"以丹书帛,置之枕中,以为邦宝"。范蠡"已

---

① 〔汉〕司马迁:《史记》卷四十一《越王句践世家》,中华书局,1982年,第1740页。
② 〔汉〕司马迁:《史记》卷四十一《越王句践世家》,中华书局,1982年,第1742页。

告越王，立志入海"①。范蠡臣事越王，善始善终，为句践复国称霸立下了汗马功劳。

句践灭吴称霸，封范蠡为上将军。回师越国后，"范蠡以为大名之下，难以久居，且句践为人可与同患，难与处安，为书辞句践"。句践以"孤将与子分国而有之"相挽留，范蠡以"君行令，臣行意"婉言相辞，"乃装其轻宝珠玉，自与其私徒属"，由固陵"乘舟浮海以行，终不反"。②范蠡浮海出齐，最终告别了亲自修建的固陵。范蠡由固陵"下海"开始经商，成为中华商祖。

传说范蠡在固陵筑城屯兵、寻访美女西施及立志下海之际，策马于萧然大地，在西城湖（湘湖古名）畔，曾遗落马鞭于湘湖黄竹山。"黄竹山……范蠡遗鞭于此，生笋为林，竹色皆黄。"③在湘湖东南临浦镇通二村，有百姓为纪念范蠡在苎萝村访得美女西施而建的范蠡庙。在湘湖西北的西兴，原有两座奉祀范蠡的城隍庙。而湘湖陶砖窑业，也尊范蠡为祖师。

范蠡在越国，从筑城屯兵、被困固陵、馈鱼退敌、城下订盟、出师伐吴，直到出海经商二十余年间，可以说，有很长时间在固陵一带度过。范蠡以固陵（今湘湖越王城）为舞台，策划、导演和亲身参与的"吴越争霸传奇"，将吸引游客前来寻找这位湘湖名人、中华商祖的踪迹。

---

① 〔东汉〕袁康、吴平：《越绝书》卷十三，浙江古籍出版社，2013年，第85页。
② 〔汉〕司马迁：《史记》卷四十一《越王句践世家》，中华书局，1982年，第1752页。
③ 见乾隆《萧山县志》卷五《山川》。

越王城山山门　点将台

西施固陵换舞衣

西施，是春秋末期越国苎萝山[①]麓苎萝村（今杭州市萧山区临浦镇苎萝村）人，姓施，名夷光，父亲以打柴卖柴为生。苎萝村有东西两村，夷光家在西村，故她被称为"西施"。西施天生丽质，是我国古代"四大美女"之一。

当时，越王句践被吴王夫差赦返回国后，正图谋复国雪耻。句践采用大夫文种伐吴九术之四"遗之好美，以为劳其志"，请范蠡寻访美女，在苎萝村找到了西施。西施深明大义，跟随范蠡来到越国新迁的都城平阳（今绍兴平水镇），学舞习礼。句践请了有名的乐师教西施歌舞，让化妆师、礼仪师教授化妆、礼仪知识。西施聪明过人，又得名家调教，三年过去，已能歌善舞，王家礼仪应对自如，仪态雍容华贵，展示出妩媚动人的风韵。

大约在周敬王三十五年（前485），句践派大夫文种送西施入吴。相传文种带着西施一行来到了固陵。湘湖周围老百姓听说西施要去吴国，都赶来送行，有的还送来了一筐鲜藕。西施将藕节苗切下交还，以表思念之情。从此，湘湖藕像沾了西施的灵气，变得比以前更白、更嫩、更脆，被称为"西施藕"。

西施为了感谢父老乡亲的送行，在固陵换上舞衣跳了舞，告别乡亲，上船去了吴国。清代诗人钱霍《城山》诗曰："西施明艳世间稀，此地曾经换舞衣。春色不随流水尽，暮山犹见彩云飞。"钱霍的好友朱彝尊以《城山和钱六》唱和："江花江草满江关，浣女清歌日暮还。曲罢彩云犹未散，春风吹上土城山。"

[①]《越中杂识》上卷《山》："苎萝山，在萧山县南二十五里，下有西施宅，上有红粉石。"（浙江人民出版社，1983年，第3页）

西施进了吴国的王宫,凭着她的美貌、舞姿和仪态,很快受到夫差的宠爱。夫差成天陪着西施,围着西施转。西施反而不高兴地对夫差说:"大王成天陪着我们饮酒作乐,别人还以为是我们把您的志气消磨了。您应该为吴国争光,去争当中原的霸主。"夫差听取了西施的意见,决意去中原干一番事业,趁着发兵去跟齐国军队会师之机,一下子打败齐国,还让鲁国也成了吴国的属国。由此,夫差越发佩服西施,常与西施谈论国家大事。有一次,文种来吴国,说越国收成不好,要向吴国借一万石粮食。夫差拿不定主意,就问西施。西施说:"越国已经属于吴国,越国百姓都是大王的人,难道大王忍心让他们饿死?"夫差就答应借给越国一万石粮食。转年,越国丰收。文种挑选了可以做种子的一万石粮食,亲自送往吴国归还。夫差见越国不失信,很高兴,见越国归还的粮食粒粒饱满,就都选作了种子。谁知下种以后一直没有发芽。原来,越国归还的粮食已经蒸熟晒干,以致吴国误了下种时季,影响了收成。

公元前473年,句践率越国水师从固陵港出征,一举打败吴国,成为春秋时期最后一位霸主。美女西施为挽救越国的危亡,甘愿牺牲自己的青春,去消磨吴王夫差的意志,成为越国复国雪耻、灭吴称霸计谋的一个环节。

古越山水铸商魂

春秋末期,楚国宛(今河南南阳)人范伯,出身贫寒,但聪明睿智,胸藏韬略,与宛令文种"志合意同",相约投奔越国,改名范蠡。范蠡入越二十余年,为越王句践保国复兴、灭吴称霸建立了旷世奇功,是当时一位杰出的政治家和军事家;同时,他以"官卑年少"的计然为师,在"十年生聚,十年教训"经济兴越实践中,古越山水铸就其经商意识与理念,后货殖(指经商)有成,被誉为"中华商祖"。

范蠡事句践灭吴称霸。句践封范蠡为上将军,"表会稽山以为范蠡奉邑",并对蠡曰"孤将与子分国而有之"。但范蠡却居安思危,决心急流勇退,"以为大名之下,难以久居"。范蠡叹曰:"计然之策七,越用其五而得意。既已施于国,吾欲用之家。"决定弃官从商,"乃装其轻宝珠玉,自与其私徒属乘舟浮海以行,终不反"。

著名史学家司马迁在《史记》中记述了范蠡当年"浮海出齐",经商致富,"天下称陶朱公"的经历。

范蠡浮海出齐,变姓名,自谓鸱夷子皮,耕于海畔,苦身勠力,父子治产。居无几何,致产数十万。齐人闻其贤,以为相。范蠡喟然叹曰:"居家则致千金,居官则至卿相,此布衣之极也。久受尊名,不祥。"乃归相印,尽散其财,以分与知友乡党,而怀其重宝,间行以去,止于陶,以为此天下之中,交易有无之路通,为生可以致富矣。于是自谓陶朱公。复约要父子耕畜,废居,候时转物,逐什一之利。居无何,则致赀累巨万。天下称陶朱公。①

范蠡既雪会稽之耻，乃喟然而叹曰："计然之策七，越用其五而得意。既已施于国，吾欲用之家。"乃乘扁舟浮于江湖，变名易姓，适齐为鸱夷子皮，之陶为朱公。朱公以为陶天下之中，诸侯四通，货物所交易也。乃治产积居，与时逐而不责于人。故善治生者，能择人而任时。十九年之中三致千金，再分散与贫交疏昆弟。此所谓富好行其德者也。后年衰老而听子孙，子孙修业而息之，遂至巨万。故言富者皆称陶朱公。②

范蠡浮海出齐后，以越国所带"轻宝珠玉"为原始资本，从"耕于海畔，苦身勠力，父子治产"开始积累资金，"致产数十万"。然后"怀其重宝，间行以去，止于陶"，择"天下之中，交易有无之路通"的陶，"治产积居"；以买卖货物，"逐什一之利"；通过"候时转物""与时逐而不责于人"，把握商机；采用"父子治产""父子耕畜""子孙修业""择人而任"等方式，不断扩大经营规模，"致赀累巨万"。

范蠡淡泊名利，以为"久受尊名，不祥"，自楚宛至齐陶，三易名姓：居楚曰范伯，在越为范蠡，在齐为鸱夷子皮，在陶为朱公。范蠡凭自己的聪明才智，入越，辅佐句践治国称霸；离越，操计然之策治家致富。范蠡乐善好施，"富好行其德"，致富而"尽散其财，以分与知友乡党""十九年之中三致千金，再分散与贫交疏昆弟"。范蠡经商致富，富而散财行善，为富者之典范。

范蠡以计然之策，货殖致富，又以货殖经验著书传世。从《萧山湘湖志》编撰者周易藻从侄周茂才"读陶朱公致富之书货殖多

---

① 〔汉〕司马迁：《史记》卷四十一《越王句践世家》，中华书局，1982年，第1752—1753页。陶，一说今山东菏泽市定陶区西北，一说今山东肥城西北陶山。
② 〔汉〕司马迁：《史记》卷一百二十九《货殖列传》，中华书局，1982年，第3257页。

才"①，足见"中华商祖"影响后世之一斑。

  范蠡视越地为第二故乡，在越国二十余年，入乡随俗，与越民风雨同舟，生死与共。无论是入越建功，还是出齐立业，虽三徙三易名姓，但世人仍称其越名范蠡为"中华商祖"，由此可见范蠡与古越的历史渊源。可以说，范蠡是浙商先祖，也是从古越浙江出去的"中华商祖"。正是中原大地出英才，古越山水铸商魂。如今浙商沿着商祖开辟的货殖之路，出省出国经商，足迹遍布海内外。

---

① 见《萧山马谷周氏宗谱》。

秦皇渡江欲置桥

秦始皇统一六国后，接着又统一货币，统一文字，统一交通，统一度量衡，还建筑了万里长城，是中国第一位称皇帝的君主。秦始皇曾到各地巡游，位于南北交通要道的湘湖地区，也曾留下了"千古一帝"的行踪。

秦始皇三十七年（前210）十月，秦始皇随带左丞相李斯、少子胡亥等开始第五次巡游，来到钱唐（今浙江杭州）的浙江（今钱塘江）边，打算渡江经西城湖（今湘湖），前往会稽祭大禹。估计当时正值涨潮，只见潮水波涛汹涌，难以渡江，就西行一百二十里，在富春江狭窄的中埠渡江，翻越石板岭，经今萧山的楼塔、河上、浦阳等地，来到会稽，祭大禹，立石刻，颂秦德。秦始皇一行，从会稽返回又来到西城湖一带。南宋《嘉泰会稽志》称："连山，在县西一十二里。《旧经》云，连山长冈九里，西北至定山，秦始皇欲置石桥渡浙江，石柱数十列于江际。其傍别有小山，号石井山。"明嘉靖《萧山县志》还对石井山作进一步说明，"其井上广下曲，秉烛入，不尽数十级，相传为妃子墓"。表明秦始皇在湘湖一带停留了不少日子，也留下了遗愿和遗迹。

长冈九里的连山，是天目山潜渡钱塘江的余脉，也是老虎洞山等的统称，连山与越王城山等山并不相连，中间就有叫石井山的小山在湖中。连山，也叫青山，山麓的村庄叫青山张。定山，耸立在浙江中，因"潮声至此而止，过复怒者"而名。秦始皇打算在连山渡江，经定山到钱唐，再北上返回。想到来时"水波恶"难以渡江的困境，决定在此建造石桥，变天堑为通途，以便日后再来会稽祭大禹，也方便百姓南北过江。秦始皇作出这样一个重大决策，必然花费了不少时日，以致他的一位妃子也在这里去世，被安葬在连山旁的石井山"上广下曲"的石井墓中。

在湘湖管委会召开的湘湖保护和开发座谈会上，萧山历史学会副会长王炜常先生说，曾在20世纪60年代，亲自带学生上石井山，见过石井洞。2004年年初，笔者受聘参加湘湖保护和开发工程建设，上班第一天，就随调查组对湘湖历史人文景观资源进行普查，首先来到石井山上查看，结果并没有发现石井洞，毕竟又经过了"战天斗地"变化剧烈的数十年。

秦始皇在连山渡浙江的渡口，被后人称为"秦皇渡"。千古一帝秦始皇欲置石桥的圣旨，必然会执行，"石柱数十列于江际"，就说明建石桥的工程已经开始。但不幸的是，秦始皇在回程途中去世，而"爱慕请从"跟随秦始皇出游的少子胡亥，据说在途中以不正当手段窃取皇位后不足四年，就被刘邦创建的汉朝取代[1]。

秦始皇在钱塘江置桥的遗愿，经过两千一百多年后才实现。1937年，由桥梁专家茅以升主持修建的公路、铁路两用的钱塘江大桥正式建成通车，但由于日寇入侵，仅89天，大桥又被下令炸毁，直至1953年才全面修复完工。

钱塘江上无桥通行不便的遭遇，也被唐朝赴京赶考的漳州（今属福建）人周匡物碰上了，其《应举题钱塘公馆》诗曰："万里茫茫天堑遥，秦皇底事不安桥。钱塘江口无钱过，又阻西陵两信潮。"周匡物在西陵渡过钱塘江后，住宿在钱塘公馆，因"又阻西陵两信潮"，而作诗埋怨"秦皇底事不安桥"，显然有失公允。

---

[1] 公元前207年八月，子婴即位；公元前206年十月降于刘邦（秦以十月为岁首）。

湘湖惊现古钱币

两千多年前，在西城湖（今湘湖）中的压乌山[①]，曾经有过一个铸造钱币的作坊，熔铸出了钱币大泉五十。压乌山，又称"厴乌山"，因《嘉泰会稽志》记载"此山是亚父割断萧山南岭将厴于乌江"而名。项羽的亚父范增割断萧山南岭压乌江是个神话故事，但两千多年后，却在放炮采石，真的断压乌山时，出土了新莽时期熔铸的古钱币文物。

1992年4月的一天，压乌山采石场的工人在峭壁上放炮采石。中午时分，山岩上的大小石块随着一连串的炮声纷纷落地。稍后，从石裂土松的峭壁顶上掉下的一个黄沙鏊四分五裂，鏊内藏的古铜钱散落在碎石地表。工人们捡拾到的古铜钱等物品，被开拖拉机运石块的师傅装了两畚箕，但很快又被纷纷赶来看热闹的村民拿走了许多。第二天，闻讯而来的萧山博物馆工作人员上门向村民宣传、说服，才收回了这次出土的铸铜母范、铜棒和铜钱，为研究新莽货币改制，展示湘湖金融历史文化发挥作用。

1999年12月出版的《萧山文物》，介绍了这次出土馆藏的五方二式（Ⅰ式范三方，Ⅱ式范二方）大泉五十叠铸铜母范及与Ⅰ式铸铜母范一致的大泉五十铜钱。文中说："据分析，此地曾有铸钱作坊，正与《汉书·王莽传》载王莽'又遣谏大夫五十人分铸钱于郡国'相印证。"另外，据文物出土时在场的人介绍，除了大量铜钱和五件铸铜母范外，还发现几根五六厘米长的棒形铜材，铜棒的端头有熔化痕迹。同时出土熔化过的棒形铜材，也为"此地曾有铸钱作坊"的分析提供了证据。装着铜范、铜钱和铜棒的黄沙鏊，被压乌山采

---

① 压乌山，《嘉泰会稽志》、万历《萧山县志·山川》、康熙《萧山县志》、乾隆《萧山县志》均作"厴乌山"，万历《萧山县志·萧山湘湖图》作"压乌山"，民国《萧山县志稿》作"压坞山"。王十朋《会稽风俗赋》作"厴山如玦，亚父之所割兮"。今多作"压乌山"。

石炮炸开，揭开了此地铸钱作坊埋藏了两千多年的秘密，使人们仿佛看到了新莽时期屡改币制及造成的恶果。

西汉王朝摇摇欲坠之际，王莽摄政称帝后，为稳定政局，陆续颁布法令，附会《周礼》，托古改制，其中就先后进行了货币制度的改革：公元7年，王莽加铸错刀、契刀、大钱等三种钱币与原有的五铢钱共四品同时流通；公元9年，王莽始建国，因汉帝刘姓刀金偏旁犯忌，又废刀币和五铢钱，另作小钱与大钱一值五十并行，并颁令禁挟铜炭，以防盗铸；以后还有改作五物、六名、二十八品；以及只行大、小钱和尽废旧币，改行货布、货泉二品的币制改革。在短短十四年间，王莽五改币制，屡易货币。其中通行时间最长的是大泉五十。从王莽"分铸钱于郡国"的记载和从陕西临潼、户县和湘湖压乌山等地相继出土铜范看，大泉五十也是当时使用地区最广的钱币。压乌山铸铜母范书泉作钱，字体采用秦篆，也印证了王莽币制改革的复古意图。出土的Ⅰ式范、Ⅱ式范，字体笔画粗细不同，为前后不同时期所用。后期所用的大泉五十字体细瘦，且明显减重。王莽币改，强行大泉五十，给社会经济造成极大危害。当时1枚大泉五十的重量相当于2.5枚西汉五铢钱。这就是说，新莽政权每发行1枚大泉五十，就要从百姓手中夺取37.5铢钱的财富。据说时人对王莽钱币毫无信任，都私用五铢钱。

地处西城湖中的压乌山，与四周地面隔离，便于钱币铸造的安全管理。这里曾有过的铸钱作坊，可能是王莽遣谏大夫"分铸钱于郡国"的官营作坊，只是背面阴刻吉字的大泉五十铸铜母范，无法使王莽的币制改革逢凶化吉。新莽王朝也不满十五年就被此起彼伏的农民起义所推翻。而黄沙氅里单单收藏大泉五十钱范、钱币，又没有留下五花八门的王莽其他范币，表明这也可能是民间为了获取高达3倍毛利，不顾"禁挟铜炭，以防盗铸""一家铸钱，五家坐之，没入为奴婢"等禁令而私设的盗铸作坊。不管这是官营还是盗铸作坊的留存物，王莽币改混乱造成经济崩溃的教训，值得后来金融业引以为戒。

孙策固陵胜王朗

孙策（175—200），东汉末吴郡富春（今浙江杭州市富阳区）人，年少勇武，犹如霸王项羽，人称"小霸王"。其父孙坚讨伐董卓，攻进京城洛阳后，得到传国玉玺，秘藏于妻吴氏处。孙坚虽为一方诸侯，却也受制于袁术。孙坚阵亡后，玉玺被袁术夺取，后孙策直接投奔袁术，成为袁术征讨四方、无往不胜的先锋，深受袁术赏识与重用，袁术甚至将其当作儿子看待。

孙策年少英勇，不仅骁勇善战，也知政治韬略。他结交周瑜等豪杰，还求计于谋士，准备平定江东，以求发展。孙策征得袁术同意，率领其父孙坚旧部数千人，渡江东进，先打败了扬州牧刘繇和吴郡（治在今苏州）太守许贡，来到了钱塘江边，准备攻占会稽郡。会稽功曹虞翻劝太守王朗暂避孙策锋芒。王朗忠于汉室，自认守土有责，不听虞翻劝谏，发兵前往固陵阻击。

固陵，是交通要道，也是军事重地，又有钱塘江作天堑，易守难攻。王朗在固陵设防，以逸待劳，连续击退孙策多次进攻。孙策一时难以迅速攻克固陵，双方相持不下。孙策的叔父孙静熟知这里的地理环境，便向孙策提出迂回奇袭的计策，出其不意，攻其不备，绕道攻取固陵城南十里的查渎（查浦）。孙策听从叔父建议，令士兵白天忙于取水备用，夜间燃放篝火，佯装主力军仍在固陵城前忙于攻城，暗地里却挑选精兵强将连夜出发，绕道固陵，直趋查渎，袭取了固陵城南的高迁屯，与北面的大军形成了对固陵南北夹击的态势。王朗见高迁屯陷落，后方被切断，急忙派兵前去收复。孙策早有防备，在高迁屯大败王朗派遣的军队。王朗势穷力竭，不想坐以待毙，于是弃固陵城，乘舟入海向南逃窜，一直逃到了东冶（今福建福州），孙策率军一路跟踪追击，双方在东冶再次大战，王朗兵败投降，孙策也没有为难，直接放了王朗。王朗是汉末至三国曹魏时期著名的经学家、朝廷重臣，与当时陶谦、华歆等名人多有交往。他的儿子王肃，是晋文帝司马昭的老丈人，也是晋武帝司马炎的外公。孙策战胜王朗，如愿以偿占领了会稽，自封为会稽太守。

  历史有时会呈现惊人的相似事件。196年孙策取道查渎战胜守卫固陵的王朗，与公元前494年吴王夫差伐越，屯兵查浦围困保栖固陵城的越王句践，如出一辙。两军争战发生在相同的固陵和查浦，而且围攻固陵的孙策，还是当年吴王夫差军师孙武的后裔。如果说孙策是三国孙吴势力的重要开拓者和奠基人，那么孙策在固陵战胜王朗就是三国吴国立国的奠基之战。孙策遇刺身亡后，其弟孙权继任，成为一方诸侯，并于222年建立吴国，与春秋末期先祖孙武辅佐的吴国同样的国名，不能不说也是一个巧合。

浙东唐诗谱华章

唐朝时期，我国国家强盛，文化繁荣，有2200余位诗人创作了近5万首诗，收录在清康熙四十四年（1705）编辑的《全唐诗》中。唐诗内涵精深，语言婉约，成为流芳百世的文学精品，其中《唐诗三百首》广为传播，人人皆知。浙江学者在研究唐诗时发现，有400多位唐代诗人创作的1500余首唐诗，与浙东地区相关联，提出了"浙东唐诗之路"的概念，经中国唐代文学学会同意，这一专称开始正式使用。湘湖西南的渔浦和东北的西陵（后称西兴）就成了浙东唐诗之路的重要源头，这里谱写了浙东唐诗的华美篇章。

渔浦和西陵是钱塘江南岸湘湖地区两大津渡，地处富春江、浦阳江与钱塘江三江汇流处下游，是北通杭州，东出越州，南下婺州，西进严州，舟船往来的必经之地。这里群山环绕，层峦叠嶂，江河

渔浦

纵横，水天一色，风景优美，引人入胜。由这里去浙东，有王羲之、谢安、许询等东晋名士聚会的兰亭和南朝宋谢灵运在会稽、嵊州、新昌、天台、临海、永嘉等地游览采风创作的著名山水诗。由此，渔浦、西陵成了唐代文人官宦赴考、任职的重要中转站和赴浙东游览怀古的始发地。

被誉为"初唐四杰"之一的王勃（649或650—676）来到湘湖南面30多千米的仙岩（在今萧山区楼塔镇百药山），追怀东晋名士许询，即兴赋诗《题仙人石》，诗被雕刻在水潭石崖上。婺州义乌（今属浙江）人骆宾王（约638—684）也是"初唐四杰"之一，被贬任临海县丞，人称骆临海，作诗《久客临海有怀》。相传骆宾王后来到永兴山村（在今萧山区戴村镇）隐居避难，山村因名骆家舍。唐代著名山水诗人孟浩然，追忆许询也来到仙岩，住宿在许询捐献的寺庙里，赋诗《宿立公房》。

浙东唐诗大多是外地诗人所作。本地诗人吟咏的诗作，虽然没有表明渔浦、西陵等具体地名，但也是不容忽视的浙东唐诗，如越州永兴（今浙江杭州市萧山区西）人贺知章吟咏家乡早春二月的《咏柳》诗和36岁时，从文笔峰山下老家出发，拂晓前搭乘小船，准备经渔浦赴京赶考时作的《晓发》，可称是浙东唐诗的开篇之作。与外地诗人沿着"浙东唐诗之路"，一路游览怀古一路吟诗不同，贺知章一直在京城长安为官，请辞还乡时，唐玄宗特地在长安东门设宴饯行，命令六卿庶尹大夫参加，要求"凡预兹宴，皆宜属和"。唐玄宗首先赋诗《送贺知章归四明》[1]，接着官员纷纷吟诗唱和，盛况空前。官员辞职还乡，受到当朝皇帝设宴饯行、赠诗相送，贺知章受到了厚待。唐玄宗诗序中说，太子宾客贺知章"将归会稽""乃赋诗赠行"。唐玄宗和官员送贺知章还乡的唱和诗，是浙东唐诗的重要部分。

---

[1] 毛奇龄《萧山县志刊误》认为，"夫四明本山名，地在余姚"，"不籍明州，而籍四明者，则世无此籍矣！故吾谓贺监之在吾邑无论永兴，里贯凿凿不刊"。故此"四明"及诗序中"会稽"，可借指浙东。

贺知章回到故乡时所作的《回乡偶书二首》，千古传诵，老少皆知。贺知章与李白（701—762）是忘年交。李白在当年金龟换酒处，含泪所赋《对酒忆贺监二首》，也宜归入浙东唐诗。

　　诗人到湘湖地区游览，主要是寻访吴越相争古迹和追忆有关名人。初唐诗人宋之问（约656—713）被贬任越州（州府所在地在今绍兴）时登湘湖越王城山赋诗《登越王城》，以及李白《送友人寻越中山水》诗句，形象地表现了越台（即越王台）的自然风貌。曾任山阴尉的唐代诗人崔国辅所作《宿范浦》，除了反映西陵渡及周围地名定山，还体现了与范蠡姓氏相关的地名范浦和离开越国以后"鸱夷子皮"的自称。孟浩然《早发渔浦潭》、陶翰《乘潮至渔浦作》、钱起《渔潭值雨》、常健《渔浦》、王昌龄《浣纱女》、王维《西施咏》、李白《西施》等诗篇，渔浦、西陵和美女西施，成了诗人吟咏浙东唐诗之路始发地的主题。还有更多唐代诗人在浙东游览怀古时留下大量诗篇。

　　浙东唐诗之路，是一条诗意之路，诗文交流、传播之路，如中西方进行贸易的丝绸之路一样，必将载入史册，产生不可忽视的重大影响。

浙东唐诗之路线路图

湘湖梦成湘湖行

北宋萧山县令杨时修筑湘湖后,地处南宋京城临安(今浙江杭州)钱塘江南岸的湘湖,以其湖光山色美景,逐渐吸引南来北往文人墨客的关注,当然这也要归功于文人的推介和诗文的传播。

苏泂,字召叟,南宋绍兴山阴人,与陆游是老乡,也同为官宦世家。陆苏两家是世交,陆游也与苏泂结下了忘年交。苏泂有一位情同手足,叫邢淇(字刍甫,一作刍父)[1]的小伙伴。邢淇英俊有才,被苏泂称为神童。陆游晚年退居家乡山阴。邢淇跟着苏泂,一起向陆游学诗,也与陆游成了忘年交。这两位十分要好的同伴,在学诗期间,常常会听陆游谈到湘湖的山水美景,谈到湘湖的莼菜,吟咏有关湘湖的诗句,特别是放翁先生自己作的《渔浦》诗句"桐庐处处是新诗,渔浦江山天下稀。安得移家常住此,随潮入县伴潮归",《萧山》诗句"会向桐江谋小筑,浮家从此往来频"和《新晴马上》诗句"此生安得常强健,小艇湘湖自采莼"等,使他们对湘湖产生了浓厚的兴趣。于是苏泂和邢淇结伴,来到湘湖游玩,在湖畔的平远亭饮酒。苏泂随口吟诗《湘湖饮平远亭,口占呈邢刍父》,发出了"湘湖湘湖在何许?不在天上终可寻"的感叹!诗中也表达了对好友才干的赞美,也使后人了解宋代湘湖边曾有一个平远亭。湘湖二期工程就在湖边重建了平远亭。苏泂还在《湖中》诗里流露出寻梦湘湖成真的喜悦心情:"湘湖梦不到,今日到湘湖。草木尽春色,山川如画图。"

陆游与苏泂、邢淇两位弟子,在交往中结下了深厚的情谊,堪称亦师亦友,多有交往与诗文应答。诗人陆游非常看重自己的弟子,赞誉有加,常给弟子赠诗文,写书信,进行鼓励。陆游《赠苏召叟》诗曰:

---

[1] 陆游:《渭南文集》卷十五《邢刍甫字序》,宋嘉定十三年(1220)陆子遹溧阳学宫刻本。

"苏子出侪辈，翩如天际鸿。才华刮眼膜，文字愈头风。"称赞苏泂才华横溢，诗文出众，令人刮目相看。《简苏召叟》诗曰："君家文献历十朝，魏公峨冕加金貂。孙支得君愈隽发，贵名突兀凌烟霄。"不光对弟子进行鼓励，也对苏家给予很高的评价，表明陆苏两家是知根知底的世交，说不定放翁还常常到"文献历十朝"的苏家去借阅文书呢！弟子苏泂在新春佳节时，就会去给先生拜年，留下来陪先生喝绍兴老酒，并写下诗篇《正月五日谒放翁留饮欢甚》，为自己有一位"文字凌屈（原）宋（玉）"的老师感到无比高兴。后来苏泂收到先生的诗翰，非常激动，就作了回复。《放翁宠赐正月九日诗翰》诗曰："一篇盈轴粲龙蛇，归自黄州政尔嘉。大似新年逢好事，春风吹宝入贫家。"字里行间表达了苏泂对老先生的敬仰、赞扬和赠送诗翰的感激之情。

陆游与弟子邢淇，也过从密切，交往深厚。陆游作为年长的先生，给学生的诗文就称"邢刍甫"。《从邢刍甫求桃竹拄杖》诗曰："拄杖当年盛得名，一枝尚觉百金轻。老人不复须青草，只要携渠处处行。"陆游对跟着学生邢刍甫求得拄杖的珍重和喜爱之情，溢于言表。《送邢刍甫入闽》（其一）诗曰："两穷相值每相怜，闻子南游一怆然。莫道此行非久别，衰翁何敢望明年。"表达对学生去福建任职分别时的怜爱和依依不舍之情。可惜邢刍甫的诗文失传，让今人无法领略他的文采。但从苏泂《送邢刍父赴漕试盖予以牒逊之》诗句"十三出从师""才难叹先圣"中，可以知道这位神童是先圣也为之惊叹的难得人才。

"湘湖梦不到，今日到湘湖。"陆游弟子苏泂，把湘湖梦变为湘湖行，他的诗句，也是推介新湘湖的绝妙广告词。

休闲旅游湘湖行

湘湖及四周群山形成的山水自然环境和历史文化内涵，吸引了历代官宦名士、文人墨客和百姓、学生到此游览怀古。湘湖成了萧然大地一处游览胜地。

萧山县令杨时在湘湖建成后，乘着夜幕作新湖夜行，是游览湘湖第一人。请大学士刘珝撰《魏文靖公配享德惠祠记》的明代萧山县令吴淑，于"庚子暮春政事之暇，风日和明"，乘舆由德惠祠出发，又下舟或步行，登山、环湖作二日游。他夜宿城山佛眼泉侧供佛小屋，在后黄寺以米粥为晨餐……途中作短歌一章以寄意，归作《游湘湖记》。民国十五年（1926）4月6日，为《萧山湘湖志》作序的萧山县令郭曾甄，也"于公余之暇，邀同……及余（《萧山湘湖志》作者周易藻）等，买舟置酒，作湘湖之游……"

湘湖山水风光及越王城古迹，吸引了许多文人名士前来观光怀古。南宋著名爱国诗人陆游，对湘湖情有独钟，多次游览湘湖，留下许多诗篇。他的学生苏泂和邢淇也结伴游览了湘湖。南宋右丞相文天祥坚持抵抗，曾到湘湖越王台怀古，作《越王台》《固陵道中》，以诗明志。

元末明初，浙江名士、明朝开国元勋刘基（1311—1375），字伯温，多次在湘湖停留，在湘湖"小艇曲穿花底出，游鱼相伴镜中行"（《题烟波泛舟图》），在湖边"明窗晓晴图画开，兴入湘湖三百里"（《题湘湖图》）。风流才子唐伯虎游湘湖后，作诗《石井山》。萧绍名士徐文长曾在湘湖赋诗《登望湖亭》，还为净土寺撰门联："千家郭外西天竺；万顷湖边小普陀。"

明代南京吏部尚书魏骥，告老还乡后为保护和修建湘湖作出了重大贡献，被当地百姓尊为"湖贤"。魏骥关心湘湖，热爱湘湖，多次驾舟畅游湘湖,并留下诗句:"一棹薰风趁晓凉,平湖如练接天长"(《舟发湘湖抵峡山途中书事》),"一叶扁舟雪满头,清溪曲曲水悠悠"(《十一月十八日过乐邱书事》)。

清代萧山人汤金钊,历任礼、吏、工、户四部尚书,道光乙酉年(1825)冬日陪同恩师王晚闻登上石岩山,用诗句"撰杖来登百忉山,山头坐数镜中鬟"表达师生一同休闲的乐趣。

湘湖师范学生近水楼台先得月。湘湖山水留下了他们假日课余游山览水的足迹和身影。他们远足越王城,常登石岩山巅的一览亭,在晨雾弥漫的压乌山,如临蓬莱仙境飘飘欲仙,在夜幕降临的湖边,观月亮在水波中白龙似的摇滚。

周围的中小学校常常组织学生去湘湖远足,作春游、秋游。杜鹃花开时,也有学生随家长乘船到湘湖,登山"踏青"。笔者也曾与同班同学一起到湘湖秋游,并在湖边山坞野营。

20世纪30年代,湘湖作为旅游资源被开发利用。由萧山县名胜管理委员会编印、民国二十三年(1934)6月初版的《萧山县名胜纪略》,记述了湘湖越王城山、一览亭、压乌山、老虎洞等景点的地点、史略、现状;介绍了行程"由杭州萧绍两路来者,可雇人力车至湫口埧,乘船先至下湘湖,再至上湘湖。自闻堰义桥来者,雇船先至上湘湖再至下湘湖"和交通情形"人力车及船""轿子""独轮车";列出了旅费概算"以船游为主,船价半日大洋六角,全日一元"。《萧山县名胜纪略》可以说是第一本湘湖旅游指南。

野趣、自然的湘湖山水,是古今人们乐于游览的胜地。"遍历吾乡胜,湘湖景更幽。"[1]湘湖旅游由来已久。新湘湖的建设,不仅为杭州萧山城区营造了一处生态环境,更为湘湖旅游业的发展提供了机会。湘湖将与西湖一起构筑人间新天堂,湘湖旅游前程似锦。

---

[1] 〔清〕毛万龄:《湘湖》。

康熙爱尝湘湖莼

莼菜为湘湖最著名的特产。南宋《嘉泰会稽志》在介绍萧山湘湖时称"湖生莼丝最美"。陆游等历代诗人游览湘湖时也留下了许多吟咏莼菜的诗句。

笔者在收集湘湖文献资料时,从《四库全书》中发现了一篇清代康熙皇帝南巡浙江舟行时所作,有关湘湖莼菜的《莼赋》,赋序曰:"莼,生杭之西湖与萧山之湘湖,一名水葵,蒂叶之间精华可鉴,而味又鲜美,如士君子道,胜而腴,意象闲远。朕南巡浙江,爱尝其羹,舟行多暇,援毫赋之。"

目前,还没有史料显示康熙皇帝到过湘湖。但清《圣祖仁皇帝御制文集》所载的《莼赋》,对莼菜生长水质、特性、季节、采摘、烹饪技巧的介绍和食用时"惊流匙之鲜莹,快入口之脆柔"的生动表述,"笑季鹰(张翰字)之所托,又何待于思秋"等赋语,都具有很强的专业性,可称是一篇关于莼菜的精短论文;而"朕南巡浙江,爱尝其羹"和"彼洞庭之所撷,恐难媲兹妙产""偶执笔以摛辞,宜荐之于琼楼"等赋语,可以说是康熙皇帝为湘湖莼菜所作的广告语和推介词。湘湖莼菜被列为贡品一点也不奇怪。

莼菜,又名水葵,为多年水生植物,生长在江南沼泽、池塘中,叶片呈椭圆形,浮在水面。莼菜嫩芽可做羹汤食用,清香可口,滑而不腻,营养丰富,还有消炎解毒等药用功效。南宋《嘉泰会稽志》载:"萧山湘湖之莼特珍,柔滑而腴。"湘湖莼菜是莼中佳品,南宋时成为朝廷贡品。

明代袁宏道在《越中杂记》中说:"莼采自西湖,浸湘湖一宿,然后佳。若浸他湖,便无味。浸处亦无多地,方圆仅得数十丈许。"文中道出了当时湘湖莼菜已是名牌产品,莼中珍品,连采自西湖的莼菜，"浸湘湖一宿，然后佳"。这表明水质决定莼菜品质，湘湖莼特珍是因为湘湖水质好。源自天落水和周围山体天然泉水的湘湖水，养成了莼中珍品湘湖莼。当然，也不排除这是当时湘湖莼农的营销策略：将西湖莼菜包装成湘湖莼菜销售。

　　湘湖适于莼菜的生长，莼菜也使湘湖提高了知名度。有关湘湖莼菜的古籍文献记载以及原湘湖上孙村曾有一块"莼羹鲈脍"石碑，都是湘湖莼菜养殖、饮食文化的遗存。

　　随着湘湖的湮废，湘湖莼菜一度消失。20世纪80年代，老虎洞村民在湖滨青山坞开发了80余亩莼菜养殖基地，产品直供杭州"楼外楼"等十大饭店、宾馆，还与日本的100余家公司签订销售合同。遗憾的是，再度复兴的湘湖莼菜业又一次消失了。湘湖是萧山的名片，莼菜是湘湖的名片。新湘湖湖山广场采莼园边湖面，又重新开始养殖莼菜，湘湖莼菜将重现昔日辉煌。

青浦问莼景点

湘湖的红色记忆

美丽的湘湖,自民国时期起,在各个历史时期,都留下了红色的记忆。

1924年5月30日,上海发生了五卅惨案。萧山各镇举行声讨帝国主义罪行活动,声援上海工人罢工运动。后来,在1934年"五卅"纪念日,湘湖师范师生在学校表演了古装戏《卧薪尝胆》,在当年越王句践卧薪尝胆的湘湖地区演出,纪念反帝爱国运动,具有特别重要的意义。

1934年"五卅"纪念日湘湖师范师生表演古装戏《卧薪尝胆》剧照

1927年9月,中共浙江省委派共产党员张静三到萧山,在湘湖压乌山湘云寺,召开全县党员及党的活动分子会议,传达党的八七会议精神,决定建立中共萧山临时县委。10月,中共萧山县委正式成立,由张静三任书记。

1928年2月,长河警察局借故逮捕湘湖湖头陈村农民协会负责人来柱臣。中共长河支部书记来宝坤召集300多名农民，包围警察局，救出来柱臣。3月，萧山县政府警察局逮捕了来宝坤。当晚，湖头陈村民在白马湖进行伏击，救出来宝坤。

1928年4月，中共杭州市委在湘湖石岩山一览亭附近庙宇，召开代表会议，到会代表40余人，会议推选长河支部书记来宝坤为出席中共六大代表。当时全县有中共地下党员360人左右，设14个支部。

1929年秋，中共地下党员恽逸群经组织同意，受聘到湘湖师范任教。1930年3月，中共杭州市委重新建立，决定由恽逸群开展恢复萧山党的工作。恽逸群设法找到失去联系的党员，召开党的代表会议，重建县委，由恽逸群任中共萧山县委书记兼组织部部长，恢复了被破坏的萧山党组织。恽逸群以湘师为基地开展党的工作。他先后介绍党员和进步教职员工到校工作，发展学生党员，建立了中共湘湖师范支部，使湘湖师范实际上成了当时中共萧山县委的工作机关所在地。恽逸群在湘师期间，还通过附属乡村小学和学校附近的农民，开展党建工作，介绍农民入党，先后建立了定山、湘西、湘南等党支部。恽逸群在湘师及附近农村播下的革命火种，激励着湘师进步师生和周围农民的革命斗争。恽逸群在新中国成立后，曾任上海解放日报社社长、华东新闻出版局局长等职。

1937年12月，日寇侵占杭州。国民革命军第63师和日寇军队隔钱塘江对峙。奉命守卫萧山的第63师将士，驻扎在易守难攻的越王城，挖掘了许多条沟坑，当作战壕和掩体，凭借军事险要地位，居高临下瞭望，抗击钱塘江北的日本侵略者，达两年之久。1940年1月22日，日军偷渡钱塘江，萧山沦陷以后，日本军队又在军事地位十分险要的越王城上挖掘了许多沟坑。日寇还毁坏石岩山一览亭，改建为军事碉堡，用来杀戮萧山百姓。现遗址残存，这是侵华日军的又一罪证。

在解放战争期间，湘湖师范学生在学校地下党组织的领导下，曾发动600多名师生上街游行示威，投入"反饥饿、反内战、反迫害"的爱国民主运动。萧山简易师范（后并入湘师）学生与金萧支队取得联系后,在县城广泛开展革命宣传活动。

1949年5月4日,浙东人民解放军金萧游击支队萧山办事处170余名指战员,在蒋谷川主任的率领下,奉命从富阳大章村出发,经楼塔、河上,当晚露宿戴村。5月5日清晨,部队经义桥,沿着湘湖,于下午2时,由西门顺利进入萧山县城,受到湘湖师范、萧山中学等学校师生和人民群众的热烈欢迎。下午3时左右,中国人民解放军第21军进入县城,两军胜利会师,宣告萧山和平解放。

1959年8月22日下午,毛泽东主席到湘湖杜湖村视察。毛主席得知离杜湖村南面不远处有个湘湖时,便问到了这个湖对灌溉所起的作用。县委书记牛树桢告诉他,湘湖只能解决周围少量农田的灌溉,萧山的旱涝问题还不能说已经解决。我们正在建造一个规模较大的小砾山排灌站,预计明年可以完成,到那时,萧山中北部的灌溉排涝问题基本可以解决。[1]很幸运,笔者当年在接到上海交通大学录取通知书后,于当天去看望在长河工作的姑姑,下午返回萧山也途经杜湖村。傍晚时,在萧山报社工作的姑夫告诉我,刚才毛主席在杜湖村视察。由此,笔者也留下了难以忘怀的记忆。

2005年4月8日,时任浙江省委书记习近平来到萧山跨湖桥遗址调研。2006年4月14日,习近平再次来到跨湖桥遗址陈列馆参观。参观结束后,习近平握着施加农的手说:"要深入研究跨湖桥文化,把它发扬光大。"[2]习近平第二次视察湘湖后,感慨评价:"湘湖呈现出来的新面貌让人为之一震,可以称得上是一个秀丽的山水风景名胜,和西湖一样成为浙江的点睛之笔,一年前的湘湖与现在相比简直是换了人间。"[3]

湘湖的红色记忆,谱写了湘湖历史文化光辉的篇章。

---

[1] 萧山市委宣传部、萧山市地方志办公室、萧山日报社编:《萧山百年百事》,浙江大学出版社,2000年,第186—190页。
[2] 《干在实处 勇立潮头——习近平浙江足迹》,浙江人民出版社,2022年,第224—225页。
[3] 《萧山日报》改革开放30周年专版,2008年12月。

建湘湖乡村师范

民国十六年（1927），湘湖收归国有，在定山一带泥沙淤积的荒地，成立了国立第三中山大学劳农学院（后改为浙江大学农学院农场、湘湖农场）。当时浙江全省教育行政由国立第三中山大学兼管。时任校长蒋梦麟，有意改造浙江乡村教育，专程前往人民教育家陶行知先生创办的南京晓庄试验乡村师范学校，邀请陶行知协助创建浙江乡村师范学校。1928年4月，陶行知参加了由蒋梦麟主持的创建浙江省立乡村师范学校的筹备会议，讨论了建校计划、经费预算等问题。6月，筹备会议召开，确定了陶行知推荐的校长人选，萧山名人沈定一提议以湘湖定山一带作为校址，也获得通过。7月，陶行知与操震球等到湘湖定山考察，见定山一带草木茂密，松竹成林，依山傍湖，靠近农村，交通方便，确是作为校址的好地方。陶行知随即安排校舍建设和招生准备等工作。

1928年10月1日，浙江省立第一所乡村师范学校——浙江省湘湖师范学校（简称湘湖师范）正式开学，在暂借的湘湖西南岸东汪小学举行开学典礼。10月下旬，湘师迁入新落成的定山校舍。1930年，压乌山新校舍建成，作为湘湖师范本部，定山校舍改为分部。在定山和压乌山之间筑堤建路，以便往来。

湘湖师范在创建过程中得到陶行知先生的直接指导，其初期的办学计划都是参照晓庄师范制订，教育方针和学制、课程也与晓庄师范基本一样，其领导也多来自晓庄师范。所以，湘湖师范从一开始就努力实践陶行知先生的教育思想。湘湖师范也成了陶行知先生的第二块乡村师范教育实验园地，人们亲切地称之为浙江的"晓庄师范"。

湘湖师范，按照陶行知先生"社会即学校""生活即教育""教学做合一"等办学理念，把湘湖周边的农村社会当成一所大学校，教育学生要热爱农村，把文化科学知识教给农民，视农为友，全心全意为农民服务。为了更好地为农民和农业服务，湘师在教育中突出了农业科学和农业经济知识的教学，教授农学基础知识和蔬菜园艺、花卉园艺等，还设了一门"农村经济及合作"课。同时，特别强调社会实践，强调把教师的教和学生的学统一到发展农业生产的实践中去。湘湖师范也留下了许多文化名人的足迹，如陶行知、蒋梦麟、郁达夫等都曾来过湘湖师范。学校开学不久，陶行知先生就到湘湖师范检查指导，与师生座谈讨论，回答学生问题并发表演讲，勉励师生为乡村教育事业作出贡献。浙江大学校长蒋梦麟也为湘师校刊《湘湖生活》题写了刊名。1935年初夏，著名文学家郁达夫应金海观校长邀请，到湘湖师范为师生作演讲，说："你们要写好文章，必须多读，多观察，多体验生活，多动笔练习。"会后为湘师校刊《锄声》题诗，对学生寄予厚望："力挽狂澜期尔辈。"第二天，金校长陪同郁达夫游览湘湖名胜古迹时，问他："湘湖风景如何？"满头大汗的郁达夫很风趣地回答："景是好，可惜没有风。"随行学生代表都笑了起来。

湘湖师范编辑《湘湖生活》《锄声》等月刊和《湘湖通讯》《湘师简讯》等刊物，真实地记录了湘湖师范的办学历程，留下了珍贵资料，从中可以看到湘师在乡村教育和社会发展中的作用和师生作出的贡献。

1932年2月，金海观（1897—1971）出任湘湖师范校长。金海观曾聆听陶行知先生教诲，深受其教育思想熏陶。担任湘师校长后，金海观有效地实践陶行知先生的教育思想，主抓两方面重要工作：一是聘请一些著名教师任教，充实师资队伍，还邀请郁达夫、梁漱溟、俞子夷等著名专家学者开展主题学术讲演，丰富学生的学习内容；二是实行教育改革试验，建立教育实验区，把湘湖四周的附小及私塾都纳入实验区的范围，全方位锻炼学生的教育工作能力。另外，还组织开展军事体育、音乐、文艺、农村调查、扫除文盲等课外活动，供学生实习之用，有效地培养了大批适应乡村教育的教师，建树了非凡的教育业绩，为湘湖师范赢得了崇高的声誉。

抗日战争全面爆发后，湘湖师范师生被迫离开萧山，在金海观校长的带领下，学校先后辗转浙江西南、福建山区一带，七易校址，战胜各种困难，照常上课，坚持八年战时教育，为我国教育史罕见壮举。中华人民共和国成立后，金海观继续担任湘师校长，直至1957年调任民进省筹委秘书长。

浙江省湘湖师范学校，自1928年10月1日创办开学，至2002年送走了最后一届毕业生，完成了普师教育的历史使命，撤销独立建制，成为杭州广播电视大学湘湖校区，74年来为国家培养了近2万名毕业生，造就了一大批优秀的教育工作者，其中就包括笔者的小学和初中语文老师。湘师在传播文化、培养师资的教育实践中成为浙江省，甚至在全国有影响的一所师范名校，铸就了师范教育的一个品牌。该校于2009年9月迁往富阳高桥镇新建造的杭州科技职业技术学院，未能保持独立建制升格为一所大学，但是人民教育家陶行知先生的教育思想和金海观校长倡导形成的"苦硬、实干、研究、进取、注重情谊"的"湘师精神"，仍将在湘湖定山"浙江省湘湖师范纪念馆"得到弘扬和传承。

湘湖出了金融家

湘湖人杰地灵。一百多年前，湘湖边出了一位担任过浙江省级银行行长、造币厂厂长的金融家，他就是金润泉先生。

湘湖成湖以后，先后接纳了许多前来谋生的人们，环湖渐渐形成了许多村镇，金润泉先生的故里就是其中之一。金家是从绍兴渔临关迁到萧山石岩山南麓金西村彭家里的。金先生名百顺，字润泉，就出生在这里。金润泉自幼家境贫寒，14岁被迫辍学，离家到杭州谋生。

他当然不可能像当年范蠡告别固陵时"装其轻宝珠玉"，开始外出创业。喝湘湖水长大的金润泉由钱庄学徒起步，凭着天资聪慧和勤奋好学、吃苦耐劳的精神，很快掌握了金融经营之道，从清末出任大清银行浙江分行经理，到辛亥革命后任中国银行杭州分行行长、杭州造币厂厂长，再到中华人民共和国成立后留任中国银行杭州分行行长，四十余年间，成为浙江金融业举足轻重的传奇人物。其中，辛亥革命后，平息钞票挤兑银圆和提取存款风潮及由造币厂厂长金润泉具名借款，再由行长金润泉批贷，铸造成色统一的新银圆稳定金融，显示了金先生在金融业的领导才能与胆识；贷款支持修建浙赣铁路、钱江大桥，投资建造闸口电厂和参与筹办首届西湖博览会等，反映金先生对浙江经济建设的支持；抗日战争期间拒任伪省长，在银行转移中坚持营业和在解放战争中保护银行财产及请求当局不要炸毁钱江大桥，不要破坏电厂、水厂等行为，体现了金先生的爱国情怀和敬业精神；创办浙江红十字会，出资创办金西桥小学，免费让村里农家子弟受教育，捐助成立救火总会和救济战时难民等，反映出金先生的公益慈善之心。

金润泉，这位由王莽忌讳的刘姓去刀卯的金氏后裔，在社会大变革时代，融金铸币，在金融界开创和成就了一番大事业，为浙江经济的稳定与发展作出了贡献。故乡人民会永远记住这位"湘湖之子"。湘湖也为这位有陶朱公"富好行其德"风范的金融业巨擘而骄傲。

金润泉先生的孙子金乐琦，是香港前特首、全国政协原副主席董建华的妹夫。金乐琦先生，像他的爷爷一样，具有杰出的管理才能、经营策略和手段，在商海驰骋多年，积累了丰富的营商经验，使企业扭亏为赢，取得成功。年过花甲的他，又到香港科技大学继续深造，学习他爷爷的金融老本行，获金融学博士学位，后在香港科技大学工商管理学院金融系兼任教授，继承爷爷的金融事业。

2006年1月，金乐琦先生回萧山金西村探访祖居老宅。从教的经历，又使金乐琦先生产生了像爷爷那样为故乡做点事的愿望，2015年，他和哥哥金联桢一起出资，设立了"金润泉先生教育基金"，已有200多名学生受到资助和奖励。

湘湖越王城山南麓的大、小王坞和金西村区块已建成了金融小镇一期和二期。湘湖是春秋时期走出"中华商祖"范蠡、两汉中新莽时期铸造大泉五十铜钱和培育浙江金融巨擘金润泉的风水宝地。湘湖金融小镇构建的金融中心必将充满活力，为当地经济发展展示出绚丽多彩的湘湖金融文化。

第三编

湘湖圆梦

湘湖是萧山人民的『母亲湖』，萧山人民对湘湖怀有深厚的情感。进入新世纪，杭州市实施沿江发展、跨江发展战略，开始发展休闲度假第三产业。萧山人民呼吁恢复湘湖，萧山成为杭州市区，开始发展休闲度假第三产业。萧山人民呼吁恢复湘湖。二〇〇三年，萧山区政府启动了湘湖保护与开发建设，我有幸受聘参与其中工作，开始了圆梦湘湖的经历。二〇一六年十月一日，经三期工程建设，恢复湘湖湖面六点一平方千米，建成面积达三十五平方千米的浙江省萧山湘湖国家旅游度假区。

始建与复建比较

　　2023 年，是北宋杨时始建湘湖九百十一年，也是湘湖实施保护与开发建设，复建湘湖 20 周年。九百年前后进行的湘湖始建和复建，无疑是当时和当今萧山地区进行的规模最大、影响深远的建设工程。两大工程都达到了预定的目标：始建湘湖，构建了一个湘湖水利灌溉区；复建湘湖，创建了一个湘湖国家旅游度假区。

　　湘湖的始建和复建，虽然背景不同、目的不同，采用的方法也不同，但对于当地经济社会的发展和产生的影响，都是载入史册的大事。

　　湘湖的始建和复建的背景状况不同。九百多年前，在萧山县城西始建湘湖时，大自然造就的这一方水土，"原芜田也，至高阜，盛菱芦"，表明筑湖地区，大部分是高阜荒地，盛产菱芦，也有由西城湖演变的一个"湘湖"。根据建湖后受灌溉农田需"包纳原粮一千石零七升五合"和北宋江南田赋亩税三斗计，湖区应该还有 3300 余亩纳赋农田。萧山地区春夏多雨水，湘湖周围农田"地甚低洼，受其淹没，艰于农事"，湘湖地区引发的洪水，往往会淹没周围农田；而立秋以后，正是晚稻生长季节，又缺雨少水，农田得不到灌溉。宋代居民吴氏，于熙宁年间（1068—1077），"奏请废田为湖"。宋神宗皇帝准其奏，下旨筑湖。筑湖已成皇帝批准的国家工程，却无一位有担当的县令来组织实施。徽宗时期（1101—1125），又有乡贤殷庆请旨筑湖，直到 1112 年，杨时补任萧山县令，才筑堤成湖。

　　二十多年前湘湖复建时，始建已达九百年的人工水库湘湖，由于泥沙淤积等自然原因和湘湖灌溉功能弱化、垦殖和制砖等人为因素，湘湖地区成了一大片农田、苗圃、工厂、民宅、水产养殖场和砖瓦厂几个取泥大深坑。水面仅剩几个鱼塘、水池、泥塘和一条通往自来水厂的湘河，合计仅有水面1460亩。进入新世纪之时，杭州沿江跨江发展，萧山划入杭州市区，萧山地方政府开始利用湘湖土地资源，发展旅游度假第三产业；越王城遗址和跨湖桥遗址适时被发现；热心市民和有识之士强烈呼吁"恢复湘湖，还湖于民"和"开发湘湖，建设湘湖，利用湘湖"。萧山区政府于2003年年初，决定实施湘湖保护与开发，作为当年为民办的十件实事之一。

湘湖始建和复建的目的功能不同。始建湘湖，为的是在高阜地蓄水防洪，自然灌溉周围农田，形成湘湖水利灌溉区。复建湘湖，是在杭州城区，营造自然生态环境，依靠湘湖历史文化，发展旅游度假产业，构建旅游度假区。

湘湖始建和复建的方法与途径也不一样。北宋政和二年（1112），萧山县令杨时"会集耆老暨诸富民，躬历其所，视山之可依，度地之可圩，相与计议，以山为止，筑土为塘，始成湘湖，实赖潴水，以救旱荒，及民之利"。拟定建湖计划后，任命县尉方从礼为总指挥，监督工程。具体工程是"筑两塘于北南，一在羊骑（杨岐）山、历山之南，一在菊花（山）、西山之足"。依两山，筑两堤，始建湘湖，利用北堤7个和南堤11个穴口，灌溉周边农田，构建了九乡水利灌溉区。

湘湖复建始于2003年，中共萧山区委、萧山区政府于8月专门设立了浙江湘湖旅游度假区管理委员会，具体负责湘湖保护和开发建设。一个多月后，湘湖管委会召开了七位专家学者、热心市民座谈会，共商湘湖保护与开发大计，副区长、湘湖管委会主任张振丰出席座谈会并发表讲话。我应邀参加了座谈会，当我在发言中说到担心湘湖还会被开发景观房产时，张振丰副区长说，楼老师，放心好了，区委、区政府已作出决定，以风情大道为界，西南面恢复湖面。

后来，萧山区还建立了湘湖保护与建设协调小组、湘湖保护和开发工程指挥部，负责协调和领导工程建设。首先完成了湘湖区块控制性规划设计，决定一次规划，分三个区块，按三期进行建设。湘湖保护和开发，涉及用地指标、土地收储、民房、单位拆迁和安置、防洪、供水和排水、文化遗址保护与风景区建设、资金筹措与安排等，是一项十分复杂的系统工程。湘湖复建，征收各类土地共计26930亩，拆迁民房3918户、工农业企业和种养殖户1457家，在拆迁户和拆迁企业的大力支持与配合下，工程建设得以顺利进行并完成。工程挖掘土方共计约1016万立方米（其中，一期100万立方米、二期356万立方米、三期560万立方米），湘湖总蓄水量为2310万立方米。

在湘湖复建中，还遇到土地指标和二期区块有滨江区属土地的问题。滨江属地以萧山白马湖地块置换解决。土地指标采用与萧山区应急备用水源建设项目结合取得，也给复建的湘湖多了一个名称——萧山应急备用水源。

与始建时依山筑堤成湖不同，湘湖复建采用挖泥成湖。设定湘湖水位高低，不仅事关防洪，也与湘湖科学合理使用有关。古湘湖靠全年下雨蓄水，新湘湖是从三江口小砾山排灌站取水。根据三江口常水位5.32米和湘湖周边河道水位3.9米，确定湘湖水位为黄海高程4.5米。像古湘湖利用高阜湖水可自然灌溉农田一样，阶梯式的水位差，可保证湘湖实现自然引水和自然排水，保证湘湖和萧山城区内河水系，源源不断有活水引入，在五水共治中成为一项"清水工程"。目前，湘湖全年引水36次，平均每月3次，全年引水700万立方米。

湘湖复建，与西湖错位建设。湖堤、湖岸建设，既有借鉴，也有创新。在湘湖中设置了湘堤、越堤、跨湖堤、杨堤、湘湖路堤和贺公堤等6座湖堤，其中湘堤像西湖白堤、苏堤一样，采用一堤六桥。不同的是湘湖中还建造了结构、形式各异的108座桥梁；湖岸采用土岸，突显湘湖自然生态之美。

　　湘湖复湖，建成了一个湘湖国家旅游度假区，世界旅游联盟总部和世界旅游博览馆落户湘湖，已正式启用，标志着湘湖从萧山走向全国，走向世界。湘湖将欢迎来自国内外的旅客。

杨岐山

湘湖行

故乡情结湘湖梦

　　我记得，在1956年进入萧山中学读高中时，每天清晨，同学们都到城河（萧绍运河）里打水，刷牙，洗脸，当时连学生食堂用的水，也取自城河。听同学说，城河与湘湖相通，我这才知道萧山城西还有个"湘湖"，三年高中生活，就喝了三年湘湖水。还记得，高中学习期间，有一次我随萧中同学一起，到西河路湘湖师范大操场，听红军女战士赵兰作报告，讲她参加二万五千里长征的经历。我也曾与同班同学一起，到湘湖浙江砖瓦二厂劳动，在泥塘里挖砖泥；还带着帐篷，背着背包，到湘湖金家坞山上搞野营活动，见到了一望无际、波光粼粼的湘湖，从此留下了难以忘怀的印象。

　　后来，我到上海交通大学学习，又先后在大连内燃机车研究所工作，在华东交通大学任教。每次回家探望父母，乘火车到萧山站之前，我都会身不由己站起来，临窗远眺宽阔的湘湖水面。我已经把湘湖看作了自己的故乡。记不清从什么时候起，湘湖水面不见了，我的心中开始有了失落感。游子思乡情，离开故乡三十年后，我随着提出萧山创办大学的建议，于1988年年底调回萧山，在浙江电大萧山学院任教。我再次看到的湘湖，已名不副实，除了湘河及零星水域，就是一个个又大又深的砖瓦厂泥塘。何时才能恢复湘湖，再见烟波浩渺的湘湖呢？从此，这成了我的梦想。

　　2001年退休后，我怀着对湘湖的情感和梦想，又迫使自己要努力为湘湖做一点工作，尽一份力量。这时，我看到杭州实施跨钱塘江发展战略，萧山划归杭州市区，明白这将给湘湖的开发和利用带来新的机遇，湘湖将成为萧山经济社会发展的新亮点。于是，我向蔡锡叚同学借来了周易藻编撰的《萧山湘湖志》，在全面了解湘湖历史文化的基础上，将湘湖与"姐妹湖"西湖进行比较和分析研究，于 2001 年 6 月 26 日撰写了论文《浅论湘湖的开发与利用》，呼吁"恢复湘湖，开发湘湖"，并提出了"开发湘湖，首先要退耕还湖、退窑还湖，争取恢复新中国成立初尚存的一万余亩（约 6.7 平方千米）湘湖湖水面积"的构想和一些具体建议，分别寄给萧山区及上级领导，得到了当时杭州市市长的重视和批示。2002 年 11 月 26 日，我又撰写了《对湘湖的认识与保护——再论湘湖的开发与利用》，又向上级领导建议"切实保护湘湖"，时任中共杭州市萧山区委书记王建满对此作了批示。

  后来我知道，在此前后也有多位热心市民向有关部门和领导呼吁湘湖"还湖于民"。早在 1990 年之前，我国近代园艺事业奠基人之一、浙江大学教授吴耕民先生就撰文建议"开发湘湖，建设湘湖，利用湘湖"，还提出了开发设想，说："湘湖湖面宽广，山峰秀丽，湖中有岛，自然景色比西湖更为壮美，可称西湖的大姐。惜湘湖落户乡间，不事修饰，不如城内西湖小妹有名。"[①] 1991 年，湘湖师范毛时起老师也写文章，提出"废田还湖，开发旅游资源"的建议。进入新世纪后，蒋荫炎先生在 2001 年的《萧山日报》上，热切而深情地大声呼唤："回来吧，湘湖！"滨江区的傅水生老师关于开发湘湖的看法和建议，自 1992 年开始至 2002 年从不间断，在 2000 年 8 月后，先后撰写《综合开发湘湖做大旅游蛋糕》《从"五一"黄金周看萧山旅游业》等文章，寄给杭州市、萧山区领导，呼吁"综合开发湘湖"，做好"山水、环境、人文三篇文章"，提出"当前大面积恢复湘湖水面已是刻不容缓"。2002 年 11 月，从小生活在湘湖边的何建生老师，十分关心湘湖的前途，在考察湘湖现状后，认为"涉及湘湖的建设应特别慎重"，特地撰写了《保护湘湖，开发湘湖》《开发湘湖把萧山发展得更完美》等多篇文章，寄送萧山区领导。楼素珍老师也写了《保护湘湖，义不容辞，时不我待》的文章，寄送省

[①] 萧山市文化局编：《萧山文化志》，中国卓越出版公司，1990 年，第 198 页。

市领导和有关单位，呼吁"还湖于民，造福于民"。还有多位热心市民，呼吁"恢复湘湖"。几位迷梦湘湖，向领导呼吁"保护湘湖，恢复湖面"的萧山市民，被戏称为"七君子"。2006年，湘湖启动区块恢复湖面后，湘湖管委会专门邀请这些热心市民，乘船游览了湘湖。

湘湖的保护与开发，是民心所向，大势所趋。所以，萧山区人民政府决定"启动湘湖保护与开发工作"后，这项民心工程得到了全区各部门和广大市民的关心与支持，也得到了征迁户和征迁企业的理解与配合。21世纪之初，萧山人民圆梦湘湖，湘湖重现昔日山水环抱、湖山交融的风貌。

湘湖管委会的领导知道我关心湘湖，决定聘请我和楼沛然先生，研究湘湖历史文化，为湘湖保护与开发服务。梦想复湖，而又能亲自参与其中，这使我感到十分荣幸。

西湖团圆说湘湖

南昌有西湖,福州有西湖,我国有不少城市和杭州一样有西湖。在2002年西湖博览会期间,杭州举办了一次"天下西湖聚西博"活动,由各地西湖使者将当地的西湖水,注入杭州西湖。各地西湖水的融合,实现了西湖姐妹的历史性团聚,被称为"天下西湖大团圆"。

报上列出这次团聚的有名为西湖,或名不为西湖而地处省府、县城西部,包括杭州西湖在内,全国30个城市的31个西湖。"天下西湖"是否包括了全国所有县城以上的西湖并不重要,但至少还应包括杭州市萧山区的湘湖。

其实,湘湖作为"天下西湖"的一员有充分理由:第一,湘湖地处杭州市萧山区城西;第二,湘湖湖光山色可与杭州西湖媲美,别称"赛西湖";第三,湘湖和西湖一样,都是由八百里钱塘江经数千年岁月孕育而成的湖泊,它们是一对"亲姐妹"。天下西湖大团圆,独缺杭州的"赛西湖",真是美中不足!

由"西湖团圆"可见,一江之隔的杭州尚且不知湘湖,国内外知道湘湖、了解湘湖的就更少了。在萧山,知道湘湖的人虽然不少,但真正了解湘湖的却不多。当今萧山经济的发展,有必要让世人了解湘湖,让湘湖走向世界,把湘湖打造成萧山的"金字招牌",使湘湖的自然风景和古文明,真正成为萧山经济发展的增长点。因此,有必要加大对湘湖的宣传力度。

九百余年前的古湘湖,水域面积达37002亩。近千年来,湘湖默默无闻地以"日进一只金元宝"[1],为解决百姓"温饱问题"作出了无私的奉献。而在造福一方百姓的同时,湘湖自身却留下了岁月的

---

[1] 《萧山县志》,浙江人民出版社,1987年,第1077页。

创伤。20世纪50年代时，湘湖芦苇成片、野鸭成群，湖水一望无际、波澜壮阔的美景早已成为人们的记忆。如今的湘湖，虽青山依旧，但湖光不见。人们已不能在湘湖领略大自然美景的野趣。

跨湖桥遗址的发掘，勾起了萧山人对湘湖的回忆。这座建于四百五十多年前、将湘湖分为上湘湖和下湘湖的跨湖桥，因见证了古湘湖的自然美景和在其附近发掘出八千年前的古文明，而名声大振。湘湖的自然风景和古文明遗址，是大自然和古人留给萧山的宝贵财富，是取之不尽、用之不竭的永恒资源。

湘湖是萧山的名胜古迹，保护、美化湘湖是萧山人民的呼声和心愿，湘湖必将成为人们关注的热点，成为萧山经济的亮点。人们期待着湘湖美景再现，期待着湘湖和西湖一起，"姐妹"比翼齐飞，共创人间新天堂。

二次就业在湘湖

跨越千禧之年,我在2001年2月办理退休手续,告别工作了三十八年的机械工程专业。

正当此时,杭州市实施跨(钱塘)江、沿江发展战略,萧山撤市设区,萧山人民迎来了湘湖的保护与开发建设。2004年年初,负责工程建设的浙江湘湖旅游度假区管理委员会,得知我关心湘湖,曾撰文呼吁"恢复湘湖,开发湘湖",专门派人到我家,聘请我参与湘湖保护与开发建设工作,搜集有关湘湖历史文化资料、研究湘湖文化、参与湘湖文化建设。文史研究和景区建设,虽然都不是我所学的专业和曾经从事的职业,但是以此作为我的第二职业,退休后在湘湖二次就业,不仅给了我一个发挥余热的平台,更是给了我为萧山人民"母亲湖"的保护与开发,圆梦湘湖尽一份力量的机会。我当即接受了聘任,同时提请再增加聘用一人,以便于开展工作。

就这样,元宵节一过,我于2月9日就开始了在湘湖二次就业的湘湖行了。上班第一天是随湘湖管委会委托的浙江工商大学湘湖旅游资源调查组,首先到井水湖中的石井山,查看秦始皇妃子墓。萧山历史学会副会长王炜常先生曾在湘湖管委会召开的座谈会上说过,20世纪60年代,他曾带着学生去湘湖石井山,还见过"上广下曲"的石井。当时调查组从东北面砖瓦厂工地登上石井山,将整座小山仔细检查一遍,也未发现有石井。估计是经历了"战天斗地"的岁月,石井早被掩埋了,非常可惜!

过了几天,聘用的另一位先生楼沛然也上班了。湘湖管委会成立初在湘湖农场工作,为方便搜集湘湖历史文化资料,特地为我们在城区租借了一套民房作办公用,湘湖文化研究室正式成立了。我们通过各种途径和方式,到省市区和学校的图书馆,搜集有关湘湖历史文化的文献资料，经复印汇编成册，再整理成专题资料，供湘湖修建性详细规划编制和景区设计作参考。湘湖窑里坞湘湖管委会办公大楼改建完成后，我们就搬过去，开始了对湘湖文化的研究工作，并配合湘湖保护与开发工程，参与景区景点命名、匾额楹联的征集、审定和编写景区导游词、撰写湘湖历史文化研究文章等景区的文化建设工作，传承、弘扬湘湖文化。凭着自己长期在科研、教育单位从事理工科专业养成的"求真务实"工作作风，边学边干，及时有效地为湘湖保护与开发建设服务。2010年湘湖（白马湖）研究院成立后，我又受聘从事《湘湖丛书》的编审。后来还参加了湘湖景区志愿者等工作。

  在湘湖的二次"就业"，我感到特别有意义，不仅是为圆梦湘湖出了力，做了有益的工作，同时也使自己达到了母校——上海交通大学对学生"为祖国健康工作五十年"的要求。母校的嘱咐，我牢记在心，工作以来一直注意锻炼身体，参加跑步、登山和游泳活动，后来还坚持冬泳。这样才使自己能为社会多尽一份力量，多做一点工作。

建湘湖文史档案

湘湖是历史文化名湖。历史文化是湘湖保护开发工程规划设计的依据和参考。湘湖管委会肩负萧山人民的重托,为将新湘湖打造成"自然生态湘湖、历史文化湘湖和休闲旅游湘湖",十分重视挖掘和研究湘湖历史文化,把构建湘湖文史档案这一特殊的业务工作,作为机关档案工作的一部分,积极支持,狠抓落实,从无到有地构建了内容丰富、资料全面的湘湖文史档案,及时为湘湖规划设计、工程建设、新闻报道和旅游宣传等各项工作提供了参考依据,并为创建"国家4A级旅游景区"和"中国休闲旅游最佳目的地",发挥了积极作用。

湘湖保护与开发工作千头万绪,一切都需从头开始。湘湖管委会从一开始就注意把档案工作纳入到机关的日常工作中,为了深入挖掘和研究湘湖历史文化,专门成立了湘湖文化研究室,聘任笔者等两名人员,负责收集整理有关湘湖的各种文献资料,并要求按档案管理规范,分类立卷,构建湘湖文史档案,为湘湖保护与开发提供服务。

我国《档案法》明确指出:"档案,是指过去和现在的机关、团体、企业事业单位和其他组织以及个人从事经济、政治、文化、社会、生态文明、军事、外事、科技等方面活动直接形成的对国家和社会具有保存价值的各种文字、图表、声像等不同形式的历史记录。"为了创建湘湖文史档案,湘湖文化研究室以"挖掘、探索、研究、展示湘湖文化"为宗旨,通过各种途径,设法挖掘和收集有关湘湖文史的"历史记录"。

先从湘湖专著和地方志中收集资料。历代文人、学者为湘湖编撰的专著和史志,是有关湘湖历史文化全面系统的"历史记录"。为此,首先收集了清代毛奇龄撰《湘湖水利志》、清代於士达著《湘湖考略》、民国周易藻编撰《萧山湘湖志》等三部湘湖专著。从中发现线索,再到省市区各级图书馆、博物馆、档案馆、方志馆和学校图书馆等单位，通过检索、寻找、复印，获得所需古今文献资料。特别是历代《萧山县志》、南宋《嘉泰会稽志》、明代《萧山水利》和当今《萧山文化志》《城厢镇志》等方志，都有许多有关湘湖历史文化的记载。而方志的记载，一般比较客观，可信度高，参考价值大。通过查阅方志，又收集了大量湘湖文史资料。

再从史籍、宗谱中挖掘有关湘湖历史事件、名人的文史资料。湘湖是春秋末期吴越争战的重要阵地。越王城山是越王句践被吴军围困时的保栖之地。从西汉司马迁著《史记》，东汉袁康、吴平辑录《越绝书》，东汉赵晔著《吴越春秋》，宋代司马光编著《资治通鉴》等史籍文献中，搜索有关越文化和吴越浙江之战记述的资料。还从《湘湖孙氏宗谱》《萧山来氏家谱》《历山吴氏宗谱》和杨时、汤金钊、周易藻等湘湖名人年谱中，也收集了大量有关资料。

另外，通过专业渠道获得资料。如萧山区地方志办公室等主办的《萧山史志》《萧山记忆》，萧山区历史学会的历年年会论文、高校专业学报和网上搜索有关湘湖历史文化的各种文章、图片。这些资料涉及面广，专业性强，研究有深度，参考价值较大。另外还收集了专业人士近来编著的有关湘湖专著。

收集文化遗址考古资料。八千年前的跨湖桥遗址和两千五百年前的越王城遗址，是湘湖历史文化的两张金名片。通过博物馆收集了考古发掘和浙江省文化厅、文物局等主办的"越魂文物图片展"等有关湘湖资料。

除了挖掘历史文化资料，还注意积累湘湖保护开发的新资料。随着湘湖的保护与开发，湘湖成了市、区报纸宣传报道的热点。报纸刊登了大量关于湘湖保护与开发的报道和湘湖文化研究文章。为此，坚持从市、区报刊中收集有关湘湖资料、湘湖文化研究文章和湘湖保护与开发简报、景区名称、楹联、导游词以及规划设计文本等资料，为新湘湖积累新的"历史记录"。

随着湘湖保护和开发工程建设的推进，湘湖文化研究室挖掘收集、编辑整理了数百余万字的文史资料，配合档案室，初步构建了湘湖文史档案，为湘湖保护和开发工作服务。

碑文出《四库全书》

湘湖保护与开发建设启动区块一期工程，经湖岸湖堤建设，恢复了1200亩湖面。接着开始启动区块二期工程和城山广场景区建设。越王城，古称固陵城，是春秋末期越王句践伐吴兵败保栖之地，也成了后世游览怀古之地。

启动区块二期工程，拟在越王城山麓建造城山广场，并在广场湖边复建"城山怀古"牌坊。工程正按修建性详规设计建设时，笔者从电子版《四库全书》中东汉赵晔所撰的《吴越春秋》，见到了公元前492年，越王句践入臣于吴前"临水祖道，军阵固陵"的记述，当时正值这一重大历史事件发生2500周年，就当即向湘湖管委会建议，在"城山怀古"牌坊东侧湖边，即当年固陵军港，建"临水祖道"碑亭，以纪念越王句践入吴为臣前"临水祖道，军阵固陵"史事。湘湖管委会领导同意这一建议，当即安排设计，增建了祖道亭，亭内竖石碑，以祖道时大夫文种祝词为碑文。

《萧山政协》2008年第7期"社情民意"栏目刊登了《"临水祖道"石碑有错别字》的文章。作者提出在"公园、风景点之类的工程中，遇到历史文化方面的文字、史料等，要有专业人士负责把关，避免疏忽而导致的此类错误"。这无疑是对湘湖景区历史文化展示的有力监督和鞭策，也是对湘湖保护与开发工程的热情关心和支持。但需要说明，"临水祖道"碑文中的"雖"字，字出有据，并非是错别字。

公元前494年，越王句践伐吴兵败，保栖固陵（今湘湖越王城）时采纳大夫范蠡计谋，于公元前492年五月入臣于吴。清代文学家朱彝尊《固陵怀古》诗重现了当年句践入吴前"临水祖道"时，祭祀路神、祝酒饯行的场景："越王此地受重围，置酒江亭感式微。想像诸臣纷涕泪，凄凉故国久睽违。"湘湖城山怀古牌坊东侧湖边的"临水祖道"碑亭,正是为纪念越王句践"临水祖道"2500周年而建的,并以越大夫文种在祖道时的祝词作为碑文。

文种祝词在清代沈德潜选编《古诗源》、清代康熙《萧山县志》和《四库全书》中东汉赵晔所撰《吴越春秋》等现存古籍中都能见到。而《古诗源》和《萧山县志》所载文种祝词,文字完全相同,均出自赵晔的《吴越春秋》,但与入编钦定《四库全书》史部之《吴越春秋》为不同版本。两者有"王離牵致"与"王雖牵致"、"臣请薄脯"与"臣请荐(祭祀)脯(肉干)"和"众夫悲哀"与"众夫哀悲"等三处不同。其中右偏旁同为"隹"而意义完全不同的"離"与"雖"字,在《吴越春秋》中均另有使用,如文种祝词中"君臣生離"的"離"为分离、分开的意思,"齐雖不亲,外为其救。晋雖不附,犹效其义"中的"雖"为虽然的意思。文种祝词中"王雖牵致,其后无殃"的"雖"字,也为"虽然"的意思。"離"古通"罹"。但《吴越春秋》中却分别使用:表"分开"意思时用"離",如"君臣生離";表"遭受"意思时用"罹",如"恐罹尤(过失)也"。经分析比较,选定入编钦定《四库全书》史部之《吴越春秋》的文种祝词作"临水祖道"碑亭碑文。

历史文化是湘湖风景区的灵魂,以史实为基础建造的"临水祖道"碑亭,展示了春秋末期越王句践"临水祖道"这一转死为霸之行,已成为新湘湖一处历史人文景观。

古诗选湘湖楹联

湘湖景区重建和新建了亭子、牌坊、长堤和石桥等建筑,既恢复了古湘湖风貌,也显露了新湘湖光彩。湘湖景点的文化内涵,需通过景名、匾额和楹联向游客展示。匾额和楹联,就像人的眉毛和眼睛一样,使游客对景点留下深刻印象。

景名、匾额和楹联的确定,无疑是景区文化建设的重要内容,湘湖管委会通过《萧山日报》向市民征集,得到市民的积极响应。为选好景名与楹联,专门组织评委会,邀请省市专家担任评委,进行评审选择后,再公示评审结果,征询市民意见,经反复推敲确定。在选定楹联中,还从历代文人游览湘湖所作诗词中,选取诗句作楹联,也有集两位诗人诗句作上下联,这也成了湘湖楹联的一大特色。

湘湖启动区块的湘堤中间,建有一座雄伟大气的亭榭"一镜容天",位于湘湖纵轴线东北端,是观赏湖景的绝佳场所。在亭名、楹联评审会上,反复讨论也没有找到一个能确切表达如此美妙风景的名称。当笔者在会上读出杨时《望湖楼晚眺》诗句"湖光写出千峰秀,天影融成十里秋"时,浙江省诗词与楹联学会副秘书长薄松涛说:"这诗句对景点的表达非常到位,很好!景名就叫'一镜容天'吧。"省诗词与楹联学会副会长王潄居接着说:"楹联也不必另撰了,杨时的诗句就是现成最好的楹联。"专家们一致赞同这一观点,这也为湘湖景点选取楹联扩大了思路。

忆杨亭,在湘堤东北端,为纪念杨时创建湘湖而名。亭联采用清代萧山文人陈至言《闲步湘湖》诗句:"十里长堤新绿满,一湖春水晓云横。"上联说,湘湖十里长堤,到处是新泛绿色的草木;下联点明诗境的季节、时间与景色:春天的早晨,天云倒映湖中,横贯湘湖。

下孙船埠亭廊,游客乘船上岸,面向桥头山见到的楹联,取自明代萧山人任四邦《暮春放舟湘湖》诗句："千重岩嶂列，四顾画图收。"上联说，船埠前后排列着重重叠叠的岩石山峰；下联表示游客四面观望，如画图一般的美景尽收眼底。

沈王家船埠的两副楹联，一副取自明末萧山人丁克振《湘滨春霁》诗句："天中藻荇千洄藉，锦上云霞百里开。"上联说，游云倒映在湖中，水藻、荇菜像坐卧在天空中千洄百转；下联说，云霞在似锦的百里湖水中开放。另一副取自清代萧山人沈士藻《湘湖云影》诗句："气蒸翠浪暖，光泛绿波浮。"上联说，阳光照射，热气蒸腾，翠色树林中都觉得暖意浓浓；下联说，太阳光在绿色水波的湖面上反射飘浮。

荷花庄荷花池旁的风荷亭，朝山的楹联取自宋代郑獬《月波楼》诗句："野色更无山隔断，天光直与水相通。"上联说，湘湖的自然景色不可能被群山隔断；下联说，湘湖天水一色，天水相通。面湖的楹联取自任四邦诗句："云竞波心荡，花多水面浮。"敦颐亭，面水楹联取自明代萧山人魏骥诗句："荷香随棹溢，山色近人清。"上联说，荷花的清香随着船桨四处溢出；下联说，人走近山，景色更加清晰。朝山的楹联，取自清代萧山人蔡仲光诗句："水上云霞敛，舟间荷芰香。"上联说，水面上聚集了白云彩霞；下联说，采菱、采莲的小舟间散发着荷、菱的清香。别样轩，朝山的楹联，取自魏骥诗句："草尽松间宜步屐，荷香湖上可移舟。"面水的楹联取自南宋陆游诗句："云叶初生高树外，雨声已到乱荷中。"起云阁楹联取自宋代苏东坡诗句："荷背风翻白，莲腮雨退红。"

下孙文化村重建的孙氏宗祠，有三副楹联采用《萧山湘湖孙氏宗谱》记载的古楹联。宗祠大门中间，是民国二十一年（1932）萧山孙氏二十一世孙保撰写的楹联："分派自龙门，木本水源自有在；话谋垂燕翼，春霜秋露威无穷。"宗祠大厅前柱，也为二十一世孙保撰写的楹联："湘水长抱，越山高环，介其间筑室栖神，以妥先祖；孝子种瓜，忠臣植梓，愿后昆读书励节，勿堕家风。"大厅东楹，是清乾隆十年（1745）萧山孙氏十六世孙企奭撰联："楹桷傍湖山，神灵以妥；文章作金石，祖武其绳。"

　　湘湖二期景点，还采用历代不同诗人所作的诗，集句组成上下联，增加了新湘湖楹联的诗情画意和趣味性。平远亭楹联："山花红似醉；空水碧于天。"集自清代萧山人包启祯、朱鼎铉诗句。蝶来亭楹联："万顷湖天碧；几重秋榭红。"集自唐代皮日休、明代任徽诗句。廊亭东面照影亭楹联："野桃含笑竹篱短；翠藻绿岩水带长。"集自宋代苏轼、清代萧山人毛奇龄诗句。送青阁楹联："山映斜阳天接水；夜笼明月浪翻银。"集自宋代范仲淹、明代萧山人倪朝宾诗句。净澜亭楹联："年丰腊雪经三白；早足分流达九乡。"集自南宋陆游、明代魏骥诗句。

　　湘湖景点多，楹联也多，大部分是新创作的撰联。而从湘湖古诗和历代著名诗人诗句中选取的楹联，增加了新湘湖的文化内涵和古韵。

一镜容天景点

古貌新姿跨湖桥

跨湖桥位于形似葫芦的古湘湖狭腰处，将整个湘湖一分为二：桥西南称上湘湖，桥东北为下湘湖，上湘湖面积为下湘湖的3倍。跨湖桥及其两端的长堤，处在茫茫无际、碧波荡漾的湘湖之中，四周青山环抱。无论是晨曦初照，还是夕阳西下，是晴空万里，还是细雨蒙蒙，是桃花春汛，还是秋月当空，跨湖桥都会以一幅幅姿态各异的绝妙美景，给人以大自然美的享受。怪不得古今文人在编排"湘湖八景"时，都将"跨湖春涨""跨湖夜月"分列其中，足见其景色迷人。20世纪30年代的湘湖师范学生，置身于跨湖桥上，也曾发出"跨湖桥景色胜西湖""以跨湖桥拟西泠，余亦以为然"的感叹！

跨湖桥始建于明嘉靖三十三年（1554），由湘湖湖里孙村人、中书舍人孙学思捐资建造，后又多次损毁重建。清雍正六年（1728）重修板桥。嘉庆十二年（1807）六月改建为环洞桥。光绪三十年（1904）九月重建，桥旁有亭。抗战胜利后重建石板桥。1984年改建为钢筋水泥板桥。始建跨湖桥为的是沟通湘湖南北，方便两边往来。而湖堤及湖桥的建造，当时也造成了严重的不良后果：一是阻碍了湖水的通畅，影响了均水灌溉，也加速了湘湖的淤积；二是开创了湖中筑堤的先例，加大了湘湖禁垦、禁占的难度，加快了湘湖的湮废。

跨湖桥，东有两千五百年前的越王城遗址，西有八千年前的跨湖桥遗址。跨湖桥遗址是新石器时代早期文化遗址，因遗址地处跨湖桥村，被命名为跨湖桥遗址。以跨湖桥遗址和下孙遗址而命名的跨湖桥文化，是湘湖文化之源，也是萧山的历史文脉所在，当时将浙江省文明提前了一千年。跨湖桥遗址的发现，为恢复湘湖湖面，实施湘湖保护与开发工程建设及时提供了有力的支持。

重建跨湖桥，除了沟通湘湖两岸沿山的湘湖路和越王路之间人行、车行交通,也需要展示跨湖桥的古朴风貌和湘湖文化内涵。为此,在湘湖保护与开发启动区块二期工程中,建造了两座桥:在原跨湖桥旧址,按古貌重建单孔微马蹄形石拱桥,在桥上可眺望南面不远处的跨湖桥遗址景区,还在岸边建造了跨湖夜月亭,以恢复湘湖八景中"跨湖夜月"景点;另外,在古桥东侧新建的跨湖桥为仿古五孔石拱桥,桥上供汽车、行人往来,桥下孔洞让游船穿梭。中间桥洞上方石刻"跨湖桥"横额,两边石柱上镌刻两副楹联,游客乘游船面向西南见到的是:"八千年后古舟名世;三百顷前新水涵天。"由高卓先生撰联,表达湘湖的历史文化。面向东北见到的是:"一带游云遥割东西岭;数舟归鹭轻移上下湖。"由笔者撰联,反映跨湖桥自然风貌。

古貌新姿跨湖桥,跨湖美景今胜昔。

湘湖跨湖桥和跨湖桥遗址博物馆鸟瞰图(浙江湘湖旅游度假区管理委员会提供)

湘湖景区当导游

2005年3月8日，湘湖启动区块一期湖堤、湖岸工程建设开工，湘湖保护与开发工程由此揭开了序幕。经过十一个月建设，于2006年2月9日新湘湖开始蓄水。钱塘江水经湘河源源不断注入湖区，形成1200亩水面的新湘湖，重现一湖秀水，两岸美景。

3月25日，湘湖旅游度假区经营管理有限公司正式成立，湘湖启动区块由建设转向经营与管理，也标志着湘湖保护与开发进入了一个新阶段。为做好景区对外开放工作，迎接来自各地的游客，湘湖旅游度假区经营管理有限公司招聘了5名导游、8名游船驾驶员、3名安全管理员、1名景区管理员，并聘请杭州师范大学旅游专业老师，对招聘人员进行岗前培训。我在湘湖管委会负责研究湘湖历史文化，并参与了启动区块一期湖堤、湖岸的堤桥、景点命名和楹联征集评审，对景区的景点文化内涵和自然风景有所了解，义不容辞承担了撰写导游词初稿的任务。在对招聘的景区工作人员上岗培训时，我也介绍了新湘湖的景观和历史文化，让大家了解，湘湖有令人骄傲的三张金名片：一是八千年前的跨湖桥遗址，当时将浙江文明提前了一千年；二是两千五百年前的越王城遗址，展示越王句践卧薪尝胆精神；三是建造九百年的古湘湖，弘扬农耕水利文化，造福百姓，惠泽后世。浙江省旅游系统专家为新湘湖设计了旅游线路，并按旅游线路编写了导游词，接着导游进行了现场培训，我也在场对导游的讲解提出了意见。

4月21日，2006杭州世界休闲博览会主园区"一湖三园"开园仪式隆重举行，湘湖作为浙江卫视的直播点，在开园仪式上展示了独木舟表演、龙舟表演及牛拖船、纤道船、婚庆船、鸬鹚捕鱼表演等丰富多彩的水上项目。湘湖景区正式开放，古湘湖迎来了前所未有的新变化。景区秀美的风光、整洁的环境、良好的秩序和优质的服务吸引了众多的游客，到10月中旬这半年间，景区累计接待游客已突破100万人次。

湘湖景区正式开放以后，就着手国家4A级景区的创建准备工作。2007年7月5日，湘湖旅游度假区管委会递交了《关于创建国家4A级旅游景区的报告》，准备接受省旅游局初审和国家旅游局4A工作领导小组的正式验收。在创建准备工作阶段，省旅游局专家提示，国家4A级旅游景区必须配备高级职称的导游。好在我是大学的副教授，退休后受聘参与湘湖景区文化建设，了解湘湖的历史文化和景区情况，又撰写了导游词，参加了对导游的培训工作，自然就当上了湘湖景区具有高级职称的"导游"。我复印了华东交通大学副教授职务聘任书，填写工作简历和参与湘湖景区建设的工作情况表一起上报。湘湖启动区块景区东北端入口湘里坊的广告牌上，有湘湖景区简介、景区游览示意图和景区导游的照片，我当了湘湖景区导游。2008年，湘湖景区成为国家4A级旅游景区。

我在湘湖景区当导游，为湘湖创建4A级景区尽了力。十多年以后，湘湖旅游度假区经营管理有限公司在下孙文化村设立了湘湖文化驿站，又聘请我做志愿者。我主动向游客介绍湘湖，宣传湘湖，再次在湘湖当上了义务导游。

湘湖云影推介词

　　北宋萧山县令杨时修筑湘湖，蓄水灌溉农田。湘湖，是萧山人民的母亲湖，杭州西湖的姐妹湖。与西湖相比，湘湖野趣、自然，像一位清纯貌美的村姑。湘湖是萧然大地的游览胜地。清代诗人毛万龄《湘湖》诗曰："遍历吾乡胜，湘湖景更幽。"

　　湘湖，美在山水相依、湖山拱翠的自然风貌。群山环抱的湘湖，形成"山绕湖转、湖傍山走，山中藏湖、湖中有山，山水交融、湖山争辉"的格局，风景如画，美不胜收。"湘湖八景"等名胜古迹，为湘湖锦上添花。

　　湘湖，美在湖天一色、一镜容天的壮观场景，古湘湖湖面达37002亩。修建湘湖的杨时望湖、游湖、赞湖，留下诗句："湖光写出千峰秀，天影融成十里秋"（《望湖楼晚眺》），"平湖净无澜，天容水中焕。浮舟跨云行，冉冉蹑星汉"（《新湖夜行》）。新湖的美景让他陶醉。明代以来，湘湖绿水白云的景观被称为"湘湖云影"，是"萧

跨湖桥遗址博物馆

山八景"的第一景。明清文人常以萧山八景之一"湘湖云影"为题咏诗。清代何鉴诗曰:"湖水碧连天,上下都一色。夏云峰更奇,秋云罗似织。霞飞万顷红,雨来千嶂黑。"明代倪朝宾诗曰:"晓杂流霞波织锦,夜笼明月浪翻银。"随四季晴雨、昼夜更替,湘湖云影景色变幻,充满诗情画意。

萧山八千年(跨湖桥遗址)

湘湖,美在历史文化的深厚底蕴。水流云在,白云伴随湘湖,也见证了发生在这里的历史人文故事。今天,面对一湖新水,我们仿佛进入了时空隧道,看到华夏文明之光——八千年前的跨湖桥人用弓钻取火,驾独木舟探海;看到两千五百年前吴越争雄的刀光剑影:范蠡屯兵操练大船军,句践临水祖道别群臣,西施离越此地换舞衣;看到萧山老乡贺知章从文笔峰下"晓发",入京高中状元,五十年后回乡又写出了《回乡偶书》,留下文坛佳话;看到九百年前邑令杨时顺应民意,筑堤成湖,惠泽百姓的壮举;看到五百多年前魏骥等湖贤清占复湖的艰辛;也看到周易藻在"辛庐"伏案编撰《萧山湘湖志》的用心。

"涵虚天镜落灵湖。"镜湖重开,新水涵天,云影映波,变幻无穷。新湘湖已成为"国家4A级旅游景区"和浙江省首个"中国休闲旅游最佳目的地"。而"湘湖云影"又是最具标志性的景点。为此,推介"湘湖云影"景点为"萧山十景"之一,让"湘湖云影"重现昔日萧山第一景的光彩。

121

湘湖圆梦十年记

2013年，是北宋萧山县令杨时顺应民意建成湘湖900周年，是萧山区人民政府决定实施湘湖保护与开发工程建设10周年，也是浙江湘湖旅游度假区管理委员会成立10周年。

湘湖是萧山人民的母亲湖。萧山人民对湘湖怀有深厚的情感。20世纪末期，面对半是农田、工厂，半是泥塘、河流，已名不副实的湘湖，如何更好地利用湘湖的土地资源问题，已历史性地摆到政府和人民的面前。随着经济社会的发展，杭州市提出了跨江发展、沿江发展的新思路，萧山需要开发利用湘湖的资源，搞休闲度假，发展第三产业势在必行。古湘湖迎来了转型发展的新机遇。

1990—2002年，是湘湖保护与开发的准备阶段。1989年12月，越王城遗址被公布为浙江省省级文物保护单位。1990年6月，湘湖发现了跨湖桥遗址。两大遗址所代表的古越文化和跨湖桥文化，丰富了湘湖的文化内涵。1992年9月，《中共萧山市委、萧山市人民政府关于加快发展第三产业的决定》提出"开发湘湖旅游资源"。1993—1994年，萧山市人民政府发文同意湖山村村委"转制"和村民"农转非"，市土管局依法将原属湘湖村的土地全部收归国有，市劳动局为村办企业办理了由"村办"转为"市属大集体"的有关手续，市城建局委托完成了对湘湖地区的地形测绘。1995年9月，省政府批复同意建立浙江湘湖旅游度假区。1996年9月，浙江湘湖旅游度假区总体规划通过专家评审。1999年4月，杭州宋城集团投资的杭州乐园正式开园。1999年8月，中外合资杭州东方文化园动工兴建。2001年，浙江万达集团投资的世外桃源旅游项目动工兴建。萧山市民也纷纷提出恢复湘湖湖面，呼吁"还湖于民"。2002年8月，世界休闲组织理事会决定，在杭州湘湖举办2006杭州世界休闲博览会。

2003年1—8月，是湘湖保护与开发的决策期。1月15日，萧山区人大常委会召开主任会议，研究旅游，开发湘湖，特别强调，要高度重视湘湖的保护、开发、利用，统一思想，加强领导，花大力气，下真功夫，把湘湖建成山清水秀的休闲度假胜地。1月17日，杭州市委副书记、萧山区委书记王建满在区第十二次党代会报告中说："湘湖是萧山的历史文脉所在，是主城区最重要的生态环境，要保护和规划建设湘湖，努力使湘湖重现光彩。"3月2日，萧山区区长陈如昉在区十三届人大一次会议《政府工作报告》中，把湘湖保护开发列为2003年为民办好十件实事之一，要求"编制湘湖风景区规划，确定保护范围并严格进行规划控制，启动湘湖的保护和开发工作"。4月9日，萧山区第十三届人大常委会第一次会议通过《关于重点督办要求保护和开发湘湖的代表议案的决定》，要求把湘湖建成一个集自然风光与历史文化于一体的城市中心风景区，真正打造成"北有西湖，南有湘湖"的城市环境品牌。3月，十一届区政协会议的第一份提案是《尊重历史、面对现实、正确定位、着眼未来——关于湘湖保护与开发的几点建议》。7月，区政协向区委、区政府提出《大手笔谋划和实施古湘湖保护开发的调研报告》。

　　2003年8月15日，中共杭州市萧山区委决定，设立湘湖旅游度假区管理委员会。8月19日下午，浙江湘湖旅游度假区管理委员会正式成立，负责实施湘湖的保护和开发建设，由湘湖保护与开发领导小组直接领导。二期工程建设还建立了工程建设指挥部。

　　湘湖保护与开发，首先在2004年4月，编制了《萧山湘湖区块控制性规划》，决定以"历史文化湘湖、自然生态湘湖、休闲度假湘湖"为理念，分三期进行工程建设。接着又分期编制了《修建性详细规划》，完成了湖堤、湖岸和景观设计。

　　湘湖保护与开发，涉及用地指标、土地收储、民房和单位拆迁安置、防洪、供水和排水、文化遗址保护与风景区建设、资金筹措与安排等，是一项十分复杂的系统工程。2005年8月，萧山区抽调

108名干部帮助开展湘湖征迁工作。湘湖保护与开发，得到了有关市民和企业的理解与支持，顺利完成了征迁工作，保证工程建设得以顺利进行。

湘湖保护与开发启动区块一期工程建设，从2005年3月8日湖堤、湖岸工程开工，经过十一个月建设，恢复湘湖水面1200亩（合80万平方米），使湘湖重现"一湖秀水、两岸青山"的美景，新湘湖景区在2006年4月22日第一届世界休闲博览会开幕前夕，正式开园。再通过启动区块二期工程建设，恢复湖面600亩（合40万平方米），使新湘湖面积达到了1.2平方千米，并建成了北岸景观带、少儿公园（杭州极地海洋世界）和跨湖桥遗址公园。2008年，湘湖成为国家4A级旅游景区，还被评为中国百强旅游景区。

2009年，湘湖启动区块又有下孙文化村、燕尔婚庆园和跨湖桥遗址博物馆等景点建成开放。湘湖以其"良好的旅游度假资源、深远的旅游文化影响"，荣获"中国最佳旅游度假胜地"称号。

2009年开始实施的湘湖二期工程建设，到2011年9月17日第二届世界休闲博览会开幕前建成开园，又恢复湖面2平方千米，建成52座桥梁、105万平方米面积的景观绿化。

湘湖建设者发挥"勇立潮头、奔竞不息"的萧山精神，克难攻坚，真情实干，经过十年的建设，到2013年，湘湖已恢复湖面3.2平方千米。浙江湘湖旅游度假区已被评为国家4A级旅游景区，度假区内另外还有杭州乐园、东方文化园、杭州极地海洋公园等3个国家4A级旅游景区，形成了城山怀古、湘浦观鱼、跨湖桥遗址博物馆、下孙文化村、金沙戏水、音乐喷泉等50余个景点和8个游船码头以及6条水上交通线，建成了17千米的环湖景观道、15千米步行道、10千米电瓶车和自行车骑游观光道路等景区微循环道路，建成70余座具有江南水乡特色的桥梁、13个停车场近4000个停车位，建造了越风楼、跨湖楼、湘湖渔村、湘溢楼、茗醉园、美食广场等富有地方特色的餐饮茶楼，以及第一世界大酒店、世外桃源皇冠假日酒店、太虚湖酒店、湖滨楼等高规格的休闲度假设施。截至 2012 年年底，浙江湘湖旅游度假区共接待游客 2600 余万人次，获得国内外游客的广泛好评。

  湘湖三期是圆梦湘湖的收官之作。2013 年开始实施三期工程建设，按工作部署，大干三年，确保 2016 年 10 月 1 日前三期建成开放。又恢复湖面 2.9 平方千米，建成定山广场等景区，湘湖旅游度假区面积达到 35 平方千米，其中湖面面积为 6.1 平方千米。

  湘湖保护与开发，保护了萧山人民的母亲湖，美化了杭州西湖的姐妹湖，使湘湖从萧山走向全国，走向世界，将对萧山经济社会的发展产生深远的影响。

湘湖景名与楹联

　　景名、匾额与楹联，可展示景区的文化内涵。始终参与湘湖景点、匾额命名和楹联评审的省诗词楹联学会常务副会长王漱居先生说，景名、匾额像人的眉毛，楹联像人的眼睛。这个比喻确实很形象。眉毛显示神韵，眼睛展示心灵。景点如果没有名称、匾额，就缺乏神气；没有楹联，就会失去灵气。景点正是通过景名、匾额和楹联来展示其历史文化和自然风景特色。游客也是通过景名、匾额和楹联来了解和记住景点。因此，可以说，景名、匾额和楹联是游客的第二导游，它会无声地向游客诉说景点历史文化和自然风光。

　　湘湖保护与开发工程建设，除了恢复湖面和湖岸建设，就是大量的亭阁、牌坊、堤桥等景观建设，游客中心、游船码头、度假酒店等旅游设施建设和广场草坪、观鱼戏水等休闲、游乐场地建设。这些建筑和设施都需要命名，有的还需配上相应的楹联，以展示景点的自然风貌和文化内涵。

　　在确定启动区块一期工程建设的景点名称和有关楹联时，首先向萧山区市民征集景名和楹联，得到广大市民的积极响应，经省诗词楹联学会专家评审后，再公示征询意见，最终确定景名与楹联，这取得了较好的效果。如征集时采用市民"恢复湘湖边原有望湖桥"的建议，将湘堤上第二座桥命名为望湖桥。公示后，又根据市民"湘堤上的咏柳桥与江寺公园的桥重名"，最后定名为迎柳桥。湘湖原有的跨湖桥和三善桥、仙人桥，原址重建后都采用原桥名。湘湖水漾坞口还有一座叫锁龙桥的老桥。当地村民说，锁龙桥为石板桥，由3块宽0.5米、厚0.3米、长3.5米的石板，架在两端石桥墩上而成，靠水漾坞侧石板中央有"锁龙桥"三字。后来在筑路时石板被填埋在下面。《萧山湘湖志》也未见有关锁龙桥的记载，不知锁龙桥始建年代及何以命名，只是在水漾坞内倒确有一座龙头山。中华民族是龙的传人，若再称锁龙桥显然不妥，最后将这里重建的车行大桥命名为飞龙桥，寓意中华民族巨龙腾飞。水漾坞口建了飞龙桥，也为湘湖二期桥梁命名提供了合理的选择。湘湖二期老虎洞山麓景区建了许多桥，为方便桥名记忆，决定采用十二生肖为这些桥梁命名，结果发现只有十一座桥。我当时就说，水漾坞口不是已经有了一座飞龙桥，正好组合成十二生肖桥。

湘湖一期工程，重建了一些湘湖老景点，也新建了许多人文景观。在城山广场重建了原湘湖八景之一的"龙井双涌"和"城山怀古"景点。城山怀古牌坊建在湘湖边。面山的匾额为"城山怀古"，有两副楹联，主联体现城山怀古的主题，副联反映春秋时期吴越征战时句践、范蠡、文种、西施等人文历史。牌坊面水的匾额为"水流云在"，意为时光如水流，浮云依然在，是对湘湖山水和历史遗存的高度概括。牌坊边还新建了祖道亭，展示越王句践临水祖道、入吴为奴的历史；新建了大夫范蠡操练越国大船军的点将台。还在湘堤边新建了湘浦观鱼景点。

湘湖一期工程建设时，正当萧绍地区农村拆旧建新房之时，收购的大量老石板，用来建城山广场、下孙古村、景区游步道、游船船埠和亭廊等，为景区平添一份古韵。

湘湖景区匾额与楹联，邀请了国内、省内书法名家题写。景区巨石、牌坊匾额"湘湖"二字，就是采用著名书法家陆俨少先生为《湘湖》杂志的题字。

纪念杨时筑湘湖

湘湖，灌溉农田，造福百姓。萧山百姓敬仰创建湘湖的萧山县令杨时，以各种形式纪念这位一心为民的地方官。

《杨龟山[①]先生集·行状略》就记载了杨时"知越州萧山县，萧山之人，闻先生名，不治自化，人人图画先生形像，就家祠焉"。杨时筑湘湖，百姓感其恩惠，都画了图像在家祭祀，还在湘湖边建了杨长官祠。

湘湖灌区新义乡，因地势较高，在灌溉河道建天昌、潋堰两闸，灌溉期间封闸蓄水，禁止船只通行，以利农田灌溉。潋堰闸作为湘湖水利配套设施，成了新义乡一带农田分享湘湖水利、农业丰收的保障。百姓为感念杨时，在潋堰闸旁立庙祭祀，杨时官至龙图阁直学士，故民间俗称龙图庙。

明洪武年间（1368—1398），萧山县令张懋以"杨（时）赵（善济）顾（冲）郭（渊明）四公于湘湖虽创继不同，同一利民之心，蒙其惠，仰其德"，在湘湖边建杨赵顾郭四公祠，名为四长官祠，春秋祭祀。

明代南京吏部尚书魏骥告老还乡后，与儿子魏完在四长官祠旧址复建其祠，成化年间（1465—1487），朝廷从萧山邑民之请，宪宗皇帝赐额"德惠祠"，春秋祭祀。后来又在德惠祠旁建道南祠。明嘉靖年间（1522—1566），朝廷下旨，在萧山县城衙门前建杨令牌坊，以彰杨时施德于民，惠泽百姓。牌坊上方正中镌"圣旨"两字，横额镌"敕建宋萧山县令龙图阁直学士谥文靖杨时之坊"，中间石柱楹联镌"眼前百姓即儿孙，留得儿孙地步；堂上一官称父母，还他父母心肠"。楹联石柱残件今存萧山博物馆。

---

① 杨时晚年隐居龟山，人称龟山先生。

湘湖保护与开发工程建设，恢复了6.1平方千米湖面，但湘湖的功能从以前水利灌溉转变为休闲旅游。在景区建设中，许多景点都体现了萧山人民对杨时的纪念。

在新湘湖湘堤的东北端，建有忆杨亭，为纪念北宋政和二年（1112），萧山县令杨时修筑湘湖而名。在湘堤中间有"一镜容天"亭榭，楹联采用杨时《望湖楼晚眺》诗句："湖光写出千峰秀，天影融成十里秋。"湘堤西南端有座卧虹桥，桥的南侧有副楹联："雪映程门垂作范；霞飞萧邑化为桥。"意涵程门立雪主人公之一、宋代萧山县令杨时筑堤建湘湖，惠及百姓。萧山人民以此作范，建造了形似彩虹的卧虹桥。

在湘湖二期工程建设中，修建了一条东西向的湖堤，为纪念杨时修筑湘湖而名杨堤。杨堤东端入口南侧，建有杨时塑像，为纪念杨时修建湘湖900周年而立。杨堤上建有一亭三桥。有净澜亭，取意杨时《新湖夜行》诗句"平湖净无澜"而名。有立雪桥，取意杨时与同学游酢（曾任萧山县尉）"程门立雪"的典故。立雪桥上其中一副楹联是："飞雪程门怀二子；蓄流杨令颂千秋。"上联说，游客到湘湖，当然会怀念"程门立雪"的主人公杨时和游酢；下联说，萧山县令杨时筑湘湖，蓄水灌溉农田，惠泽百姓，被后世称颂。有道南桥，取意杨时学成南归时，其师程颢"吾道南矣"语，为纪念杨时在萧山传道给罗从彦而名。道南桥上其中一副楹联是："洛水清流传理学；萧山美誉振家声。"上联说，程颢、程颐在洛河边传授理学；下联说，二程的弟子杨时任萧山县令时，筑湘湖，传理学，令人赞美，也振奋了杨家声誉。有座德惠桥，为纪念朝廷赐额德惠祠，祭祀杨时、魏骥而名。

湘湖二期与三期区块之间湘湖路上，建有一座二十一孔车行石桥，为纪念杨时在北宋政和年间（1111—1118）修筑湘湖，取名政和桥，也寓意21世纪"政通人和"之意。

新湘湖纪念杨时的有关景点名称和楹联，传承和弘扬了湘湖农耕水利文化，也包含了萧山人民对杨时的深情怀念。

湖山拱翠风景幽

清代萧山人毛万龄《湘湖》诗曰："遍历吾乡胜，湘湖景更幽。"古湘湖，美在山水相依、湖山拱翠的自然风貌，美在湖天一色、一镜容天的壮观场景，确是一处游览胜地。

湘湖，水以山而奇丽，山以水而灵秀，湘湖山水是大自然赐予萧然大地的瑰宝。富春江、浦阳江、钱塘江在这里三江汇流；浙西天目山潜渡钱塘江入萧山的余脉，与富春龙门山延伸的支脉在此地，两山对峙，拱绕湘湖；另有小山耸立湖中，形成"山抱水、水环山，山绕湖转、湖傍山走，山中藏湖、湖中有山，山水交融、湖山争辉"的自然格局。清康熙三十七年（1698），邑令金以培在湘湖所题摩崖"湖山拱翠"，正是湘湖绿水青山的真实写照。

湘湖，山水相依，山清水秀。湘湖边两座山岭，自西南至东北，蜿蜒起伏。湖西北，是天目山余脉的老虎洞山，经青山（又称连山）、美女山、狮子山、象山、万罗伞山、越王城山、扳罾山、王家坞山、龙头山至龟山，形成大、小王坞和井山湖、水漾湖两个山中之湖。湖东南，是龙门山支脉的石岩山，经碑牌岭、柴岭山至萧然山（又称西山），形成罗家坞、徐家坞、金家坞、小窑里坞、大窑里坞、四坞、三坞、二坞、头坞等十余个山坞。菊花山、蒙山屏障东北，木尖山、瓜藤山、糠金山、杨岐山、历山等拱护西南，环拥湘湖。压乌山、定山、眉山、荷山、邋遢山、木碗山、箬獭山、珠山和石井山等九座湖中小山，形态各异，有的似翠荷浮水，有的似鹭鸥眠沙，有的似镜中云鬟、黛眉，美妙无比。

北宋政和二年（1112），萧山县令杨时顺应民意，在南北筑两条堤坝建成湘湖。明嘉靖三十三年（1554），邑人、中书舍人孙学思为沟通南北两岸往来，在湖的狭腰处筑堤建造了跨湖桥，桥西南为上湘湖，桥东北为下湘湖。下湘湖曲而长；上湘湖开且荡，湖面为下湘湖的3倍。作为人造蓄水库，湘湖蓄洪防旱，灌溉周边农田。

由于自然和历史原因，湘湖湖面逐年缩小，到20世纪末，已经演变成一条自来水厂的输水河道及剩下几块面积较大的水域和制砖取泥后留下的许多深坑洼地。进入21世纪以来，随着杭州由"西湖时代"向"钱塘江时代"迈进，萧山划归杭州市区，湘湖迎来了第二次新生的机遇。2003年，杭州市萧山区人民政府启动了湘湖保护与开发工程，经过三期工程建设，到2016年9月末，恢复湘湖湖面6.1平方千米，与6.38平方千米的西湖大小相当。

湘湖新水涵天，镜湖重开，涵虚天镜，再落灵湖。重现云影映波的新湘湖，湖山拱翠风景幽，正以国家4A级旅游景区和湘湖国家旅游度假区的新姿，迎接国内外游客前来休闲度假。

四亭桥

一百零八湘湖桥

　　湘湖，作为一个灌溉农田的水库，起初湖区一直没有桥梁，因为没有必要，也不容许占地建桥。直到建湖四百多年后，迁居湖边的居民人口增加，形成了许多村落，为方便通行，在明嘉靖三十三年（1554），由湖里孙村人、中书孙学思在湘湖狭腰处，首建跨湖桥，以后又在山坞（湖）通湘湖出口处，建造了锁龙桥、仙人桥和三善桥。湘湖实施保护与开发建设，水利湘湖转变为旅游湘湖，在湖中和湖边景区重建和新建了无数桥梁，用作车行、人行和游客亲水游道。

　　当初，谁也不知道要在湘湖景区建多少座桥梁。湘湖按三期工

程设计和建设，根据湘湖的地形地貌、历史文化和景区旅游要求，建造了各种类型的桥梁。三期工程建设完成后，对建造的桥梁数量作了统计。杨堤以北的一期工程建了27座，杨堤和湘湖路堤之间的二期工程建了42座，湘湖路堤东南的三期工程建了39座，新湘湖总共建了108座桥。巧的是在湘湖保护与开发建设中，已出现过108这个数字。在2005年6月8日，萧山区组织部门从各机关、单位抽调帮助开展征迁工作的干部人数就是108名，被戏称为108将。实际上，湘湖景区共建了109座桥。其中被称为湘湖第一桥的跨湖桥建了两座：一座是五孔车行石拱跨湖之桥；另一座是在跨湖桥原址，按民国二十三年（1934）6月《萧山县名胜纪略》所载古跨湖桥重建的单孔石拱桥，桥的一端与西岸相通，另一端在湖中，并不

跨湖桥（浙江湘湖旅游度假区管理委员会提供）

"跨湖"，作为古跨湖桥景观，故不计入桥的总数之中。

湘湖桥梁丰富多彩，千姿百态。湘湖有跨湖堤桥和景观桥。6座跨湖堤中，湘堤有拥岚桥、望湖桥、引鹭桥、迎柳桥、枕流桥和卧虹桥等6座。卧虹桥高4.3米，为湘堤最高桥。越堤有梦湖桥、越王桥、定澜桥、采莲桥、浣月桥、织翠桥、藕芳桥等7座，其中梦湖桥、定澜桥为拱梁组合石桥。跨湖堤上有跨湖桥，此桥仿古。杨公堤上有立雪桥、道南桥和德惠桥等3座。湘湖路堤有德风桥、政和桥和四亭桥，政和桥为二十一孔桥，桥长210米，高12.71米，为全湖最长、最高、桥孔最多的桥梁。贺公堤上有拂浪桥、踏雪桥、问客桥、映雪桥、文笔桥等5座。比较集中的景观桥区，主要有湖山广场的云洲敛翠景区7座、青浦问莼景区7座、狮子山麓湿地景区6座、连山山麓生肖桥11座和湖西南九乡桥等。

湘湖桥梁大多是石桥，也有木结构桥，如倚秀桥、藏韵桥，还有一座石板平桥加木扶栏的藕芳桥。

湘湖桥梁大多是新建的石桥，只有跨湖桥、仙人桥、三善桥按古桥名原址重建，也有异地重建的望湖桥，还有在原址重建由锁龙桥改名的飞龙桥。

湘湖有拱桥，单孔桥如卧虹桥、越王桥等，三孔桥如拥岚桥、德风桥等，五孔桥如跨湖桥，最多二十一孔桥是政和桥，也有平桥如敛翠桥等，又有拱梁组合桥如梦湖桥、定澜桥等，还有曲桥如文曲桥、荷花庄曲桥等。

湘湖有亭桥，如迎柳桥、尚书桥、四亭桥等，还有廊桥，如逍遥梁、采莲桥等。

湘湖有索桥，如求索桥，也有仿古纤道，还有碇步桥，光有石磴，没有石梁，靠碇步，即水上步石，通过不深的水面。

湘湖桥梁太多，要取一个有文化内涵的桥名，确实不太容易，也难以记忆。在讨论确定桥名时，对一个景区成组桥梁，就用一组名称来命名，如用湘湖灌溉区九乡命名，就比较容易记忆；还有用十二生肖命名的金鼠桥、牵牛桥、卧虎桥、玉兔桥、腾蛇桥、天马桥、吉羊桥、神猴桥、闻鸡桥、灵犬桥、宝猪桥，以吸引游客寻找本人生肖的生肖桥，增加旅游的趣味性。但问题是二期区块这一组景观桥，只有11座，好在一期区块已将锁龙桥改名为飞龙桥。这样二期十二生肖桥中，飞龙桥到一期也就合理了。湘湖桥梁实在太多，桥梁命名时还取了重命。在一期区块孙氏宗祠前有一座平桥，以孙氏先辈孙康"映雪夜读"的典故，取名映雪桥，并已向民政局地名办上报批准，后在三期区块贺公堤上又命名了一座映雪桥，此桥应重新命名。

江南水乡的各种桥梁，在新湘湖应有尽有。新湘湖确实成了江南水乡桥梁博物馆。湘湖桥梁，连古通今，传承和弘扬了江南桥梁文化，成了湘湖景区的一个特色旅游品牌。

飞龙桥

元宵冬泳表演赛

　　湘湖景区开放后,迎来了第一个新春佳节。在讨论安排新湘湖闹元宵活动的会议上,我说起西湖在每年元旦和正月初二都会举行冬泳表演赛,萧山南门江也举办过元宵冬泳表演活动,吸引市民观看,人山人海,热闹非凡,盛况空前,建议元宵在湘湖也能举办冬泳表演赛。这得到了一致赞同,并请萧山区游泳协会冬泳队负责人到湘湖管委会具体商量,还去现场查看,组织落实。

　　2007年3月4日,首届湘湖元宵冬泳表演赛在湘堤"一镜容天"景区揭开帷幕。比赛起点设在忆杨亭,终点在下孙遗址半岛,赛程为280米。首先按年龄段分组进行畅游表演赛,接着有8个冬泳队展开4×280米接力赛。每个队由1位女队员和3位男队员组成。我也代表湘湖管委会队参加了接力赛。当天水温6.5℃,100余名冬泳健儿,腰系彩色气球,在新恢复的萧山"母亲湖"上,你追我赶,激烈竞渡。湘堤上、湖岸边有数千名观众在呐喊助威,场面十分壮观,令人难以忘怀。

　　湘湖冬泳闹元宵出了名,来自全省各地近200名冬泳爱好者参加了"湘湖杯"第二届元宵冬泳表演赛。比赛活动新增设了"追鱼趣味赛"。当鳍背上系着浮球牵引线的一尾尾大鲤鱼放入湖中后,岸边的冬泳选手向飘浮着的彩色气球追去,最终大鲤鱼都成了泳者的战利品。第三届元宵冬泳表演赛,有来自杭州、绍兴、嘉兴、金华等地区12支冬泳队400多人参赛。接力赛改为10×280米,每队派2位女队员、8位男队员参赛。趣味比赛改为抓鸭子比赛。当天下午比赛时,湘湖岸边,里三层外三层站满了近万名观众,湘湖上空响彻观众的加油声、亲属的助威声和队友的鼓励声,场面热闹,激动人心,在抓鱼比赛时达到了高潮。第四届元宵冬泳表演赛,有本省和安徽省等 7 支冬泳队，共 500 余人参赛。

　　第五届"湘湖杯"元宵冬泳表演赛，改在活动范围更大的城山广场湖面举行，有 15 支冬泳队的 520 名冬泳健儿参赛。比赛场地像 50 米标准游泳池一样，用浮球拉成 8 个赛道。畅游在赛道外侧进行，从一侧下水，绕赛道游，到另一侧上岸，全程 150 余米。参加畅游年龄最大的是 81 岁的周企圣先生和 80 岁的范胜东先生。当天雪花飞舞，水温仅 6℃，但这丝毫没有影响冬泳队员的参赛热情和比赛活动的热闹程度。畅游结束后，还进行了新增设的水上拔河比赛。

　　2012 年，湘湖二期区块已建成开放，第六届元宵冬泳表演赛，在湖山广场湖面举行，有 27 支冬泳队的 700 多人参赛。一位来自英国的小伙子第一次来湘湖参加畅游表演赛。第七届冬泳表演赛，改在杨堤入口的湖面举行，有 31 支冬泳队的近千人参赛。除了传统的接力赛和畅游，还增设了"夫妻"争先游。第八届在湘湖三期区块新建成的金沙戏水景区露天游泳池举行接力赛，在附近湖面进行畅游表演赛。第九至十一届冬泳赛，在湘湖老虎洞游客中心湘湖牌坊后的湖面举行。

　　湘湖三期区块全面建成后，2018 年的元宵冬泳赛，有来自浙江、上海、江苏及境外（美国、英国、波兰）等地 800 余名国内外冬泳爱好者参赛。比赛活动定名为"湘湖杯第十二届国际元宵冬泳表演赛"，我连续参加了 12 届湘湖元宵冬泳赛。

　　湘湖元宵冬泳表演赛，作为湘湖休闲运动的传统项目，吸引国内外冬泳爱好者和许多游客前来参赛、观看，可望成为湘湖打响"休闲度假"品牌的一个重要载体。

湘湖泉水清又甜

湘湖湖边两山对峙。湖的西北是天目山余脉，有越王城山、老虎洞山等。湖的东南是龙门山支脉，有萧然山（又称西山）、石岩山等。两边的山水汇入湘湖，供灌溉。两山山体拥有丰富的地下水，有许多天然的井泉和人工挖出的泉井。清甜的湘湖泉水，是湖边居民的饮用水水源，也成了湘湖的古迹和景观。

在西山的净土山麓，有金泉井，旁有金泉井亭，明嘉靖年间（1522—1566）郡守洪珠题亭额。民国《萧山县志稿》记载，金泉井"今尚在，井口方丈，遇旱不竭，远近争汲，途为之塞，甘洌不亚虎跑。西山连绵十里，故泉源甚远"。金泉井泉水甘甜清凉，似虎跑泉，难怪远近居民争相汲取。金泉井一直是附近居民的饮用水水源，直到20世纪末，金泉井处建起了一幢多层楼房。虽然在一楼保存了古井，但这一古迹已遭到破坏，实在可惜。

在石岩山巅先照寺旁有香泉，也是明嘉靖年间（1522—1566）郡守洪珠题书"香泉"两字，镌于井畔岩石上。香泉水，供先照寺僧人饮用。

越王城山山麓，在城山古道入口处，旧有一井泉，与原中孙村孙氏宗祠前的井泉，被《萧山湘湖孙氏宗谱》合称为"龙井双涌"，成为湘湖八景之一。湘湖实施保护与开发以后，因民宅拆迁，龙井双涌景点重建，龙井旁建有亭廊、院门，恢复古井风貌。

在水漾坞口山麓，有一井泉，一直是附近居民的饮用水水源。

在越王城内的岩石上，有"两窍通泉，围不逾尺，冬夏不竭"，被称为佛眼泉。佛眼泉是一处古迹奇观。

在湘湖西北山岭的北面，还有一自然井泉，称为汤家井，是周围居民的饮用水水源。井泉很有名，以致汤家井成了当地的地名。

湘湖泉水清甜好喝。1990年后，有村民由此找到商机，先后在湘湖村和原汤家井的上方各打了深井，开发了矿泉水出售，直到开始湘湖保护与开发建设才停止生产。

为了湘湖的保护与开发建设，湘湖居民以大局为重，搬离了湘湖。但是，许多湘湖居民仍然忘不了湘湖泉的口感，继续骑着自行车或电动车，带着塑料桶，到水漾坞泉井和汤家井去取水。热心的人还为水漾坞泉井装上手压泵，方便人们取水。在湘湖晨练的人，听说湘湖泉好喝，也纷纷加入取水的队伍。取水的人越来越多，取水的时间也变得越来越早，好在湘湖泉水源源不绝，能保证供应。只是有时要等好几个小时，才能取到水。退休的人们也不在乎时间，都会耐心等候。

湘湖泉水清又甜，喝过的人都知道。我从2015年开始，也一直在喝湘湖泉水，这可以说是湘湖情结，但湘湖泉水确实好喝。

湘湖两岸登山行

湘湖重建，恢复了湖面，正是湖山拱翠，美不胜收。明代萧山人蔡友登上净土山，赋诗《望湖亭》："望湖亭上望湘湖，景物开天似画图。两岸好山青嶂列，一泓新水绿罗铺。"诗的意境，仿佛就是当今的新湘湖，只不过明代净土山上的望湖亭早已损毁，在湘湖复湖前，于1993年由萧山天然石材有限公司出资，在越王城东北山巅新建了一座石材望湖亭。如今，湘湖两岸山上也都修建了许多登山游步道，为许多登山爱好者前来湘湖登山观景提供了方便。

我是山区人，一直喜欢登山运动，回到萧山工作后，多次登上西山电视塔山峰和越王城山。湘湖恢复湖面后，我也一直企盼登上湖边两岸山岭，以观看神秘的湖山和新湘湖全貌。湘湖二期恢复湖面后，我先后两次参加萧山冬泳协会组织的攀登西山活动。第一次登山活动在春节前举行。出发地点在西山公园入口亭子，有200多位冬泳人参加。登山活动采用自由行，人们按照树上红飘带指引的方向前行，攀登上山峰，沿着山脊行进，一会儿又是陡峭的下山路。真是上山容易下山难，登山者不得不放慢步伐。就这样攀登、下坡，翻过一个又一个山峰。登山队伍一开始有说有笑，后来就在不知不觉中加快了脚步，变成你追我赶的竞争，在平道和坡度不大的下坡道上，有的开始奔跑。山上树林茂密，环境幽静，只有少数几处山巅高峰才可见到湘湖风光。大家在攀登中也不觉得吃力，很快时间过去两个小时，到达了先照寺、一览亭附近的终点。随后，大家自行沿罗家坞车道下山。登山这天，正好是我的生日，我庆幸过了一个十分有意义的生日。

后来，萧山冬泳协会又在这条登山线路组织了一次登山比赛。起点设在电视塔附近的平台，终点不变，有200余人参加。登山比赛，比的是体力、耐力和技巧。这次登山比赛场面壮观，竞争激烈，给我留下深刻印象。当我和湘湖研究院同事董围栋、傅金祥先生说起攀登西山的经历，他们也想一试。于是我们三人，选择了一个星期天，自带水壶与干粮，从萧然山到石岩山，进行全程攀登，花费了3个多小时。

湘湖三期于2016年10月1日建成开放以后，湘湖管委会又组织了一次老虎洞山至越王城山的登山毅行，有1000余人报名参加。毅行活动，是从闻堰镇政府、湘湖管委会前广场出发，步行到东山头上山，翻过老虎洞山、美女山等，到汤家井下山，再登上象山，至越王城山，再沿着城山古道下山。当天越王城山上，毅行者络绎不绝，热闹非凡。一下子聚集这么多人，恐怕是越王句践保栖固陵以来所罕见的。后来，我又从城山广场登上越王城山，沿山脊向东北攀登，再从山坡北面下山。这样，我终于完成了湘湖两岸山岭的全程攀登。

湘湖山水相依，一镜容天。登上两岸山峰，远望钱江，近观湘湖，美景尽收眼底，一览无余。

湘湖

湖山地下藏文物

　　湘湖山水，地上是美景，地下藏文物。

　　湘湖地区，环境优越，适宜人类生存。八千年前，就有跨湖桥人在这里生活，创造了光辉的跨湖桥文化。自商周以来，湘湖周围先民生活的遗迹和遗存，通过不同形式保留了下来。跨湖桥遗址是被泥沙淤积保存，靠制砖挖泥才露出真容；越王城遗址靠自然植被得以保存，由浙江省文物考古研究所的林华东先生经调查考证发现；而商周以来先民的历史遗存，主要埋藏在湘湖两岸山上的古墓中。

　　湘湖实施保护与开发工程建设前，跨湖桥遗址和下孙遗址已进行了四次考古发掘，出土了大量新石器时代文物。湘湖地下有文物，也引起了工程建设者的重视。在城山广场城山怀古牌坊基础施工前探查时，就发掘出一件古代舂米用的长木杵。但是，湘湖转让地块上的建设，就不会重视对文物的保护了。据说，在湘湖中一处工地施工时，也挖出了独木舟，却被装在污泥中运走了。

　　湘湖两岸的山岭有许多古代墓葬，如无特殊原因，估计一般不太可能去进行考古发掘，但有盗墓贼却先下手盗掘。有10多个盗墓贼，挖开了湘湖东岸柴岭山到蜈蚣山上一个古墓群。2011年3月，发现古墓群被盗掘，墓内不少文物失窃。很快盗墓案件告破，盗墓贼被擒拿归案，珍贵文物被追回。随后杭州市文物考古所与萧山博物馆，组织对古墓群进行了长达十个月的抢救性考古发掘工作，共清理完31个土墩墓、45座墓葬，出土文物包括印纹硬陶器、原始瓷器、泥质陶器、铜铁器和玉石器等708件（组），时间跨度从商代末期到春秋末期。这些土墩墓，类型多样，且都建在高处。在柴岭山顶有一座石室土墩墓，面积160多平方米，墓主可能是西周贵族。也有的土墩墓建在半山腰的平坡上，有越国贵族墓。这里将规划在原址建一个陈列馆展示。

  2017年7月，为保障萧山城区彩虹大道建设需要及湘湖边东湘社区二期安置房建设，有关部门决定使用湘湖茗山、菊花山地块。从9月开始，杭州市考古研究所和萧山博物馆应工程方邀请，对茗山、菊花山上墓葬群，进行了抢救性挖掘，从100多座古墓中，挖出了青铜器、铜镜、陶罐等近千件两汉时期为主的文物。菊花山、茗山是古湘湖名山，分别以多甘菊、奇茗而闻名。两座山都不高，范围也不大，却拥有如此大规模古墓葬群，实属罕见。考古队领队施先生说，抢救性挖掘已经是最后的无奈之举。最好的办法，是修个景点。希望湘湖菊花山有菊，茗山有茗，古迹得到保护，文化得到传承。

  湘湖湖山两次发现古墓群，出土了文物后，2018年萧山区出台了《关于进一步加强文物工作的实施意见》，明确规定湘湖区块跨湖桥遗址、越王城遗址和历史古墓埋藏区内的建设工程，建设单位要报请文物行政部门，进行考古调查、勘探发掘。2019年4月，考古人员对位于蜀山街道的西山进行考古勘探时，发现了一些新石器时代的陶片。经调查论证，判断该区域为距今7000—6000年的马家浜遗址，面积达1.5万平方米，是钱塘江南岸首次发现大规模马家浜遗址，对研究新石器时代人类活动，特别是跨湖桥文化的传承，具有重大意义。

  湘湖是萧山的历史文脉所在。正是湘湖湖山地下埋藏的文物，展示出湘湖历史文脉源远流长，湘湖文化内涵十分丰富。

西湖湘湖姐妹湖

西湖和湘湖是钱塘江孕育的一对姐妹湖。西湖在江北，湘湖在江南，相距不足 15 千米。西湖在州府省城杭州。湘湖在萧山县城西，到 2001 年 3 月，萧山划入杭州城区，才与西湖姐妹团聚。如今，湘湖经过保护与开发建设，恢复湖面 6.1 平方千米，与 6.38 平方千米的西湖面积相当，成为人间天堂又一颗耀眼的明珠。

在历史的长河中，湘湖和西湖的经历不同，所起的作用也不一样。湘湖前身为西城湖，唐宋时期淤塞成湘湖，北宋时期筑堤建成人工湖泊，用以灌溉周边农田。湘湖以水利、农耕、养殖和制砖等造福百姓，过去民间称："湘湖日进一只金元宝。"湘湖山水、古迹也曾吸引历代文人墨客前来游览吟咏。西湖地处杭州。杭州一直是州府、省城所在地，还曾是南宋的京城。得天独厚的地理优势和历史文化，使西湖成了杭州的品牌，治城先治湖，白居易、苏东坡、杨孟瑛等州官都先后对西湖进行疏浚整治，使西湖"淡妆浓抹总相宜"。杭州以西湖而闻名世界，享有"人间天堂"的美誉，成为中外旅游者向往的地方。宋代苏轼有"欲把西湖比西子，淡妆浓抹总相宜"的名句。清代王勉则有"若把湘湖比西子，不知谁是浣纱人"的妙诗。与西湖相比，湘湖野趣、自然、清纯、朴素，似一位美貌的村姑。

西湖湘湖姐妹湖，西湖是妹妹，湘湖是大姐。萧山湘湖划归杭州城区，其功能从农、工业的水利、地利，转为第三产业休闲度假，作为昔日的"村姑"，像西湖妹妹一样进行"淡妆浓抹"，一同向世人展示姐妹湖的风采。

西湖于 2007 年 5 月成为全国首批 5A 级旅游景区。湘湖在 2008 年 4 月，建成国家 4A 级旅游景区，并于 2015 年 10 月成为首批国家级旅游度假区，正在争创国家 5A 级旅游景区。

西湖湘湖似姐妹，景区相似又各具特色。西湖一湖三堤：白堤一堤三桥，苏堤、杨公堤各为一堤六桥。湘湖一湖六堤：跨湖堤一堤一桥，杨堤、湘湖路堤各为一堤三桥，贺公堤为一堤五桥，湘堤一堤六桥，越堤一堤七桥。西湖苏堤六桥中有跨虹桥和锁澜桥。湘湖湘堤有卧虹桥，越堤有定澜桥。西湖采用石砌湖岸与堤岸。湘湖保留了古湘湖自然的土岸。

　　西湖湖中有小瀛洲等小岛。湘湖湖中有掬星岛等小岛，还有眉山、定山、压乌山三座岛山。

　　西湖有古今两组"西湖十景"，湘湖也有古今两组"湘湖八景"，有的景点还恰好对应。如西湖的花港观鱼、曲院风荷、平湖秋月、南屏晚钟，对应湘湖的湘浦观鱼、荷花庄园、跨湖夜月、越城晚钟等。

　　西湖有灵隐寺、慧禅寺。湘湖，山上有先照寺，山下有复兴寺。

　　西湖有号称天下第三泉的虎跑泉。湘湖有金泉井、香泉等。

　　西湖有西湖龙井茶。湘湖有浙江龙井茶。

　　西湖旁有公交车站。湘湖旁为旅游观光专线设置的亭廊式公交车站，古色古香，别具一格。

　　西湖举办过西湖博览会，建有西湖博览会博物馆。湘湖，举办过世界休闲博览会，建有世界旅游博览馆，是世界旅游联盟总部所在地。

　　1928年，由大学院院长蔡元培先生择址杭州西湖湖畔南山路，创立了中国美术学院的前身——国立艺术院。2013年，在中国美术学院建校95周年之际，中国美术学院成立书法学院，启动湘湖校区，以培养硕士、博士研究生为主。

　　西湖，在平湖秋月举办过元旦铁人三项（含冬泳）比赛，在六公园举办过正月初二冬泳比赛和国际马拉松比赛。湘湖，在湘堤、城山广场、湖山广场、定山广场等地，多次举办过"湘湖杯"元宵冬泳表演赛和国际半程马拉松比赛。

湘湖行

　　西湖与湘湖，各具特色，分别是国家级风景名胜区和国家旅游度假区。西湖名声在外，湘湖初出茅庐。目前，每逢小长假期，各地游客直奔西湖而来，在西湖白堤断桥，人山人海，好不热闹。许多游客不知道距西湖不足15千米，在钱塘江南，杭州还有一个湘湖。游客在游览西湖之后，不妨乘地铁，再作湘湖行，一定会有意想不到的感受。

世界旅游博览馆

第四编

二〇〇一年,我从工作单位退休。当时,正值杭州实施跨江、沿江发展战略,萧山撤市设区。我认为改变湘湖面貌的机遇来了。出于对湘湖的情感与梦想,觉得自己应为此尽一份力量。我向蔡锡嘏同学借来了周易藻的《萧山湘湖志》,在全面了解湘湖历史文化的基础上,将湘湖与西湖进行比较和分析,先后撰写了《浅论湘湖的开发与利用》和《对湘湖的认识与保护——再论湘湖的开发与利用》,呼吁「恢复湘湖,开发湘湖」,寄给上级领导参考。湘湖实施保护与开发建设后,我受聘参与湘湖历史文化研究,为湘湖保护与开发服务。

本编《湘湖研究》收录了本人关于《论湘湖的开发与利用》五篇论文和其他有关湘湖文化的研究论文与文章,共计二十篇。

浅论湘湖的开发与利用

千禧之交，以西湖而闻名世界，被誉为"人间天堂"的杭州，已告别"西湖时代"，进入"钱塘江时代"。2001年3月，萧然大地正式划归杭州市，为杭州跨钱塘江发展提供了空间。杭州城市建设正朝着"经济强市、文化名城、现代化国际风景旅游城市"的目标迈进。为实现这一发展目标，杭州将启动"西湖西进"工程：计划在西湖的西面再挖一个西湖，增加水面近千亩，相当于现有西湖湖面的四分之一，使美丽的西湖更迷人。这无疑是杭州城市建设的重大举措。然而，从杭州跨江发展战略看，对萧山湘湖的开发与利用，至今仍存在着一定的认识误区，未能引起有关部门的足够重视。本文将从杭州建设"现代化国际风景旅游城市"的角度，对当今湘湖的开发与利用谈一些粗浅的看法。

一、湘湖与西湖过去开发、利用的比较

湘湖的开发与利用是老题新议，为正确认识并搞好当今湘湖的开发与利用，不妨对过去湘湖与西湖的开发、利用作一比较，以从中得到某些启示。

1. 成湖概况比较。湘湖同杭州西湖一样，原来都是钱塘江的一部分，由于泥沙淤积，钱塘江改道，遂成湖泊。因此，湘湖和西湖是一江所生的一对姐妹湖。

湘湖早在四千年前已成湖泊，后淤成一片高阜地。北宋政和二年（1112），杨时任萧山县令时，废田筑湖。湖面面积约24.7平方千米，周围30余千米，湖形似葫芦，取名"湘湖"。由于自然和人为原因，湘湖面积日渐缩小，据1927年测量表明，全湖面积约比北宋建湖时缩小三分之一。至新中国成立前夕，湘湖面积仅存6.7平方千米。

目前，湘湖只剩淡水养殖场、渔场、两条内河水面及砖瓦厂部分泥塘灌水还湖后形成的几处零星水域，合计水面面积不足1平方千米，昔日的湘湖景色已荡然无存，干巴巴的制砖取泥深坑已使湘湖徒有虚名。

而西湖直到秦汉时期才成为钱塘江的一个内湖，比湘湖形成晚了近两千年，且其湖面面积亦远小于湘湖。唐代著名诗人白居易任杭州知州时，挖湖筑白堤，其时西湖湖面面积为10.8平方千米，尚不足三四百年以后北宋湘湖湖面面积（24.7平方千米）的一半。但因西湖是州府的所在地，历代都注意对西湖淤泥的清理。北宋杭州知州苏东坡、明代杭州知州杨孟瑛及清代雍正年间（1723—1735）的浙江巡抚阮元，先后动员数十万民工，对西湖进行过多次大规模的疏浚。新中国成立初期及最近，国家出巨资又先后对西湖进行全面的清淤治理。正是这一次次的清淤疏浚，才使西湖至今仍能保持周围15千米、面积达5.6平方千米的湖面水域。从这个意义上看，西湖成湖在自然，保湖全在人为，可以说西湖是人工挖出来的。

2. 开发、利用比较。湘湖和西湖成湖以后，就被域区百姓和地方当局开发、利用，只是开发、利用的目的、方式不同，从而产生了不同的效果。旧时民称："西湖日出一只金元宝，湘湖日进一只金元宝。"这是对西湖和湘湖在社会经济、社会生活中不同作用的通俗评价。

湘湖地处萧山历代县府所在地城厢镇西，距县城约1千米，周围30余千米的湘湖完全被乡村、农田包围。湘湖主要被周边百姓开发、利用，以其湖域水土造福一方百姓。湘湖的开发、利用主要采取以下形式：

（1）蓄水灌田。湘湖历来灌溉着周围14余万亩农田，成为农业丰收的保证。但围湖造田使湖水面积减少，又影响了农田灌溉。为此，历史上对湘湖的开发、利用，主禁主垦之争不断，还不断发生对湘湖的侵占与反侵占的斗争。后随着机电排灌站的建立，引钱塘江水灌溉农田，湘湖就失去了灌溉的水利作用，只起了输水河道的作用。

（2）垦田种植。湘湖淤泥随着岁月沉积，周边百姓"靠湖吃湖"，正好借机围湖造田，数千亩湖水变为良田，养活了一方百姓。

（3）淡水养殖。农民利用湘湖广阔的湖水养殖鱼蟹、莼菜等，成为当地一大副业。

（4）取土制砖。湘湖黏土细腻而韧，是制作砖瓦的优质原料。断水挖湘湖黏土，设窑制砖瓦，即成为明代以来湘湖的一大手工业生产。

（5）环湖秀山、古迹，曾是历代文人墨客临湖吟咏的地方。

与湘湖的情况不同，拥有丰富名胜古迹的西湖，紧靠州府杭州城，而杭州曾是南宋的都城。得天独厚的地理优势和历史，使西湖很自然成了杭州的形象工程。治城先治湖，历史上政绩显著的知州，都曾着力于西湖的疏浚整治，使西湖"淡妆浓抹总相宜"。西湖秀美的景色，加上其人文景观的历史沉淀，使杭州以西湖名闻世界，享有"人间天堂"的美誉，成为中外旅游者向往的地方。因此，西湖的开发利用就比较单一。西湖长期以来就作为国有资源，由政府当局统一开发利用，主要是利用西湖的湖光山色、名胜古迹等丰富的旅游资源，发展旅游业。西湖不光是文人墨客聚会吟诗的场所，也是百姓游玩的好去处，过去"吃麦稀，游西湖"的说法，就是最好的说明。改革开放以来，杭州市打出了"游在杭州"的品牌旅游营销战略，发展了旅游配套设施，使以西湖为重点的杭州旅游业获得了很大发展。据资料统计，1999年，杭州接待境外游客近60万人次，旅游外汇2.37亿美元，境内游客2207万人次，境内旅游收入166亿元人民币，境内外旅游总收入186亿元人民币，相当于杭州市生产总值的15.2%，可见旅游业在杭州经济发展中的地位。

3.从湘湖、西湖开发、利用对比中可以得到两点启示：

（1）湖泊的开发、利用，必须适应当地经济发展，满足当地社会需要。城市湖泊主要用来美化城市，作为旅游景地，满足人们的精神文化需求；而乡间湖泊则主要用来垦殖、灌溉，满足人们生存的物质需求。

（2）城市湖泊的开发利用应有利于城市城建规划发展目标的实施，应经常进行疏浚整治，注意环境保护，在全面整治的基础上，搞好湖泊的综合开发和利用，以合理利用资源，充分发挥资源效能，产生最佳经济效益与社会效益。

二、当前湘湖开发、利用存在的问题

古湘湖的浩瀚水域至今大多沧海变良田，成为湘湖农场等单位的农田、果园和渔场，经营单位依靠优越的自然资源，发展多种经营，获得了良好的经济效益，开发利用已不成问题。我们这里所说湘湖的开发、利用，主要是指按民国十六年（1927）测绘的《湘湖建设计划图》约16平方千米的湖域的开发、利用。目前正在建设的湘湖旅游度假区，是一个开发湘湖的很好构想，但旅游度假区面对一个干涸的湘湖，实在是大煞风景，令人扫兴。

三、合理开发、利用湘湖的意义

21世纪的湘湖，已经成为杭州市区的一部分，作为一个城市湖泊，湘湖的开发、利用事关杭州城建规划的实施，事关杭州旅游经济的发展，事关杭州生态环境的营造，具有重大的经济价值和深远的社会意义。

1. 开发、利用湘湖是实现杭州市"构筑大都市，建设新天堂"宏伟蓝图的需要。杭州市新的城建规划已由围绕西湖建设发展的"西湖时代"跨入了以钱塘江为依托、沿江跨江发展的"钱塘江时代"。笔者以为杭州跨江发展也应围绕湘湖建设发展，湘湖的开发、利用，应发挥昔日西湖的作用。合理开发、利用湘湖，使古湘湖焕发青春，在钱塘江南岸再添一颗明珠，使"人间天堂"更生光辉。

2. 开发、利用湘湖是发展杭州旅游经济的需要。尽管目前湘湖已徒有虚名，但作为杭州的城市湖泊，湘湖应为杭州实现"现代化国际风景旅游城市"的城建目标发挥积极作用，为发展杭州旅游经济服务。人间天堂杭州，已成为国内重要旅游城市，是中外旅游爱好者向往的地方，旅游事业已成为杭州经济中举足轻重的一大支柱产业，旅游业收入已占国内生产总值的 1/6 以上，其比例还有进一步增长的趋势，这是十分可喜的。旅游业的发展，使杭州接待国内外游客数量大幅度增加，特别是去年国务院决定劳动节、国庆节连续休假七天，更为假日旅游提供了方便，使数以百万计的游客涌向"天堂"，一时间杭州各大景点游客爆满，旅游接待告急。作为应急，在五一前杭州提出了旅游西进的策略，意在利用两江（钱塘江、富春江）一湖（千岛湖）丰富的旅游资源，扩充旅游空间。

同时准备启动"西湖西进"工程，将开发西湖湖西近千亩土地为水面，使西湖增加四分之一湖面，据专家估算，这将使杭州每年增加旅游收入 1.65 亿元。可以想象，如果在钱塘江南岸开发一个与西湖面积相当，甚至比西湖还大的湘湖，利用其名胜古迹及现已开发的旅游配套项目，将使杭州旅游空间成倍扩展，为杭州带来更为可观的旅游收入。

3. 开发、利用湘湖，引进湿地生态概念，将改善杭州的生态环境。湿地与森林、海洋一起并称为全球三大生态系统。杭州"西湖西进"工程的一个重要作用，就是借机建造一个"湿地生态公园"，使流水经过湿地将变得更清，鸟儿飞过湿地将筑窝长留，相当于替杭州造一个"肾"。若引钱塘江水，使湘湖灌水还湖，将可营造更大面积的生态湿地，相当于为杭州在钱塘江南再添一个"肾"，从而进一步改善杭州的生态环境。同时，拥有数百万立方米蓄水量的湘湖，还将为杭州城区净化空气、调节气温，并为钱塘江排涝蓄水等发挥一定的作用。

4. 开发建设湘湖，营造一个拥有相当于西湖大小的湖面及风景优美、空气清新的湖区环境，将可为杭州在时机成熟时申办奥运会，提供一个理想的水上竞技项目场所，以提高杭州的国际知名度。

总之，开发湘湖将对杭州的城市建设和旅游经济发展，产生不可低估的作用。

四、开发、利用湘湖的粗略构想

开发、利用湘湖是一项重大的系统工程，需进行认真的可行性研究，然后作出统一规划，分步实施。本文只就湘湖的开发、利用谈一些粗略的构想，意在抛砖引玉，以期引起社会各界对此的重视与讨论，促成构想成真。

1.开发湘湖，首先要退耕还湖、退窑还湖，争取恢复新中国成立初尚存的一万余亩（约6.7平方千米）湘湖湖水面积。在跨江发展的杭州城区增添一个比西湖还大、一望无际、碧波粼粼的湖面，湘湖旅游度假区的开发才具有实际意义，湘湖对于游客来说才更富魅力。

恢复湘湖水面的工程，主要是挖泥整治，可以分步实施：首先争取将现有零星水域及深泥坑连成整片，引水恢复湖面；再整治大块高地，对适于制砖的地块，可集中招商挖泥制砖，对少数地块，可根据湖区整体规划设作景点。根据可能与需要，湘湖可设置深浅不同的湖区，以实现合理开发，综合利用。

2.有选择地恢复"萧山八景""湘湖八景"等有价值的景点，根据现代旅游的特点与需要增设新景点，整修城山禅寺、洗马池、佛眼泉、湘云寺、一览亭、浮湘阁等古迹及文化遗址。修筑沿山环湖公路和游道，将上述古迹及新旧景点有机地联系起来，形成合理的旅游路线。

3.采用招商引资的方式，选择靠山面湖、风景优美的区块，建造旅游度假村、疗养院及配套的娱乐场所，为国内外游客提供一个清净、舒适的优美环境，吸引游客住下来，享受天堂美景，而不是急匆匆走马观花。这将是湘湖旅游度假区有别于西湖旅游区的一大特色。

4. 利用湘湖制砖挖泥深坑，在灌水还湖前，预先建造水上乐园，作为湘湖旅游度假区的重大特色旅游项目，将使游客游兴大增。

5. 选择广阔的适当水域，营建水上竞技和娱乐设施，作为水上娱乐和日后国内、国际水上运动项目的竞赛场地，以充分发挥湘湖的效用和影响。

6. 实施以旅游为主的综合开发、利用，进一步提高开发、利用湘湖的经济效益。

合理开发、利用湘湖，是时代发展的必然，是实现杭州跨钱塘江发展，"构筑大都市，建设新天堂"、建成"现代化国际风景旅游城市"宏伟目标的需要。建造一个风景优美、环境清新的湘湖，将为"天堂"增辉，并对杭州的城市建设和旅游经济的发展产生不可低估的作用。

2001 年 6 月 26 日

参考文献

1.《萧山县志》，浙江人民出版社，1987 年。
2.《杭州年鉴（2000）》，中华书局，2000 年。

对湘湖的认识与保护

——再论湘湖的开发与利用

【摘　要】湘湖和西湖是钱塘江形成的一对姐妹湖。本文以西湖作镜子对湘湖进行解析，介绍了古湘湖的秀美景色、文明遗存和对人类的贡献；分析了造成湘湖现实遭遇的原因；评价了湘湖在当今杭州建天堂、萧山建强区中的地位和作用；提出了科学规划未来湘湖的意见；建议在湖区建立"湘湖自然风景区"切实保护湘湖。

21世纪之初，一统吴山越水的杭州市从"西湖时代"跨入了"钱塘江时代"。为打造杭州"国际风景旅游城市"的金字招牌，杭州市围绕西湖开始大做文章：启动了"还湖于民、还绿于民"的西湖南线建设工程，进行了雷峰塔遗址探古和重修雷峰塔工程，打算"西湖西进"，使西湖更大、更美，还拟在西溪再造一个"野西湖"。这一系列建设新天堂的举措和设想顺民心，合潮流。所以，笔者很自然从西湖想到了位于钱塘江南萧山区的湘湖，想到了湘湖在天堂的地位和作用，在去年6月有感而发，写了《浅论湘湖的开发与利用》一文，并在小范围呼吁恢复湘湖、开发湘湖，但未能引起有关方面的重视。

然而注重经济效益的企业家慧眼识珠，纷纷看好这片热土，在湘湖周边掀起了房地产开发热潮，从而引起了关心湘湖的有识之士的忧虑与思考，情真意切地向社会有关层面发出了"保护湘湖、开发湘湖"的大声疾呼！

目前，杭州又推出了统称为西湖环境综合保护工程的"西湖西进"工程、新湖滨景区、梅家坞茶文化休闲旅游三大项目的规划方案，征求市民意见。其中的"西湖西进"工程，涉及湖域达4.8平方千米，扩大湖面 400 亩。

　　笔者以为，湘湖和西湖是钱塘江畔人间天堂的两颗明珠，建设大杭州不能不讲湘湖，"发展兴萧山"更应重视湘湖。湘湖与西湖的不同现状和开发上存在的反差，表明要做好湘湖这篇文章，合理开发利用湘湖，重要的是正确认识湘湖，当务之急是保护湘湖。为此，笔者又实地察看了湘湖，并收集了有关湘湖的零星资料，作了调查、了解，本文拟就认识和保护湘湖等有关问题，谈一些粗浅的看法与建议。

　　湘湖和西湖，是八百里钱塘江历经数千年岁月沧桑，孕育而成的一对姐妹湖，湘湖在江南，西湖处江北，隔钱塘江遥相呼应。昔日，不同的地理位置和行政隶属，决定了两湖有着截然不同的经历和对人类作出过不同的贡献；如今，殊途同归，同一地域又决定了两湖具有共同的使命。因此，我们完全可以用西湖作镜子来解析湘湖：认识历史的湘湖，了解现实的湘湖，关心未来的湘湖。

一、正确认识历史的湘湖

　　"不识庐山真面目，只缘身在此山中。"过去，世人只知西湖，少知湘湖。我们可以通过自然风貌、资源利用方面的比较来认识历史的湘湖。

　　1. 湘湖景色赛西湖，文明遗存更丰厚。景色秀美迷人、深涵古迹文明的湘湖比西湖成湖更早、面积更大。第一，湘湖成湖于四千多年前，比秦汉时期才形成的西湖早两千多年，其湖面积亦远大于西湖，据史料推算，北宋时湘湖面积达 24.7 平方千米，反比三四百年前唐代西湖（面积 10.8 平方千米）还大一倍以上。第二，古湘湖景色秀美赛西湖。自然景色以有山有水、山水交融为胜。西湖虽群山远抱，但近只孤山相伴，而湘湖东南西北四周有老虎洞山、美女山、越王城山、龙头山、石岩山和萧然山等六十余座青山环抱绿水，湖中有定山、压乌山、眉山、石井山等九座天然小山，形成"山抱水、水环山，山绕湖转、湖傍山走，山中藏湖、湖中有山，山水交融、湖山争辉"的格局，更有"城山怀古""览亭眺远""光照晨曦""跨湖夜月""杨岐钟声""横塘棹歌""湖心云影""山脚窑烟"等八景点缀湖山之间，清代毛万龄诗赞"遍历吾乡胜，湘湖景更幽"。湘湖因其湖光山色，可与西湖媲美，故别称"赛西湖"。湘湖的美景目前已成为人们的记忆，但在珍贵的《萧山湘湖志》（民国十四年刊本）中，从一幅彩色的《萧山湘湖全图》上，人们不难看到湘湖令人惊叹的昔日风采。第三，湘湖有丰富的历史文化沉积：望湖亭、浮湘阁等十余处古迹；越王句践屯兵与吴兵交战的越王城山；句践寺、湘云寺、先照寺等二十余座古寺庙。湘湖还有反映八千年前古文明、揭开原始人生活面纱的"跨湖桥遗址"。湘湖湖头陈村白马湖一带也曾留下第一次国内革命时期，中国共产党领导农民运动、开展革命斗争的足迹，其领导人、中共地下党长河支部书记来宝坤作为浙江代表，参加了在莫斯科召开的中共第六次全国代表大会……古湘湖的秀美景色和其古代、近代的文明遗存，是建设新天堂和发展兴萧山的宝贵资源和财富。

2. 湘湖默默无闻，造福一方百姓，为人类第一、第二产业的发展作出过重大贡献。湘湖不但景色宜人，而且因地处乡村，作为自然资源以其湖域水土造福一方百姓。周围数十里的湖域是理想的天然水库，可蓄水防涝，可灌溉农田，是周边百姓农作的保证。湘湖还以山水资源，向百姓提供了丰富的土特产，如莼菜、杜父鱼、杨梅、茶叶等，使周边百姓对其深怀情感。在湘湖为人类作出无私奉献的同时，历年泥沙的沉淀和钱塘江决口形成的淤积，也给湘湖造成了岁月创伤，湖面日渐缩小，成了近千年来历代对湘湖"禁垦"之争的焦点，形成了独特的文化沉淀。主垦者主张"罢湖垦种"，只代表地方豪绅和少数官僚的私利；主禁者主张"永禁侵占"湖面，符合广大百姓利益。历代曾有地方官力争维护湖面、奏本皇上获准而深得百姓爱戴。据说当地百姓曾为四位保湖安民的地方官建了神庙而顶礼膜拜。水是农业的命根子，在靠天吃饭的岁月里，湘湖首先以水资源为当地百姓从事第一产业（农业）作出了重大贡献。自从小砾山机电排蓄站建成和扩容以后，毛主席视察杜湖村时关心的湘湖地区水利问题解决了，农业丰收有了保障，湘湖作为天然水库的作用逐渐减弱甚至消失了。（只有其中的白马湖，至今仍作为萧山城区居民生活用水的主要水源在发挥作用。）从此，禁垦不必也不再相争，湘湖湖区泥沙的沉积，自然形成了大片良田，使部分湘湖以"田地"的形式直接为第一产业继续贡献力量。同时，第二产业的兴起，加速了对湘湖的开发力度：湘湖湖泥是烧制砖瓦的上好原料，被人们看好，在湘湖周边办起了浙江省属、杭州市属、萧山县属、城厢镇属和各村属的大大小小十余家砖瓦厂，另外，在湘湖周围还见缝插针办起了市属、镇属及村属十余家工厂，又占湖区土地数百亩。取泥制砖和以湖地办厂是湘湖为解决就业、发展第二产业作出的新贡献。

二、客观了解现实的湘湖

利用湖域办农场、建工厂，发展民生经济，解决温饱问题，无可非议。但农田、工厂蚕食湘湖，使其湖面减少却是不争的事实。取泥制砖本可使湘湖水更深、域更阔，但湘湖的无政府管理状态，使挖泥深坑成了填埋工业和生活垃圾的场所，加快了湖域面积的缩小。断水取泥的结果使湘湖背靠泥土面朝天，成为徒有虚名的空湖，有的只是一群星罗棋布、大小不一的池塘。曾经为人类第一产业和第二产业发展作出过无私奉献，曾是芦苇成片、野鸭成群、水面一望无际的湖光不见了，湘湖像一位身负生活重荷、饱经岁月沧桑的老人。湘湖的现状使人感叹，令人惋惜。而一江之隔的西湖却没有如此的遭遇。西湖因地处州府省城，以其湖光山色吸引四方游客，使杭州成为闻名中外的旅游胜地，被誉为"人间天堂"。西湖山水的国有属性，使保护西湖、美化西湖自然成为一种政府行为：多次疏浚使西湖湖光依旧，而淡妆浓抹使西湖景色更美，从而使西湖好似永放光芒的明珠、永葆青春的美女。从湘湖和西湖现状的对比中，不难看出以下严重问题：一是对湘湖开发只求索取、利用，缺少关心、投入；二是开发只注重短期经济效益，不考虑长远环境保护；三是开发只注意土地利用，忽略了水资源的价值与利用；四是开发各自为政，缺乏政府统管与规划。这值得我们今日深刻反思！

三、公正评价湘湖的现实地位和作用

湘湖的自然风光和古迹遗址，是大自然和古人留给杭州、萧山的宝贵财富，这一宝贵财富使湘湖在"钱塘江时代"的杭州具有特殊的地位和重大的作用。

1.湘湖将为杭州撑起半边天堂。"钱塘江时代"的杭州，正在跨江、沿江建设新天堂。笔者以为，在"钱塘江时代"，由西湖撑起的天堂，只能算以钱塘江为界的半个天堂，是不完整的天堂，要打出"游在杭州、住在杭州、创业在杭州"的品牌，美化西湖、做大西湖固然重要，但更应认识西湖的姐妹湖——"江南明珠"湘湖的价值与地位。人将湘湖比隐士，我看湘湖似村姑。经济发展和城市化的大潮使湘湖成为杭州城区的一部分，村姑亦应进城待装，姐妹湖应比翼齐飞，共筑人间新天堂。湘湖目前虽湖光不再，但山色依旧，只要蓄水复湖，合理开发，湘湖完全可以撑起钱塘江南的另外半个天堂，为新天堂增光添彩。钱江涌潮人称奇，两颗明珠世无双。一江生两湖、两湖夹一江的城市格局与优势，无疑能使杭州独步天下，这是世界上任何一座城市都无法比拟的。

2.湘湖可作为杭州的"地球之肾"。由万余亩蓄水湖面形成湿地生态系统的湘湖，将和西湖一起为净化杭州城区空气、保护生态环境，发挥"地球之肾"的作用，为改善杭州的居住环境、投资环境，发挥不可替代的重要作用。萧山经济发展和城区人口的增加，使城

区空气质量下降，夏天气温升高，今年卫星红外遥感检测显示，萧山已成为杭州市夏季"热岛效应"最明显的三大地区之一。萧山更应科学地开发和利用湘湖，发挥其改善环境的作用。

3. 湘湖地处萧山，是萧山建强区、扬名天下的最好品牌，要使湘湖名副其实，让湘湖走向世界，让世界认识湘湖，用湘湖的品牌加快萧山经济新的增长，使"金字招牌"成色更纯，金光更灿烂。

四、科学规划未来的湘湖

湘湖的开发与利用，事关地区经济发展，影响子孙利益，是一项涉及面很广的系统工程。要充分、合理利用湘湖的自然资源和文化遗存，必须对湘湖进行科学规划，并统筹安排，分步实施。

开发、美化湘湖，规划湘湖的未来，应着重考虑以下问题：

1. 要明确资源利用的重点和开发的目的，以对湘湖规划作出正确定位。在人类三大产业的发展中，湘湖的开发利用经历了三个阶段：第一阶段，是新中国成立以前数千年，主要利用湘湖水资源解决农耕问题，为第一产业服务，为此曾引起过著名的"禁垦之争"。古人造就并美化了湘湖，留下了不少古迹，也留下了不少文人墨客吟咏湘湖的诗篇。第二阶段，是新中国成立以来的半个世纪，为解决温饱问题，主要利用湘湖的土地资源，农垦、制砖，同为第一、第二两大产业的发展作出了贡献。第三阶段，是建设中国特色社会主义以来，湘湖作为旅游资源被利用，湘湖将为第三产业的发展作出新贡献，这是时代赋予湘湖的新使命，也使湘湖旧貌换新颜，获得新的生机。同时，具有丰富水资源的湘湖湿地生态系统，也将为改善和保护环境、美化天堂发挥作用。由此，笔者认为，湘湖规划应定位成"自然风景区"。

2. 要像保护、美化西湖一样来规划、开发湘湖。西湖青山依旧、绿水常在，是前辈和当代政府、人民共同关心、保护的结果，特别是近期，政府更加大了对西湖的保护、美化力度，新规划、新举措层出不穷，如每月换水一次的"西湖活水"工程又即将出台等，使西湖更加环保，更加秀美迷人。杭州保护、开发西湖的经验，可以在规划开发湘湖中发扬，对其中的教训一定要深刻吸取，以免五十年或七十年后再花更大的财力、物力、人力、精力实施环湖贯通工程，还湖于民。

3. 开发湘湖，事关全局，影响面广，应由政府统筹规划、实施。要像西湖一样，将湘湖的文章做大、做好，光靠零敲碎打，修修补补，是成不了气候的。应由政府组织有关部门和专业机构，委托、聘请国内外城市园林规划大师和有关专家作出远景规划，注意征求广大市民的意见和建议，并由政府有关部门组织实施。过去，湘湖规划几易其稿，都因规划定位不准，或考虑欠妥等主客观原因而未能实施，或在开发中造成新的失策之举。将宝贵的湖域土地资源转让给企业开发商兴建住宅区等，结果使湘湖开发一块，封闭一块，将湘湖化整为零，严重影响了湘湖风景的保护、恢复、开发。湘湖应成为一个开放式的"自然风景区"。

4. 湘湖的规划、建设应注意保护深具古文明内涵的"跨湖桥遗址"。跨湖桥遗址出土了许多古人类生活、劳动用具，最近又发现了一条八千年前建造的独木舟。这些都表明，跨湖桥遗址有丰富的古文明遗存，对于研究史前先人的生活、历史，具有极其重要的价值。它和湘湖的自然风景一样，是建天堂和建强区的宝贵财富。应该像余杭建沪杭高速公路避开"良渚文化遗址"一样，保护"跨湖桥遗址"和湘湖的古迹。应考虑让现代建筑与自然风景和古文明保持一定的距离。

5. 湘湖开发资金应以政府统筹为主，同时也应多渠道设法筹集。开发湘湖多次作过规划，但未能实施，主要是资金的问题，而投资大、回收见效慢，又是主要问题。如前所述，既然开发湘湖是一种政府行为，理应由政府投入，政府可以逐年分期地安排一部分税收作为开发资金,也可以通过转让"湘湖风景区"外围土地的收入作投入。只要统筹安排,分期实施,开发还是大有作为的。作为投入资金的补充,还应加大湘湖开发的宣传力度,鼓励企业和个人无偿捐赠,为企业打品牌、作广告提供一定优惠。另外,还可设立保护湘湖建设基金,逐步筹集资金。

6. 湘湖的规划开发应注意四个结合。一是远近结合,既有远景规划,又有切实可行的现行计划;二是经济效益与社会效益相结合,使湘湖的开发既促进经济发展,又改善城市生态环境;三是开发与保护相结合,使规划既有利于资源的开发利用,又能使资源得到永久的保护;四是注意湘湖的封闭保护和开放旅游相结合,既保证湘湖地域不被侵占,又能吸引游客,使湘湖像如今的西湖一样,真正成为广大人民群众游乐的天堂。

五、保护湘湖的几点建议

湘湖的现状和当今建度假区引起湖区建住宅区的热潮,造成了湘湖被进一步吞食的严重态势。这引起了广大群众对湘湖命运的担忧。开发湘湖当务之急是保护湘湖,为此提出以下意见:

1. 应尽快作出湘湖的远景规划和近期开发计划。为保护湘湖,建议划定范围,申报建立"湘湖自然风景区",为日后申报"世界自然风景保护区"创造条件,在世界打响"湘湖"品牌。并通过立法,严禁对保护区的各种侵占。

2. 在湘湖风景区的周围一定范围,建立"湘湖旅游度假区"。"湘湖自然风景区"的建立,将使周边土地升值,是规划旅游度假区的黄金地段,政府可拍卖土地,鼓励开发商投资开发。将"度假区"与"风景区"分开,旅游度假区建设项目规划在保护区之外,有利于风景区的保护。

3. 为建设"湘湖自然风景区"和"旅游度假区",建议政府有计划分批收购农村和单位土地,让风景区成为国有地域,而用转让"度假区"土地的部分所得作为保护、开发"风景区"的资金投入。

　　正确认识湘湖的历史地位和现实开发价值，切实搞好湘湖的保护和开发，对于"建设新天堂"和"发展兴萧山"都具有重大的现实价值和深远的历史意义，以钱塘江为轴线，由姐妹湖——西湖和湘湖携手塑造的新天堂，必将更加为世人所瞩目，成为国内外投资创业、旅游度假的理想天堂。

2002 年 11 月 26 日

参考文献

1.《萧山县志》，浙江人民出版社，1987 年。
2.《萧山城厢镇志》，浙江大学出版社，1989 年。
3. 周易藻编：《萧山湘湖志》，民国十四年（1925）铅印本。

湘湖开发与湘湖文化保护
——三论湘湖的开发与利用

【摘　要】本文结合个人参与湘湖保护与开发的工作实践，就保护湘湖史志文化、水利文化、农耕文化、曲艺文化和旅游文化等问题，提出具体建议，以期对湘湖"双创"（创建国家级旅游度假区和5A级旅游景区）和湘湖旅游开发有所帮助。

【关键词】湘湖开发；湘湖文化保护；具体建议

经过两期工程建设，湘湖保护与开发，已恢复湖面3.2平方千米，让萧山人民圆梦湘湖。

作为旅游度假区的新湘湖，新建了湘浦观鱼、下孙文化村、城山怀古、荷花庄、极地海洋公园、燕尔园、跨湖桥遗址博物馆、音乐喷泉、青浦问莼、金沙戏水及越王城遗址公园等一大批人文景观、自然景观和旅游服务设施，被评为国家4A级旅游景区、中国百强旅游景区。常年蓄水的新湘湖，不仅是杭州江南城区的生态环境、备用水源，还成了长三角后花园、华东会客厅和国内外游客旅游目的地。在湘湖创建国家级旅游度假区和5A级旅游景区之际，组织对湘湖的文化保护与旅游开发问题进行深入研讨，确实非常及时，很有必要。

下面结合本人十多年来对湘湖保护与开发的关注和亲身参与工作的实践与认识，谈谈湘湖开发与湘湖文化保护问题，作为本人为呼吁湘湖复湖而写的《浅论湘湖的开发与利用》（2001年6月）、《对湘湖的认识与保护——再论湘湖的开发与利用》（2002年11月）论文的续篇，供领导决策时参考。

一、重修萧山湘湖志，保护湘湖历史文化

1925年，62岁的周易藻先生"驾一叶扁舟，游览湘湖，穷幽探隐，日夕始返，夜则检查水利诸书，摘录历年卷宗，参互考订，如是者六越月，编成《湘湖志》八卷（外编一卷）"。时任萧山县令、杨时的老乡郭曾甄"乐而为之序"，称："是编之成，非唯萧山人之幸，亦余之幸也。"第二年，为配合郭县令开垦湘湖，便于"后人之查阅"，又编《萧山湘湖续志》一卷，"将主开主禁各种案由，按日而记于后"。周易藻先生的《萧山湘湖志》是一部关于湘湖最完整的志书，为新湘湖的保护与开发提供了历史依据，确实是"萧山人之幸"。

《萧山湘湖志》编纂九十年来，湘湖地区经济社会发生了翻天覆地的变化：浙江省立湘湖师范学校在湘湖创办；湘湖从单一的人工水库逐步发展成农垦、水产养殖基地、砖瓦生产基地，作为母亲湖，为萧山百姓带来了更多的恩惠。湘湖旅游度假区的创设，特别是启动湘湖保护与开发工程后，湘湖开始了新的发展历程，又融入了新的更加丰富的文化内涵。对九百年湘湖近九十年的历史文化进行系统挖掘、整理，接着周易藻先生九十年前开创的工作，重修《萧山湘湖志》就显得十分必要。这是湘湖保护与开发的需要，是湘湖文化保护和旅游开发的需要，亦是关系"萧山人之幸"的大事。经了解，有关部门目前尚无这一打算，才提出个人建议，希望能引起有关部门的重视。

二、保护古湘湖水利遗址，传承湘湖水利文化

古湘湖建造科学，管理严格，使用合理，是一项著名的水利工程。湘湖蓄水防旱，灌溉周边九乡146000余亩农田，造福百姓，惠泽后世，历八百余年而不废，成为国内外学者研究我国水利和社会情况的典型案例。湘湖本身就是一处传承历史的文化遗址，只是无法像跨湖桥遗址和越王城遗址那样采取原址整体保护，但是古湘湖还有不少遗址、遗迹留存至今，如义桥镇横筑塘村的古湘湖塘遗址、

牛埭遗址、赵家坞至金山河道上的天昌闸遗址及灌溉河渠等。这些湘湖水利文化的珍贵遗址、遗迹，一定要保护好，要避免如越王城佛眼泉这样的历史遗迹因建筑受到损坏。佛眼泉在明代嘉靖《萧山县志》有记载：越王城"石上两窍通泉，围不逾杯，深不盈尺，冬夏不竭，曰佛眼泉"。可见佛眼泉是"两窍通泉"，即双泉。但其中之一却被建上了游步道，建议改道修复，使佛眼泉这一重要历史遗迹不至消失。

另外，历史上湘湖禁垦之争持续不断。萧山地方官和当地百姓、热心人士的共同努力，使这个水利共同体维持了八百余年之久。对此，志书、古籍多有记载，但反映禁垦之争最后结果的水利禁碑却一直没有发现。2005年，据萧山第一自来水厂职工吴先生反映：在20世纪80年代，位于萧然山西麓的第一自来水厂内，有一块约2米长、1米宽、0.3米厚两面有碑文的古石碑，正面碑文有"湘湖""周围八十里"等文字，碑座为石龟形。据说石碑平放着，常有人躺在上面午休。后因修筑厂内道路，石碑被道路埋没。根据此古石碑的地理位置、碑座及碑文等分析，这可能是一块见证湘湖禁垦之争的水利禁碑，具有很大的历史文化价值，建议有关部门进行发掘，作为湘湖农耕水利文化的遗存，可在即将重建的德惠祠展示。

德惠祠始建于明初，为祭祀开建和保护湘湖功臣而建。几次毁而改址重建，几次易名，最后称德惠祠。湘湖保护开发规划重建德惠祠，据说祠址最终选在城山广场与荷花庄之间山麓，不知这是出于何种考虑？德惠祠是弘扬湘湖农耕水利文化的重要人文景观，何况德惠祠旁还要建道南书院，文化内涵十分丰富。当年萧山县令杨时建造湘湖时，罗从彦，字仲素，自延平来萧山，受学于杨龟山（杨时，字龟山）先生之门。四年后，同郡人李侗又受学于罗仲素。李侗再传朱熹，形成程朱理学，实现了杨时老师程颢"吾道南矣"的期望。萧山正是被誉为"程氏正宗"理学南传的重要之地。城山广场、荷花庄一带的人文景观和自然景观已经很多，若将文化内涵十分丰富的德惠祠和道南书院建在这里，人文景观就会太集中。为此，建议在新湘湖已建有关景观和历史遗址附近选址。如二期的杨堤，堤上的道南桥、立雪桥、德惠桥，堤端的杨时雕塑像都与纪念杨时有关，靠山的徐家坞有湘湖保护功臣魏骥墓。若德惠祠选址在徐家坞山麓，有关湘湖水利文化的景观、遗址就相对集中，也便于游客游览。

三、开辟旅游观光农庄，传承湘湖农耕文化

湘湖保护开发的理念是"历史文化湘湖、自然生态湘湖、休闲度假湘湖"。其中，历史文化是灵魂，自然生态是基础，而休闲度假和饮用水水源是目的。湘湖文化经历了八千年前的跨湖桥文化、两千五百年前的古越文化和九百年以来的农耕水利文化等发展阶段。到20世纪20年代，随着自然环境和社会现实的变化，湘湖作为一个水利共同体的地位发生了变化，开始了以垦殖为主的大规模开发建设，使湘湖文化又增加了新的内涵。

展示湘湖历史文化的人文景观是湘湖景区旅游的亮点。跨湖桥遗址博物馆、下孙文化村湘湖文化展示馆已于2009年先后建成开放。越王城遗址公园也在最近正式开放。跨湖桥文化和古越文化以遗址原址保护的形式展示。而湘湖农耕水利文化目前仅限于湘湖文化展示馆以图片展示，就显得比较单薄。与现代人关系密切的农耕、水利文化，随着城市化的进行，正在这片土地上淡出，湘湖已处在杭州市城区。城市化的人们又十分留恋给他们带来衣食的农耕生产。建议利用湘湖周边的自然环境，规划数百亩土地，创办休闲农庄，按季节种植不同农作物，以实体传承湘湖农耕水利文化。另外，也可以利用周围山地，以统一经营或承包的方式种植杨梅（白水团）、樱桃、板栗、李（里红出）、柿、茶叶等湘湖山产。游客可以亲自上山采摘、品尝湘湖有名的水果。观光农庄可以设法开辟一些休闲观光、农作体验等收费项目，以增加度假区的客流量和经营收入。

四、组织收费戏台表演，弘扬特色曲艺文化

和西湖一样，湘湖也是不收费的风景旅游区。西湖已建设了一千多年，而湘湖历经沧桑，实施开发建设才十一年，不仅已投入巨额的建设资金，每年维持正常运营的费用也十分可观。目前，度假区的主要收入来源依赖景观房租赁、少儿公园、金沙戏水、音乐喷泉等景点的门票和游览车、船票，收入有限。在这种情况下，设法开辟收费景观点，既有利于增加收入，维持景区正常运营，也可吸引外地旅游公司和导游组团前来旅游。演艺活动是许多景区的收费项目，以演艺促旅游也是旅游企业的成功举措。湘湖风情大道路东边，一个接一个"千古情"的广告，表明演艺给旅游企业带来了实实在在的经济效益。新湘湖也完全有条件开辟收费演艺项目。孙氏宗祠的戏台是过去农村演社戏的地方，现在可用作旅游观光演艺舞台。景区可以组织专门的演艺队伍或外聘专业剧团出演，每日定期举行收费演出，每场表演时间一小时左右。

演出形式采用萧山地方特色的越剧、绍剧和莲花落。演出内容可用传统剧目，也可用反映湘湖历史文化故事的新编节目进行表演。特别需要指出的是，湘湖古诗词中有不少湘湖采莼歌、采菱曲及竹枝词等曲调、词牌，当年曾在湘湖百姓劳作、文人聚会时广为流行，据说曲调委婉，优雅动听，似初期越剧腔调。采莼歌节奏稍慢，采菱曲活泼明快。采莼歌、采菱曲和竹枝词等诗词是湘湖曲艺文化流传至今的瑰宝。这些曲艺的曲调，如能经专业音乐人士挖掘整理出来，重新登上演艺舞台，可望成为湘湖旅游的一大特色景观。

五、设置湘湖古诗石碑，打造旅游文化长廊

历代文人墨客在游览湘湖时留下的许多脍炙人口的诗篇，再现了古湘湖的自然美景，传承了湘湖历史文化。周易藻在编纂《萧山

湘湖志》时,"采择县志所录,旁搜名流专集",专门辑录湘湖题咏(诗词),为卷七。

为传承、弘扬以诗词为载体的湘湖文化,建议选择有关的古诗,在相应的景区景点设置湘湖古诗石碑,从而形成一条旅游文化长廊。如:在城山广场,选唐代李白的《送友人寻越中山水》(诗中有"东海横秦望,西陵绕越台");在越王城山,选宋代华镇的《城山》、明代湘湖孙氏族人孙学思的《越王城吊古》和清代钱霍的《城山》、朱彝尊的《城山和钱六》(钱六即钱霍)等;在杨堤立雪桥畔塑像旁,选古湘湖的创建者杨时的《新湖夜行》、明代保护湘湖功臣魏骥的《咏湘湖》;在忆莼桥畔,选宋代大诗人陆游的《新晴马上》《稽山行(节录)》《渔父》;在重建的平远亭旁,选陆游的学生、诗人苏泂的《湘湖饮平远亭,口占呈邢刍父》;在采莼园,选清代康熙皇帝的《莼赋》(赋序称"莼,生杭之西湖与萧山之湘湖")、明代任四邦的《湘湖》;在下孙船埠,选清代毛万龄的《湘湖》;在老虎洞游客中心"妙造天然"牌坊旁边,选明代刘基的《题湘湖图》;在压乌山湖边,选明代倪朝宾及清代毛万龄、沈士藻、何尚贤、何銮、黄道之、黄元寿等的《湘湖云影——萧山八景之一》;在石岩山,选元代楼立可的《光照庵》(后称先照寺)、明代刘基的《石岩山》以及清代历任礼吏工户部尚书、协办大学士、萧山人汤金钊(字敦甫)的《乙酉冬日从王晚闻师游石岩叠前韵》《宿石岩山先照寺》,王宗炎(字晚闻)的《道光乙酉长至后九日登石岩山次敦甫侍郎韵》等;在古湘湖八景的相应景点,选清代湘湖孙氏族人孙光阳的《龙井双涌》、孙启文的《跨湖春涨》、孙慧公的《水漾鸣蛙》、孙有兴的《湘湖秋月》、孙启山的《尖峰积雪》、孙朝栋的《越城晚钟》、孙朝桂的《柴岭樵歌》和孙允文的《湖中落雁》等。各景点还可以选出许多这样的古诗。

古诗文字可以采用魏碑、楷书或宋体,以便游客识别。石碑统一设计刻制,正面雕刻古诗文,背面作简要说明并介绍作者。湘湖古诗碑的设立,将为游客增添怀古的历史文化氛围,帮助游客了解湘湖的自然生态和历史文化,启迪诗歌爱好者的诗兴,成为新湘湖的又一道风景线。

湘湖开发与湘湖文化保护,任重而道远。"勇立潮头、奔竞不息"的萧山人民一定能将湘湖建成国家级旅游度假区和 5A 级旅游景区,传承和弘扬具有八千年历史的湘湖文化,让湘湖从萧山走向全国,走向世界,使湘湖真正成为国内外游客休闲度假的自然选择。

2015 年 3 月 8 日改

增设人文景观　展示湘湖文化
——四论湘湖的开发与利用

2001年至2002年，我先后撰写两篇论文，呼吁"恢复湘湖，开发湘湖"，寄给萧山区及上级党政领导，得到了杭州市市长和中共萧山区委书记王建满的重视和批示。湘湖实施保护和开发建设后，我有幸受聘参与湘湖文化研究和文化建设工作。其间曾撰写了《三论湘湖的开发与利用》。值此湘湖保护和开发二十年之际，特撰写此文，以供参考。

湘湖，经过保护和开发三期工程建设，已恢复湖面6.1平方千米，重现了古湘湖绿水青山风貌，成为国家4A级旅游景区和国家级旅游度假区。湘湖历史悠久，文化深厚。根据我的了解和认识，还有以下一些与湘湖历史文化有关的人文景观，有待挖掘和增设，以传承、弘扬湘湖文化。

一、重建百年辛庐

辛庐，是清末举人周易藻辛酉年（1921）在湘湖缸窑湾所建的庐舍，"名以纪年"，已历百年。当时正是社会大变革时期，湘湖的功能也面临从"水利"向"地利"的转变。辛庐，是周易藻居住的别墅，周边山水风景秀美，有他自编的辛庐八景，也是周先生与文人好友、地方官员，游览湘湖的聚会场所，留下了蕴含湘湖文化的五副楹联和《辛庐铭》《辛庐记》。

在辛庐的生活经历，使周易藻了解湘湖，也关心湘湖未来的命运。在当时开垦湘湖的呼声中，"著书未成卷"的这位老先生，驾一叶扁舟，游览湘湖，穷幽探隐，日夕始返，夜则检查水利诸书，摘录历年卷宗，参互考订，经过六个多月现场调研和文献查证，编成

《萧山湘湖志》八卷，后又编《萧山湘湖续志》一卷，于1927年付之铅印。萧山县知事郭曾甄"乐而为之序"，称"是编之成，非唯萧山人之幸，亦余之幸也"，应当是《湘湖志》的文史资料，使"郭令开垦湘湖旋即停止"，避免深陷湘湖纠纷不能自拔，才发出"亦余之幸也"的感叹。事实上，周易藻编纂的《萧山湘湖志》，确实是"萧山人之幸"，当时，为1927年开始的湘湖建设提供了参考；八十年后又为湘湖保护和开发工程建设提供了翔实的文史资料。周易藻编纂《湘湖志》的辛庐，虽然在20世纪60年代因建砖瓦厂被拆除，但城厢街道湘湖股份经济合作社在2004年5月21日，仍以周易藻夫人周美荣的名义，颁发了农龄股股数为10、股份额为90的"杭州市萧山区股份经济联合社股权证"。辛庐见证了当代湘湖的变革。周易藻与辛庐，在湘湖历史文化中应占有一定的地位，这也被萧山人和新湘湖建设者认同，位于湖山广场的8位湘湖名人塑像，其中就有编纂《萧山湘湖志》的周易藻；湘湖一期工程，利用湘河堤坝修建的掬星岛，岛上建有三间平房，外形与周易藻编纂《萧山马谷周氏宗谱》所载辛庐相似，被命名为辛庐；辛庐中楹门柱上采用周易藻为辛庐自志门联截句"万里轮蹄销壮志；一奁风月寄闲身"。

  周易藻先生的亲属，听说湘湖掬星岛重建了辛庐，特地向湘湖管委会捐赠了当年周易藻撰写《萧山湘湖志》时使用的桌子、凳子、书箱和毛笔、砚台等书房物品。马谷周氏宗亲周利春也赠送了清光绪己丑年（1889）为周易藻中举人而立的"文魁"匾额，希望在辛庐得以展示。萧山文物收藏者申屠勇剑向湘湖管委会转让了周易藻编纂的《萧山湘湖志》，并赠送了根据宗谱制作的周易藻画像镜框、周易藻书写的一副对联和为《萧山湘湖志》作序的王仁溥题书的字幅。经周易藻族孙周加秋联系，湘湖管委会工作人员还到杭州养老院，探访过周易藻的小女儿。

  位于掬星岛上的辛庐，过去曾作为餐饮馆为湘湖游客提供服务，并未以人文景观展示。捐赠物品一直存放在下孙文化村孙氏宗祠戏台右侧楼上。建在掬星岛上的辛庐，未能展现辛庐应有的文化内涵，确实有名无实。这三楹房屋建于丙戌年（2006），不如改名为丙庐，让其继续作为餐馆为游客服务。建议在湘湖昔日的缸窑湾，重建百年辛庐，展示相关历史文化。

二、迁建陆家墙门

位于古湘湖西南的闻堰镇邱徐埭村，有一座陆家墙门。杭州市规划局将其列入"杭州市第三批历史建筑预备名单"，以杭规函〔2006〕71号文致函萧山区人民政府，认为"该建筑为典型的清代古建筑，其建筑风貌较好，梁架门窗等构件制作工艺精致，雕饰精美，保存较为完整，具有一定的保护价值"。杭州市萧山区人民政府《关于闻堰镇邱徐埭古民宅保护的专题会议纪要》称："决定采取异地保护的措施，将该历史建筑迁移至湘湖景区内。"后请北京市古代建筑设计研究所杭州分所作了陆家墙门异地保护方案设计，区人民政府的评审会议纪要，"同意方案设计单位提交的异地保护方案"，明确"湘湖管委会负责恢复建筑，建筑的产权划归湘湖管委会"。2006年8月，《杭州日报》连续两次报道了陆家墙门异地保护问题，最后说："相信，不久我们就会在湘湖之畔一睹陆家老宅的风采。"后来，湘湖管委会"委托浙江中联建设集团有限公司进行现场测绘、编号、登记并拆除"，老宅构件先保存在原水漾坞风景城房屋内，据说现转存在陈家埠浙江水产学院旧址。陆家墙门原定在湘湖异地保护重建。后来，又决定改在闻堰老街重建，但至今仍未落实。

湘湖保护和开发的定位是"自然生态湘湖、历史文化湘湖、休闲度假湘湖"，现已建成为国家级旅游度假区，作为旅游景区，人文景观必不可少。当初，将陆家墙门迁移至湘湖景区内异地保护，是有远见的决定，如能实施，必将为湘湖增添一处有意义的重要人文景观。

萧山陆氏，是南宋爱国诗人陆游的后裔，出过陆以庄、陆钟琦、陆光熙和中国著名流体力学家、教育家陆士嘉等名人。陆家老宅，是萧山陆家祠堂族长迁移到闻堰建造的一个墙门房屋。老宅中间主体正屋为五间两弄两层楼房，正屋前有一个铺石板的大天井，两侧厢房，天井前面是朝南的石库大墙门，正屋后面还有一个种树木花草的小天井，两侧有檐廊，后有房屋、后门，是一座建造精美、保存完好、十分罕见的典型江南清代建筑。抗日战争时期，老宅主人、闻堰商会会长陆子梅先生，带头支援抗战，组织安置难民，乐行善事，常为灾民提供食宿。1939年周恩来到临浦视察抗日工作时，陆子梅参加了在镇公所召开的萧山各界抗日代表座谈会，受到了周恩来的接见。

陆游在外为官时，多次来到湘湖，对湘湖情有独钟。他在《渔浦》诗中说："安得移家常住此，随潮入县伴潮归。"在《萧山》诗中说："会向桐江谋小筑，浮家从此往来频。"在《新晴马上》诗中说："此生安得常强健，小艇湘湖自采莼。"表达了诗人移家萧山、湘湖采莼的意愿，却一直没有实现。陆游裔孙迁居萧山，后又迁至湘湖南面闻堰。如今，陆家墙门如能在湘湖重建，满足了陆氏先祖陆游移家住此、湘湖采莼的心愿，让游客了解湘湖在诗人心中的地位。

湘湖边的西兴、渔浦，是浙东唐诗之路的起点。历代文人在湘湖也留下数百首怀古咏景的诗篇，成为湘湖文化的重要内涵。如李白诗句"东海横秦望，西陵绕越台"，萧山人贺知章的《回乡偶书》，陆游、刘基、毛奇龄等名人的湘湖古诗等，也可在迁建的陆家墙门古宅中，展示湘湖的诗词文化，成为湘湖有特色的人文景观。

三、重建古梧桐阁

清康熙年间（1662—1722），湘湖城山禅寺释超理著《梧桐阁集》上下两册，收录以吟咏湘湖为主的数百首诗词，由西山皈依弟子朱宗舜和法弟释超寤作序。从序中可见，"梧桐小阁"是城山禅寺住持释超理的住宿禅房，在湘湖南。

越王城遗址景区建设时，曾参与以前重建句践祠的孙亦德和许多热心市民建议恢复城山寺。他托人从北京国家图书馆复印了《梧桐阁集》序和集中释超理作的数首诗。当时不允许全册复印,现已由浙江图书馆全文复印,湘湖研究院已将《梧桐阁集》编入《湘湖文献集成》出版。

与西湖有灵隐寺一样,湘湖过去也有城山寺、湘云寺:一个在山上,一个在湖中,很有特色。山上城山寺旁有句践祠,先祠后寺,祀人拜佛,祠寺相伴,独一无二。更有意思的是,祀拜对象的两位当事者,一位是越王句践,另一位是佛祖释迦牟尼,都曾生活在同一历史时期,后又曾在越王城相邻为伴接受善男信女的朝拜,一边崇拜句践卧薪尝胆精神,一边祈求佛祖保佑平安。这是非常独特的寺庙文化,恢复城山寺的建议值得考虑!

《梧桐阁集》是新发现的湘湖诗词集。正如释超寤序中所称:"禅之为诗,与凡为诗者不同。"表明该集诗作,相比常人诗词,有独特之处。城山老和尚释超理,是湘湖名人毛奇龄的好友,互有诗文往来。他当年在湘湖南梧桐阁所作的禅诗,也是其他地方少见的。鉴于城山寺重建有难度,建议先在湘湖边,择地重建梧桐阁,展示有关湘湖寺庙文化。

在荷花庄绿化空地重建百年辛庐,在采莼园迁建陆家墙门和选择适当地址重建古梧桐阁(也可将荷花庄起云阁更名为梧桐阁),可以传承和弘扬湘湖历史文化,促进和发展湘湖旅游事业。

2023 年 2 月 16 日

湘湖始建和复建的对比与思考

——五论湘湖的开发与利用

2023年，是湘湖实施保护和开发建设，复建湘湖20周年，也是北宋杨时始建湘湖911年。九百年前后进行的湘湖始建和复建，是当时和当今萧山地区规模最大、影响深远的工程建设。两大工程都达到了预定的目标：始建一个湘湖水利灌溉区；复建湘湖，建成一个湘湖国家旅游度假区。对湘湖的始建和复建，客观地进行对比分析和思考研究，将有助于湘湖的合理开发和综合利用。

一、始建和复建的背景与起因

湘湖的始建与复建，中间相隔九百年，是在同一地区实施的工程，但地理状况与起因却不一样。

九百多年前，在萧山县城西始建湘湖时，这里是大自然造就的一方水土，"原芜田也，至高阜，盛茭芦"，建湖后，灌溉的农田需"包纳原粮一千石零七升五合"，表明建湖地是一块高地，大部分是荒地，也有纳赋农田3300余亩（按北宋江南田赋亩税三斗计），还有一个盛产茭芦、面积不小、由西城湖演变的"湘湖"。

湘湖地区周围农田"地甚低洼，受其淹没，艰于农事。居民吴氏等具状闻奏，乞筑为湖，宋神宗皇帝可其奏，旨下，无贤令不克缮营，徽宗时再请旨"。这块高阜地已成周围农田洪涝根源。建湖已是皇帝批准的水利工程。而根据清代於士达《湘湖考略》中湘贤事略，"徽宗时再请旨"筑湘的可能就是邑民、湖贤殷庆。[①]

---

① 明张懋《萧山湘湖志略》称"居民吴氏等具状闻奏，乞筑为湖"。清於士达《湘湖考略》说"熙宁间（1068—1077，宋神宗时期）具状请开湖事"而被称为湖贤的是殷庆。两书中说宋神宗时请旨筑湖的不是同一人。笔者认为，宋神宗时请开湘湖的是吴氏，而宋徽宗时再请旨的可能就是湖贤殷庆。

二十多年前湘湖复建时，历经近九百年的水利湘湖，由于自然因素（泥土淤积）和人为作用（灌溉功能弱化和人口增加），湘湖从单一的灌溉水利向水利与地利功能转化，湘湖地域成了一大片农田、工厂、民宅、砖瓦厂几个取泥大深坑，水面仅有几个鱼塘、泥塘、水池和一条通往自来水厂的湘河，合计1460亩。

20世纪90年代前后，民间人士和地方政府都想到了湘湖，利用湘湖来发展旅游事业。

我国近代园艺事业奠基人之一、浙江大学教授吴耕民先生撰文建议"开发湘湖，建设湘湖，利用湘湖"，还提出了开发设想，说"湘湖湖面宽广，山峰秀丽，湖中有岛，自然景色比西湖更为壮美，可称西湖的大姐。惜湘湖落户乡间，不事修饰，不如城内西湖小妹有名"。1991年，湘湖师范毛时起老师，也写文章，提出"废田还湖，开发旅游资源"的建议。

萧山市政府从1992年4月开始，组织"湘湖开发"专题调研，成立开发办公室，发布相关政策文件。1995年9月，省政府批复同意成立浙江湘湖旅游度假区，要求"主要利用外资，并多渠道筹措资金进行建设"。

民营企业，闻风而动。从20世纪90年代中期开始，杭州乐园和东方文化园、世外桃源风情园，在湘湖北面、南面和中部，首先开始建设。

进入新世纪，杭州市实施跨江发展战略，萧山撤市设区。2002年8月后，许多萧山热心市民纷纷向政府提出"退耕还湖，退窑还湖"和"保护湘湖"的建议，认为开发利用湘湖，首先要保护湘湖。

更为可喜的是，1989年12月，湘湖越王城遗址被公布为浙江省省级文物保护单位。1990年6月后，湘湖跨湖桥遗址和下孙遗址先后被发现。2004年12月跨湖桥文化正式命名，当时将浙江省文明提前了一千年。八千年的跨湖桥文化和两千五百年的古越文化，成了湘湖两张金名片。

2003年1月，中共萧山区第十二次党代会报告提出："湘湖是萧山的历史文脉所在，是主城区最重要的生态环境，要保护和规划建设湘湖，努力使湘湖重现光彩。"2003年3月，萧山区十三届人大一次会议《政府工作报告》，把湘湖保护开发列为2003年为民办好十件实事之一。萧山区第十三届人大常委会通过了《关于重点督办要求保护和开发湘湖的代表议案的决定》。十一届萧山区政协提案《尊重历史、面对现实、正确定位、着眼未来——关于湘湖保护与开发的几点建议》和区政协呈送区委、区政府《大手笔谋划和实施古湘湖保护开发的调研报告》等相继提出。保护和开发湘湖，是萧山市民的心愿，也是萧山区政府为民办的实事。

二、始建和复建的工程与利用

北宋政和二年（1112），萧山县令杨时，"会集耆老暨诸富民，躬历其所，视山之可依，度地之可圩，相与计议，以山为止，筑土为塘，始成湘湖，实赖潴水，以救旱荒，及民之利"。杨时亲自会同长者、乡绅调研，议定建湖计划，并任命县尉方从礼指挥监督工程，"筑两塘于北南，一在羊骑（杨岐）山、历山之南，一在菊花（山）、西山之足"。依两山，筑两堤，始建湘湖，利用北堤7个穴口和南堤11个穴口，灌溉周边农田，构建了九乡水利灌溉区，被上海师范大学钱杭教授称为"萧山湘湖水利集团"。湘湖周围农田，种植两季水稻，当地春夏季多雨，农田不缺水，而秋季常干旱缺水，农田需要灌溉。萧山地区年均降雨1500毫米左右，从湖区受雨面积考虑蒸发量，37002亩的湘湖，全年蓄水高度1500毫米，就可保障九乡146868亩农田灌溉需要。事实上，湘湖蓄水也不深。湘湖立秋前三天开闸放水，至白露后三天闭闸，湖边许多地方就露出水面达数月甚至半年以上，加上数百年来的淤积，形成了越来越多的抛荒湖地。而湘湖湖边和灌溉区，又不断迁入大量的外来居民，使禁垦之争成为不可避免的事实。

湘湖复建始于 2003 年，中共萧山区委、萧山区人民政府专门设立了浙江湘湖旅游度假区管理委员会，具体负责湘湖保护和开发建设，任命张振丰副区长兼任湘湖管委会主任。后来还建立了湘湖保护与建设协调小组、湘湖保护和开发工程指挥部，负责协调和领导工程建设。首先完成了湘湖区块控制性规划设计，决定一次规划，分三个区块，按三期进行建设。湘湖保护和开发，涉及用地指标、土地收储、民房、单位拆迁和安置、防洪、供水和排水、文化遗址保护与风景区建设、资金筹措与安排等，是一项十分复杂的大工程。湘湖复建，征收各类土地共计 26930 亩，拆迁民房 3918 户、工农业企业和种养殖户 1457 家，在拆迁户和拆迁企业的大力支持与配合下，工程建设得以顺利进行并完成。工程挖掘土方共计约 1016 万立方米（其中，一期 100 万立方米、二期 356 万立方米、三期 560 万立方米），湘湖总蓄水量为 2310 万立方米。湘湖总蓄水量与复湖挖掘土方相差近 1300 万立方米，其中数百万立方米，甚至近千万立方米，是历年挖泥制砖瓦留下的库容量。湘湖水下泥土制砖瓦利民，也是水利湘湖不容忽视的地利功能。

　　在湘湖复建中，还遇到土地指标和二期区块有滨江区属土地的问题。滨江属地以萧山白马湖地块置换解决。土地指标采用与萧山区应急备用水源建设项目结合取得，也给复建的湘湖多了一个名称——萧山应急备用水源。

　　与始建时以堤、山围湖不同，湘湖复建采用挖泥成湖。设定湘湖水位高低，不仅事关防洪，也与湘湖科学合理使用有关。古湘湖靠全年下雨蓄水，新湘湖是从三江口小砾山排灌站取水。根据三江口常水位 5.32 米，湘湖周边河道水位 3.9 米，确定湘湖水位为黄海高程 4.5 米。像古湘湖利用高阜湖水灌溉农田一样，阶梯式的水位差，可保证湘湖实现自然引水和自然排水，使湘湖和萧山城区内河水系，源源不断有活水引入，在五水共治中成为一项"清水工程"。目前，湘湖全年引水 36 次，平均每月 3 次，全年引水 700 万立方米。

湘湖复建，与西湖错位建设。湖堤、湖岸建设，既有借鉴，也有创新。在湖中设置了湘堤、越堤、跨湖堤、杨堤、湘湖路堤和贺公堤等6座湖堤，其中湘堤像西湖白堤、苏堤一样，采用一堤六桥。不同的是湘湖中还建造了结构、形式各异的108座桥梁；湖岸采用土岸，突显湘湖自然生态之美。

湘湖复湖，还建成了一个萧山应急备用水源，蓄水量840万立方米，可为萧山城区连续供水七八天。

三、始建和复建的管理与完善

湘湖始建以后，"灌溉由化等乡田地一千余顷，包纳原粮一千石零七升五合，民田每亩七合五勺，则湖之尺寸皆入贡赋，属之官矣，人不得侵夺"。这表明了湘湖湖水的使用成本和湖地的官属性质，湘湖之地当然不容任何人侵夺。但取得湖水使用权，缴纳均包湖米的农田百姓，却误认为湘湖是九乡的私产，对露出水面土地的种植，视作对九乡利益的侵犯。

为保障湘湖灌溉水利功能，历代萧山地方官持续不断地重申禁令。南宋绍兴二十八年（1158），县丞赵善济制定《均水法》，规定按序、按量放水灌溉农田。南宋淳熙十一年（1184），县令顾冲重定《湘湖均水利约束记》，"作均水约束，立于湖畔，以防纷争"。南宋嘉定六年（1213），县令郭渊明提出"湖沿以金线为界"。明洪武十年（1377），县令张懋"复以淳熙所颁水利图记，勒石县庭"。清康熙二十八年（1689），毛奇龄撰文《湘湖水利永禁私筑勒石记》，直至清光绪二十八年（1902）、三十年（1904），还先后为黄元寿毁塘建闸案、垦荒案，先后"立碑永禁，以杜觊觎而惠农民"。地方官绅以"金线为界"，"永禁私筑"为政见，维护湘湖"库域型水利社会"达八百年之久，在国内外都极为罕见。事实上，湘湖蓄水不深，在每年白露三日灌溉后，有大片湖边土地露出水面，达数月甚至半年以上，本可利用这片暂不蓄水的土地资源，实施季节性的种植，官府也可因势利导，妥善管理，收取少量赋税，官民双赢，却因被误认为九乡私产和官府八百年不变的政见，而无法实现，也使禁垦之争无法避免。

湘湖复建，恢复湖面 6.1 平方千米，建成的 35 平方千米的湘湖旅游度假区内，创建了包括湘湖景区的四个国家 4A 级旅游景区。湘湖国家旅游度假区，在务实高效管理中前行，也在探索中完善。湘湖旅游度假区的管理、开发和配套服务设施，还有待进一步改进和完善。

1. 度假区的配套设施有待完善

（1）湘湖高档酒店已经有不少，但缺少适合于旅游团队就餐的大众化饭店，有必要增设，如在跨湖桥西北停车场空地，建大众化饭店和地下大客车停车库。

（2）地铁 1 号线应争取直通湘湖，并与地铁 2 号线接轨，以方便杭州城区游客来湘湖旅游，也可为西湖分流游客。

2. 增添和恢复休闲旅游项目

（1）开辟湘湖与萧山古镇、山区和周围风景区的旅游线路。

（2）利用湖山防空洞，构建有特色的休闲项目。

（3）湘湖元宵冬泳表演赛，自 2007 年起，已经连续举办 12 届，吸引国内外冬泳爱好者参加，影响大，应恢复举办。另外建议在湘湖，如在湘堤东北面水域，开辟冬泳基地，吸引国内外冬泳爱好者前来休闲旅游。

3. 挖掘湘湖历史文化，增设人文景观

（1）湘湖是古越文化的发祥地。古越文化是湘湖的一张金名片。湘湖越王城是越国大夫范蠡建造的抗吴屯兵城。范蠡在越国"十年生聚，十年教训"期间，以位卑年少的计然为师，振兴越国经济，助句践灭吴称霸。后范蠡欲操计然之策用之于家，自固陵港浮海出齐，成为中华商祖。建议在城山广场设置中华商祖范蠡塑像，传承弘扬浙商精神。

（2）压乌山麓已成为世界旅游联盟总部和世界旅游博览馆所在地。压乌山关于项羽亚父范增欲断萧山南岭将犀于乌江的神话传说，引人入胜，建议设置范增相关人文景观。

湘湖，经过二十年保护和开发建设，重现了昔日光彩，建成了湘湖国家旅游度假区，世界旅游联盟总部也落户湘湖。湘湖将从杭州萧山走向全国，走向世界，在国际休闲旅游中占有重要的地位，也将为杭州萧山经济社会发展助力。

2023年2月28日

参考文献

1. 〔明〕张懋：《萧山湘湖志略》，载民国十四年（1925）刊本《萧山湘湖志》卷五。
2. 〔宋〕刘敞：《公是集》卷十六《得萧山书言吏民颇相信又言湘湖之奇及生子名湘戏作此诗》，文渊阁《四库全书》本。
3. 萧山市文化局编：《萧山文化志》，中国卓越出版公司，1990年。
4. 周易藻编：《萧山湘湖志》，民国十四年（1925）铅印本。
5. 钱杭：《库域型水利社会研究——萧山湘湖水利集团的兴与衰》，上海人民出版社，2009年。
6. 〔宋〕顾冲：《湘湖均水利约束记》。
7. 〔清〕於士达：《湘湖考略》。

跨湖桥　桥跨湖
——浅谈跨湖桥历史及重建问题

跨湖桥位于形似葫芦的古湘湖狭腰处，将整个湘湖一分为二：桥西南称上湘湖，桥东北为下湘湖。上湘湖面积为下湘湖的3倍。跨湖桥及其两端的长堤，处在茫茫无际、碧波荡漾的湘湖之中，四周青山环抱。无论是晨曦初照，还是夕阳西下，是晴空万里，还是细雨蒙蒙，是秋月当空，还是桃花春汛，跨湖桥都会以一幅幅姿态各异的绝妙美景，给人以大自然美的享受。怪不得古今文人在编排"湘湖八景"时，都将跨湖桥列入其中，足见其景色迷人。然而当时被文人墨客称颂的"跨湖春涨""跨湖夜月"，早已成为历史而难觅踪影。2003年，杭州市萧山区人民政府决定"编制湘湖风景区规划""启动湘湖的保护和开发工作"，这将使古湘湖重新焕发勃勃生机，也为跨湖美景向世人展示提供了机会。跨湖桥地处湘湖的核心区块（面积为4.6平方千米）。目前，该区块的保护和开发工程已经启动。鉴于古跨湖桥的自然风貌，特别是当2001年和2002年，在距桥东南数百米的古湘湖中先后发现八千年前的古文化遗址和中华第一舟，并被冠以"跨湖桥遗址"后，跨湖桥名声大振。湘湖区块控制性规划很自然将跨湖桥景区列入规划之中。因此，跨湖桥景区的具体规划设计及跨湖桥的修建，不仅对核心区块，也对整个湘湖的保护和开发工程具有至关重要的意义。本文拟从回顾跨湖桥的历史出发，谈谈跨湖桥重建的有关问题，以供跨湖桥景区规划设计参考。

一、跨湖桥历史渊源

1. 跨湖桥始建背景。"跨湖桥，在湘湖中，嘉靖三十三年邑中书孙学思，字春溪者，拦湖筑堤建桥。"跨湖桥始建前，以蓄水救旱灌溉九乡 14 万余亩农田的湘湖，由县令立碑，甚至朝廷颁布了水利禁令，一直严禁在湖中垦田，私筑侵占。然而嘉靖年间（1522—1566），中书舍人孙学思"以通孙吴两姓往来"，捐资筑堤建桥，"其时九乡父老鉴何御史父子之祸（指何御史坚持清占遭迫害致死）不敢多言"，且"言上湖泄水在南，下湖泄水在北，而桥为界限，不甚为害，遂听之"，而"乡官又复鉴前此罹祸往往坐视，故俨然成堤"。

2. 六建跨湖桥简况。跨湖桥始建于明嘉靖三十三年（1554），清雍正六年（1728）重修板桥，嘉庆十二年（1807）六月改建为环洞桥，光绪三十年（1904）九月重建，抗战胜利后重建为石板桥，1984 年改建为双曲、双肋单波桥。

3. 跨湖桥的作用及不良后果。跨湖桥处湘湖两岸相距 300 余米。而跨湖桥桥长四丈（13.3 米），桥门一丈二尺（4 米）。可见，跨湖桥这座桥门仅为 4 米的小桥，借其两端长长的湖堤，才得以"跨湖"。

跨湖桥的作用有二：一是沟通湘湖南北，方便两边往来；二是长长湖堤加小桥成为湘湖一景："跨湖夜月"或"跨湖春涨"。跨湖桥景色如画，难怪 20 世纪 30 年代湘湖师范学生，远足越王城途经跨湖桥，置身碧波相映的桥上，会发出"跨湖桥景色胜西湖""以跨湖桥拟西泠，余亦以为然也"的感叹！

但跨湖桥的建造，其长长的湖堤将整个湘湖分割成上湘湖、下湘湖，两者仅靠宽 4 米的桥门沟通，确实给湘湖造成了严重的不良后果：一是堤桥的建立，阻碍了湖水的畅通，使"湫口之水不能及"，严重影响均水灌溉，"九乡大受其害"，"筑桥之后，父老痛恨切齿，至今尚有湖堤长，害九乡之谣"；二是湖堤影响上、下湘湖间的水流，加速了湘湖的淤积，使堤桥两边水域逐渐缩减，加大了湘湖禁垦的难度；三是开创了在湖中筑堤的先例，致后湖豪又趁大旱湖涸之机，以建桥便行为辞，聚众拦湖筑堤建桥，将下湘湖又分而为二，幸被府县查办，并由乡官毛奇龄撰文勒石永禁。

二、跨湖桥现状及保护价值

1. 跨湖桥现状。现存跨湖桥为双曲、双肋单波桥,上铺柏油路面,是 1984 年为通行汽车,利用原有石基改建而成的。桥两侧有护栏,其中一侧已损坏。桥跨距 5 米,宽 3.5 米,仅供汽车单行。

西南桥头有一棵古樟树,树高 20 余米,枝叶茂盛,树冠达 40 米,已有二百余年历史。

桥旁并列另建了一座水泥板桥,以分车流,但因质量问题而停用。

跨湖桥边原有跨湖亭。亭本无名,《萧山湘湖志》编者以桥名之,今已废。

跨湖桥不远处原有一寺庙,庙内神像神态各异,抗战前已作小学用。

2. 保护价值。跨湖桥自 1554 年至抗战胜利后,前后三次建造的板桥,两次改建的环洞桥,至今已无痕迹。但从反复多次修建看,这座仅保留原有石基、有争议的古桥,当初建造较为粗糙,质量也不高。当初长长湖堤一小桥的格局,按此格局重建保护的历史价值和景观价值都不大,倒是桥头这棵见证了湖桥一半历史的古樟树更具保护价值。

三、跨湖桥重建问题

跨湖桥在湘湖中所处地理位置的自然风貌,决定了以跨湖桥为核心包括湖两岸景点的跨湖桥景区,是湘湖风景区核心区块的亮点,无论作为旅游线路设计、景点建设,还是从生态环境保护看,跨湖桥有望成为湘湖一处精品景点。若能与周围山水自然交融一体,重建的跨湖桥甚至可作为湘湖的一处标志性景观。

重建跨湖桥宜统筹考虑。为搞好规划、设计,提出以下看法与建议:

1. 设计可创新。因使用目的和要求不同,按原桥格局重建保护的价值不大,新建的跨湖桥作为景点和旅游通道,设计以造型美观、方便实用为主，完全可脱离原格局，创新设计、建造。

2. 考虑到下湘湖水域已大量被占用，而两山间湖面又较狭窄，应设法尽量加大湖面宽度，以增加水域面积，使游客登越王城望湖亭而叹湘湖之雄伟，临越军港而感吴越水师交战场面之壮观。而加宽湖面必须考虑增加桥的通长。

3. 旅游线路的设计。考虑到湘湖形似葫芦，跨湖桥在狭腰处，为方便游客，旅游路线可设计成"8"字形。"8"字中间设往返两条游道：跨湖桥作为其中的一条明游道，另一条为地下通道，设在湖底，可选择深坑处规划建造，在地下与"独木舟"遗址保护区相接。另外也应考虑湘湖两岸交通通行问题。在湖面建汽车通道势必影响湘湖风景，因此借鉴西湖建湖底通道的经验，湘湖也宜建造湖底隧道，以解决两边交通往来。

4. 跨湖桥景区组成。景区以跨湖桥为核心，包括桥头两边景点及桥旁的"跨湖桥遗址"与古樟树。桥头两边设置绿地：东北侧建亭子，西南侧建越水师船队或越军港博物馆。

5. 跨湖桥景区的核心是跨湖桥。跨湖桥应名副其实，横跨湘湖，为克服古跨湖桥水流不畅、湖底易淤积的不良后果，改善湘湖水体的生态环境，应使上、下湘湖融为一体，还杨时湘湖的本来面目。为此，跨湖桥可参照北京昆明湖的十七孔桥，设计成一座多孔桥，并在原遗址建古跨湖桥，与古樟树一起作为附属景点。

跨湖桥，桥跨湖，上、下湘湖大团圆，跨湖美景今胜昔。

2004 年 4 月 22 日

参考文献
1. 〔清〕黄钰修：《乾隆萧山县志》，清乾隆十六年（1751）。
2. 〔清〕毛奇龄：《湘湖水利志》，浙江古籍出版社，2015 年。
3. 周易藻编：《萧山湘湖志》，民国十四年（1925）铅印本。
4. 《锄声月刊》第五卷第五期，1936 年 10 月。
5. 彭延庆等修：《萧山县志稿》，南开大学出版社，1935 年。

湘湖知识拾零

湘湖，隔钱塘江与西湖南北对称，被称为西湖的"姐妹湖"，是"人间天堂"又一颗明珠。湘湖，位于杭州市萧山区城西，是萧山的"西湖"。山水秀美、物产丰富的湘湖，是养育萧山人民的母亲湖。湘湖，历史悠久，远古文明，是萧山的历史文脉所在。湘湖文化源远流长，湘湖知识丰富多彩。为介绍湘湖、宣传湘湖，特从古籍、史书、现代文献、著作中，搜集有关湘湖历史人文和地理自然等方面知识，汇编成《湘湖知识拾零》，意在通过大量知识点，使更多的人从各方面认识湘湖，了解湘湖。

一、历史人文知识

1. 北宋政和二年（1112），杨时任萧山县令时，"相山之可依与地之可圩"，"在羊骑山、历山之南"和"菊花（山）、西山之足"，筑南、北两堤而成湘湖，蓄水灌溉农田。

2. 湘湖湖名，"邑人谓境之胜若潇湘然，因以名之"（钱宰《湘阴草堂记》）。

3. 湘湖，前也叫西城湖。湖名首见于北魏郦道元的《水经注·渐江水》。

4. 湘湖，远古为东海海湾，泥沙淤积而成潟湖，再演变而成海迹湖。跨湖桥遗址发现自然"湖泊"遗迹，表明湘湖作为天然湖泊，距今已有八千年历史。

5. "湘湖即汉志之潘水。"（《越缦堂文集》）潘水得名于"藩篱"，而萧山于商周时名曰藩篱。《汉书·地理志》称："萧山，潘水所出，东入海。"

6. 湘湖有许多别名：因其湖光山色，可与杭州西湖媲美，故别称"赛西湖";湘湖物产丰富,传说"日进一只金元宝",所以又叫"元宝湖";因湖在之江南岸,还被古人称作"之垂湖"。

7. 城山,东南濒临湘湖,两千五百年前这里曾是越国的屯兵城——固陵城,世称越王城。湘湖就是越国的固陵港,当时越国500多艘舰船、4.7万水军在此常驻,吴越争霸时,越王句践多次水上军事行动,也都从这里出发,是我国汉代以前最大的军港。

8. 明嘉靖三十三年(1554),乡官孙学思为沟通湘湖两岸孙吴两姓往来,出资在湖狭腰处筑堤,始建跨湖桥。堤桥的建立,阻碍了湖水畅通,加速了湘湖的淤积。

9. 明景泰元年(1450),经魏骥倡议,在净土山麓旧址重建杨长官祠,后改称德惠祠,以祭祀宋萧山县令杨时,祠旁后又建"道南祠",祠中专设"道南书院","以彰当时四方学者从游之迹"。

10. 1928年4月9日,中共萧山县第一次代表大会在湘湖压乌山湘云寺召开,由刘蜚雄任县委书记。

11. 宋代修建的湘湖是一项著名的水利工程。湘湖湖面面积为37002亩,灌溉周边九乡146868亩农田。每亩田纳原粮七合五勺,称"均包湖米"。

12. 湘湖建成后,南宋绍兴二十八年(1158),萧山县丞赵善济制定《均水法》,规定按序、按量放水。

13. 南宋淳熙十一年(1184)十月十二日,县令顾冲重定《湘湖均水利约束记》,规定每年立秋前三日放水,白露后三日闭闸,并刻石立碑,以示遵守。

14. 南宋嘉定六年(1213),县令郭渊明,根据"黄者山土,青黎者湖土"的建议,定出湘湖东西两岸以"金线"(黄土)为界,以禁止私占湘湖。

15. 明洪武十年(1377)九月,县令张懋作《湘湖水利图记》,重刻石碑立于县门,"以定民志"。

16. 明正统五年(1440)七月,萧山籍、明代南京吏部尚书魏骥以湘湖受损，奏请朝廷，英宗皇帝发布了《全国水利禁令》。

17. 湘湖建成后，主禁主垦之争延续了八百多年。其间，萧山籍、明代御史何舜宾受魏骥托付，揭露孙全私占湖利，弘治十一年（1498）被受贿的萧山县令邹鲁害死。其子何竞上告朝廷，邹鲁被治死罪，孙氏所占全部清出还湖。

18. 湘湖建成时，在南北堤岸筑有18个穴口（南岸11处，北岸7处），按时启闭，蓄水灌溉农田。

19. 句践，被夫差打败，"保栖会稽山"，在湘湖固陵城和老虎洞"卧薪尝胆"，经"十年生聚，十年教训"，打败吴国。

20. 范蠡，越国大将军，文种，越国大夫，帮助越王句践打败吴王夫差。

21. 西施，春秋末期越国美女，被句践送往吴国。湘湖周围留有众多西施古迹。

22. 贺知章，唐代越州永兴（今浙江杭州市萧山区西）人，进士出身，著名诗人李白好友，官至礼部侍郎。告老还乡时作《回乡偶书》"少小离家老大回，乡音无改鬓毛衰"，国人老少皆知。

23. 李白，贺知章好友，唐代著名诗人，其诗作《送友人寻越中山水》有"闻道稽山去，偏宜谢客才""东海横秦望，西陵绕越台"。表明李白到过湘湖，也说明越王句践"保栖"的会稽山是今越王城山。

24. 杨时，字中立，号龟山，北宋理学家程颢、程颐的弟子，"程门立雪"成语的主人公之一。北宋政和二年（1112）任萧山县令，时年六十，主持修筑湘湖。湖成，浮舟湖上，其诗作《新湖夜行》被称为湘湖第一诗。南宋咸淳三年（1267），故里延平立龟山书院，御笔书额"龟山书院"。清康熙四十五年（1706），赐御书祠额"程氏正宗"。

25. 殷庆，宋代萧山县民，奏请修筑湘湖。

26. 陆游，南宋著名爱国诗人，多次途经湘湖北面的西陵驿和南面的渔浦，并游览湘湖，留有许多诗篇。"此生安得常强健，小艇湘湖自采莼。"可见其对湘湖情有独钟。

27. 刘基,字伯温,元末明初著名军事家,辅助朱元璋建立明朝,曾多次在湘湖停留,留下了许多传说和《题湘湖图》等多首诗篇。

28. 魏骥,明代萧山人,参与《永乐大典》纂修,后任南京吏部尚书。告老还乡后,不顾年高,亲率百姓修筑湘湖堤塘,清退私占湘湖,著《水利自述》,并遗言"辞免营葬",省银1700余两,转济灾民。其墓在湘湖湖山村徐家坞山麓。萧山县民感谢魏骥生前殁后之惠,有1450余人合章上奏朝廷,明宪宗皇帝准入德惠祠,与杨时同祀。

29. 何舜宾,明代萧山人,任南京湖广道监察御史,后受魏骥所托,上书县衙告发占湘湖围田者,被受贿的萧山县令邹鲁害死。其子何竞上告朝廷,为父报仇,被称为"何孝子"。

30. 单道,萧山城厢镇人,曾创制"四柱清册",受到明太祖赞赏,下诏颁行全国,成为传统中式簿记,沿用至民国初期。单道还发明牛轮水车"牛车盘",灌溉省力、功倍,远近仿制,推广全国。

31. 张岱,明末清初人,为湘湖留下众多诗篇,有"余以湘湖为处子"的名句。

32. 毛奇龄,萧山人,官至翰林院检讨,清初著名经学家和文学家,著作甚丰,写过许多有关湘湖的诗文,如《湘湖水利志》等,为保护湘湖、防止私占,作出了重大贡献。

33. 朱筠,清代翰林,今萧山黄家河村人,曾向乾隆皇帝倡议编纂《四库全书》,并提供私人藏书,至少有14种共332卷录入《四库全书》,还曾在四库馆供职。

34. 朱珪,清乾隆十三年(1748),年仅18岁就中进士,今萧山黄家河村人,朱筠四弟,曾任四库全书馆总阅,后为嘉庆皇帝的老师。朱珪任两广总督期间,两次捐私银计2万两,供修海防造兵船。

35. 汤金钊,萧山城厢镇人,师从"世进士"宅第主人、进士王宗炎,历任清礼吏工户各部尚书、协办大学士、尚书房总师傅等职,支持林则徐禁烟。汤金钊多次到湘湖，留下许多诗篇。

36. 於士达，萧山人，清嘉庆元年（1796），与王煦一起主持修筑湘湖堤塘，后著《湘湖考略》，由王煦参订，王宗炎作序，这是一部有关湘湖水利的重要专著。

37. 王宗炎、王端履，"世进士"宅第父子，清朝进士。王宗炎，号晚闻，是汤金钊的老师，其子王端履，号小谷，父子两人留下了许多吟咏湘湖的诗篇。

38. 周易藻，清光绪十五年（1889）中举人，1921年，58岁时在湘湖缸窑湾建三间平屋，自题"辛庐"，住在"辛庐"，白天驾舟外出，夜则摘录古书、宗卷，历时六个月，终于编成了第一部有关湘湖的方志《萧山湘湖志》八卷，后又续编一卷。

39. 陶行知，我国著名教育家。1928年年初，受聘亲自到湘湖考察，在压乌山湘云寺选定校址，并指导创立了浙江省立湘湖乡村师范学校，即浙江省湘湖师范学校。

40. 金海观，爱国乡村教育家，曾任浙江省湘湖师范学校校长达二十五年。抗日战争全面爆发后，率师生辗转浙江西南、福建山区一带，七易校址，坚持战时教育，是我国教育史上罕见的壮举。

41. 《孙氏宗谱》记载，湘湖湖里孙村孙氏，是春秋末期吴国大将军、《孙子兵法》作者孙武和三国时期吴国国君孙权的后裔。

42. 为保护和建设古湘湖作出重大贡献的湖贤有：杨时、赵善济、顾冲、郭渊明、於善、张懋、魏骥、何舜宾、何竞（何孝子）、富玹、张嵩、殷庆等。

43. 唐代贺知章《回乡偶书》诗曰："少小离家老大回，乡音无改鬓毛衰。儿童相见不相识，笑问客从何处来。"

44. 唐代李白《送友人寻越中山水》诗曰："闻道稽山去，偏宜谢客才。千岩泉洒落，万壑树萦回。东海横秦望，西陵绕越台。湖清霜镜晓，涛白雪山来。八月枚乘笔，三吴张翰杯。此中多逸兴，早晚向天台。"

45. 宋代杨时《新湖夜行》诗曰："平湖净无澜，天容水中焕。浮舟跨云行，冉冉蹑星汉。烟昏山光淡，桅动林鸦散。夜深宿荒陂，独与雁为伴。"

46. 南宋陆游《新晴马上》诗曰："一剑飘然万里身，白头也复走京尘。画楼酒旆滴残雨，绿树莺声摧暮春。绝塞勒回勋业梦，流年换尽市朝人。此生安得常强健，小艇湘湖自采莼。"

47. 南宋陆游《稽山行》诗曰："稽山何巍巍，浙江水汤汤。千里亘大野，句践之所荒。……湘湖莼菜出，卖者环三乡。何以共烹煮，鲈鱼三尺长。芳鲜初上市，羊酪何足当。"

48. 宋代华镇《城山》诗曰："兵家制胜旧多门，赠答雍容亦解纷。缓报一双文锦鲤，坐归十万水犀军。"

49. 明代张岱《明圣二湖》载："余以湘湖为处子，眠娗羞涩，犹及见其未嫁之时。"

50. 明代刘宗周游老虎洞后留下对联：此地曾传尝胆事；我来犹忆卧薪人。

51. 清代王勉《湘滨秋泛八首》（其五）诗曰："村前少妇茜裙新，唱罢菱歌忆采莼。若把湘湖比西子，不知谁是浣纱人。"

52. 清代毛万龄《湘湖》诗曰："遍历吾乡胜，湘湖景更幽。水遥青霭合，波静白云浮。欲雨山如画，临风树近秋。开樽一叶上，飘缈在丹楼。"

53. 清代钱霍《城山》诗曰："西施明艳世间稀，此地曾经换舞衣。春色不随流水尽，暮山犹见彩云飞。"（注：春秋末期越国被吴国打败，西施被越王句践送往吴国。）

54. 过去，湘湖农民在采摘湘湖莼菜、菱、莲时，常放喉歌唱。

55. 湘湖是越文化的发祥地。《越绝书》留下了古越人越语。越语称船为"须虑"（吴内传），称盐为"余"（越地传）。

56. 历史上，湘湖地区有赛龙舟、舞龙灯、出会（背炉子、抬阁）等民俗和民间演艺活动。

57. 据《萧山县名胜纪略》：过去到湘湖旅游，"以船游为主，船价半日大洋六角，全日一元"，可到至湖岭、越王城山、跨湖桥、一览亭、压乌山、锭（定）山、老虎洞、横筑塘等处游玩。

58.《萧山湘湖志》（八卷），民国十四年（1925）11月，由周易藻编写，"世进士宅第"后辈王仁溥作序。民国十六年（1927）夏，周易藻再编《萧山湘湖续志》。

59.《湘湖水利志》（三卷），清代毛奇龄撰，录入《四库全书》。

60.《湘湖考略》，清嘉庆三年（1798）八月於士达著，由王宗炎作序。

61.《萧山县名胜纪略》，1934年，萧山县名胜管理委员会编。其中，概略介绍了湘湖风景、名胜及历代文人吟咏湘湖的诗文。

62. 上湘湖湖中的压乌（湖）山，传说因项羽亚父欲断萧山南岭压乌江而得名。

63. 相传春秋末期，越王句践兵败，退至会稽山立城坚守。吴王以为山上缺水，越兵不能久驻，以赠盐米相讥。越王知其意，取洗马池中鲜鱼回赠，吴王方知山上有水，连夜撤兵而去。

64. 传说越王句践在湘湖老虎洞山老虎洞卧薪尝胆。

65. 萧然山，又名西山，传说因越王句践兵败登城山，遥望此山，"四顾萧然"而得名。

66. 相传西施离开故土前往吴国时，百姓将从湘湖挖来的鲜藕送给西施，故湘湖藕又名"西施藕"。

67. 固陵，后称越王城，句践由此启程入吴为臣。"临水祖道，军阵固陵"，在岸边祭神祀祖，由文种献上祝词。

68. 相传商周时，吴太伯在今萧山湘湖城山山顶筑城（因名天吴），自号句吴，并被推为君长，是春秋吴国的世祖。

69. 湘湖北有青山，又名连山，旁有小山，叫"石井山，其井上广下曲，秉烛入，不尽数十级，相传为妃子墓"（秦始皇妃子墓）。

70. 秦始皇第五次出游至钱塘江，打算渡江经湘湖去会稽祭大禹陵，因"水波恶"，改从富阳渡江。祭大禹陵后，返回经湘湖老虎洞山时，"欲置石桥渡浙江，今石柱数十列于江际"，终因浪大而未建成。

71. 湘湖蒙山上有东岳庙，"蒙山系宋陵所在"，传说有宋徽宗的衣冠墓。

72. 元末明初，刘伯温辅佐朱元璋打天下时，多次到湘湖，相传湘湖云雾茶是他采摘给朱元璋品尝的茶叶，而湘湖泉是他斩断龙脉而形成的泉水。

二、地理自然知识

1. 湘湖位于钱塘江南岸、杭州市萧山区城西，距西湖约15千米，汽车半小时可达。

2. 湘湖北面的西陵（今西兴）和西南面的渔浦，是古代水陆交通要道，被称为浙东唐诗之路的起点。

3. 湘湖周边，有东部的蜀山大道、南部的绕城高速公路、西部的时代大道和北部的彩虹大道等高速公路，区内还有风情大道和03省道东西连接线，提供便捷的交通体系。

4. 湘湖旅游度假区控制性规划面积为51.7（后改为35）平方千米。其中，启动区块面积为4.64平方千米，恢复湖面1200亩。

5. 在湘湖狭腰处，有始建于明代的跨湖桥，连接北岸和南岸，将湘湖分为上湘湖、下湘湖，西南为上湘湖，东北为下湘湖。上湘湖面积约为下湘湖的3倍。

6. 湘湖北面的白马湖，湖周围约20千米，水面积约1800亩，以马湖桥为界分为东西两湖，面积各约900亩。

7. 湘湖路横贯浙江湘湖旅游度假区。

8. 三善桥，由南北两山夹峙，南为狮子山，北为象山，是滨江区和萧山区城厢街道的分界处。

9. 仙人桥，在大、小王坞谷口。

10. 锁龙桥，在水漾坞谷口。

11. 马湖桥，将白马湖分为东、西两湖。

12. 湘湖西南面，是富春江、浦阳江和钱塘江三江汇流处，称为三江口。

13. 古湘湖，湖面积37002亩，湖长约19里，宽1—6里不等，周围80余里，西南宽，东北窄，形似葫芦。

14. 湘湖山水，形成"山抱水、水环山，山绕湖转、湖傍山走，山中藏湖、湖中有山，山水交融、湖山争辉"的格局。

15. 湘湖，四周被60余座青山环抱，湖东南主要有萧然山（西山）、石岩山和瓜藤山等，湖西北主要有越王城山、美女山和老虎洞山等。

16. 湘湖湖中耸立9座天然小山：压乌（湖）山、定山、眉山、木碗（馒头）山、箬獭山、邋遢山、桩墩山、荷山和蛤蟆山等。

17. 古湘湖边山中有王家湖、水漾湖、井山湖；山北还有东、西白马湖。

18. 湘湖启动区块有12个山坞。北岸4个：大王坞、小王坞、水漾坞（含3个小山坞）和王家坞；南岸12个：东起有山门口坞（头坞）、二坞、三坞、四坞、大窑里坞、潘家蓬坞、小窑里坞、单家坞、金家坞（莲蓬山为南岸制高点）、大坞、十二王坞和方家坞等。

19. 湘湖石岩山，山势峻险，山侧望之状若狮子，正面看来又似鹅鼻，故又称狮子山，俗名雄鹅鼻。

20. 文笔峰，为塔山之主峰，黄海面基准海拔267米，是湘湖四周群山中最高峰。

21. 越王城前，两峰对峙如门，称为马门。

22. 古湘湖八景（清乾隆时期，《萧山湘湖孙氏宗谱》收录）有：龙井双涌（越王城山南麓）、跨湖春涨（跨湖桥畔）、水漾鸣蛙（水漾湖）、湘湖秋月、尖峰积雪（文笔峰）、越城晚钟（越王城山）、柴岭樵歌（萧然山柴岭）、湖中落雁（湖中）。

23. 湘湖八景（当代文人编排景名，录入《城厢镇志》）有：城山怀古（越王城山）、览亭眺远（石岩山一览亭）、先照晨曦（石岩山）、跨湖夜月（跨湖桥）、杨岐钟声（杨岐山杨岐寺）、横塘棹歌（横筑塘）、湖心云影（湖中）和山脚窑烟（湖边砖窑）。

24. "萧山八景"在湘湖中就有四景：西山梅雨（萧然山即西山）、湘湖云影、石岩秋望（石岩山）、渔浦夕照（三江口）。

25. 石岩山上的一览亭，可近看湘湖，远眺钱塘江。

26. 越王城山之巅有望湖亭，可远眺钱塘江，俯视湘湖。

27. 登石岩山，沿途有登峰第一亭、石鳌亭、一览亭。

28. 老虎洞古樟，约有二百余年树龄，位于老虎洞山，距老虎洞不远，树高约20米，胸径1.65米，树冠约15米，是湘湖最大古樟树。

29. 春秋末期，越王句践被吴王夫差打败，仅率三千水军"保栖会稽山"。越王城山是"周朝胜迹，越代名山"，山顶中卑四高，宛如城堞，又叫越王台。越王城遗址是浙江省省级文物保护单位。

30. 越王城山上旧有城山寺，又名越王城寺，故有古湘湖八景之一"越城晚钟"，已废。现有句践祠建于1992年9月，纪念越王句践及文种、范蠡。

31. 洗马池位于湘湖越王城山上句践祠南面，原池中水清澈可饮，池中产嘉鱼。

32. 越王城遗址人工夯筑的城垣，内缓外陡，四周有高隆台地作瞭望用，仅有马门与外界相通，城垣周长为1091.2米。

33. 越王城山，有明代修建的578级石阶，直达越王城遗址。

34. 湘湖有名的古泉有越王城山上的佛眼泉、石岩山巅的香泉、乾姜山北的乾姜泉、碑牌岭下的潘泉井等和净土山麓的金泉井。

35. 湘湖主要的古桥有跨湖桥、三善桥、仙人桥、锁龙桥、史家桥、黄家大桥、马湖桥等。

36. 城山古道，由下往上，现有"城山怀古"牌坊、"越王城遗址"石碑、古越亭等。

37. 古湘湖周围的古寺庙主要有城山禅寺、湘云寺、后王寺、崇福杨寺、先照寺、莲花庵、关帝庙等。

38. 湘湖南面10余千米处，临浦镇苎萝村一带（古称苎萝乡），相传为越国美女西施故里，今有西施古迹群14处，被列为萧山区文物保护单位。古迹有苎萝山、红粉石、浣纱溪、西施里、西施庙、苎萝亭、范蠡庙、后江庙、洗脚潭、西施坂、田螺山、河蚌山、浴美施（闸）、浴美施庙和西施亭。

39. 莲华宝寺，旧称莲花庵，位于老虎洞山，"文革"中被毁，由当地人出资修复，又名江南悬空寺。

40. 甲科济美牌坊，位于湘湖史家桥村，建于明嘉靖四十年（1561），为纪念黄九皋等11位明朝当地进士而建，是萧山现存唯一的一座进士登科牌坊，为杭州市市级文物保护点。

41. 横筑塘牛埭，是湘湖与浦阳江支流水系相隔的堤塘，距水面高约2米，过往船只靠牛拖或人拉翻坝而过。当地人称为"牛拖船"，是古湘湖一项重要水利及交通设施。

42. 位于上湘湖的跨湖桥遗址，被评为"2001年度全国十大考古新发现"之一。在1990年、2001年两次考古发掘中，遗址内出土了大量陶器、木器、骨器等文物，经碳-14年代测定，距今已有八千年历史。

43. 2002年，在跨湖桥遗址第三次考古发掘中，发现距今已有八千年历史的独木舟，是世界迄今发现的最早独木舟之一，被称为"中华第一舟"，同时还发现了自然"湖泊"遗迹。

44. 2003年，在下湘湖发现下孙遗址，为"跨湖桥文化"的命名提供了基本条件。下孙遗址出土的文物主要有灰坑、苇席类编织物、鱼类、贝类残骸和稻谷遗存等。

45. 2004年12月17日，"跨湖桥文化"正式命名，这是全国最早的考古文化概念，距今为8000—7000年。

46. 湘湖莼菜，是莼菜中佳品，无论是质量、栽培历史、还是知名度，在江南一带都是首屈一指的。历代曾有许多诗人、学者为湘湖莼菜赋诗赞叹。如："湘湖莼菜出，卖者环三乡""芳鲜初上市，羊酪何足当"（宋代陆游《稽山行》）；"采得莼丝全不滑，秘传煮法要瞒人"（清代王端履《湘湖竹枝词》）；"画竿十尺挑碧丝，香莼宛转生华滋"（清代毛奇龄《湘湖采莼歌》）。

47. 湘湖杨梅，为白熟杨梅，也称"白水团"，是杨梅中珍品。

48. 云雾茶，明代被列为贡品，是湘湖一宝，产于湘湖狮山顶。

49. 免贡樱桃，色朱红，味甘美，明代时被列为贡品，百姓苦不堪言。萧山知县苏琳向朝廷直言相谏，朝廷才同意免贡，故称免贡樱桃。

50. 湘湖土步鱼，又名杜父鱼，产于湘湖湖边，味鲜美，是一道湘湖名菜。

51. 嘉鱼，产于湘湖越王城山上的洗马池。相传越王句践被困，曾取洗马池嘉鱼，"馈鱼退敌"。

52. 湘湖湖底沉积的黏土，是制作砖瓦的上好材料，周边百姓取泥制砖，砖瓦成了明代以来湘湖的主要手工业产品。

三、湘湖保护与开发大事记

序 号	日 期	记 事
1	1995 年	浙江省人民政府正式批准成立"浙江湘湖旅游度假区"。
2	1999 年 4 月	湘湖东北部的"杭州乐园"正式开园，占地 1000 亩。
3	2000 年 9 月	湘湖西南部的"杭州东方文化园"正式开园，占地 3000 亩。
4	2002 年 8 月 12 日	世界休闲组织理事会决定在杭州湘湖举办"2006 杭州世界休闲博览会"。

续表

序 号	日 期	记 事
5	2003年1月17日	在中共杭州市萧山区第十二次代表大会上,区委书记王建满提出:"湘湖是萧山的历史文脉所在,是主城区最重要的生态环境,要保护和规划建设湘湖,努力使湘湖重现光彩。"
6	2003年3月2日	杭州市萧山区十三届人大一次会议通过的《政府工作报告》决定"编制湘湖风景区规划,确定保护范围并严格进行规划控制,启动湘湖的保护和开发工作",作为区政府2003年为民办好十件实事之一。
7	2003年8月19日	萧山区人民政府组建"浙江湘湖旅游度假区管理委员会"。
8	2003年12月	《萧山湘湖区块控制性规划》通过评审。湘湖区块规划范围:北至萧杭铁路,东至蜀山路,西至钱塘江,南至杭州绕城高速公路,规划总面积51.7平方千米。
9	2004年12月	《浙江湘湖保护与开发启动区块修建性详细规划》通过评审。湘湖启动区块面积为4.64平方千米,将恢复湖面1200亩。
10	2005年2月	《浙江湘湖启动区块一期湖堤、湖岸工程设计》通过评审。2月17日,通过招标确定工程施工企业。
11	2005年3月8日	湘湖启动区块一期湖堤、湖岸工程建设开工。

《湘湖知识拾零》收录古今各家之言,观点可能不同,限于编者水平,难免遗漏和错误,欢迎指正,以求完善。

2005年3月8日

参考文献

1. 周易藻编:《萧山湘湖志》,民国十四年（1925）铅印本。
2. 〔清〕毛奇龄:《湘湖水利志》,浙江古籍出版社,2015年。
3. 〔清〕於士达:《湘湖考略》。
4. 《萧山县志》,浙江人民出版社,1987年。
5. 〔明〕魏堂修:《萧山县志》,明嘉靖三十六年（1557）。
6. 〔清〕刘俨、邹勷修:《萧山县志》,清康熙三十二年（1693）。
7. 〔清〕黄钰修:《乾隆萧山县志》,清乾隆十六年（1751）。
8. 彭延庆等修:《萧山县志稿》,南开大学出版社,1935年。
9. 《城厢镇志》,浙江大学出版社,1989年。
10. 浙江省城乡规划设计研究院:《萧山湘湖区块控制性规划》,2003年7月。
11. 杭州商学院旅游学院:《浙江省湘湖旅游度假区旅游资源普查报告》,2004年3月20日。
12. 北京林业大学园林学院:《浙江湘湖保护与开发启动区块修建性详细规划》,2004年12月。
13. 萧山县名胜管理委员会编印:《萧山县名胜纪略》,民国二十三年（1934）。
14. 浙江湘湖旅游度假区管理委员会编:《湘湖保护与开发剪报（2001—2004年）》,2005年。
15. 浙江湘湖旅游度假区管理委员会编:《湘湖文献选编》（四册）,2004年。
16. 李维松:《萧山古迹钩沉》,方志出版社,2004年。
17. 浙江省文物局、博物馆等:《越魂大型文物图片展资料集》,2005年。

湘湖与历史名人

湘湖八千年，先民与湘湖山水共处，谱写了湘湖历史篇章。在湘湖，他们有的创造了远古文明，有的历尽艰险谋霸业，有的筑湖保湖惠百姓，有的步入仕途成名臣，有的研究湘湖写专著，有的选此作为归宿地，有的办学教书育英才。他们与湘湖结下不解之缘，他们的名字与湘湖紧密相连，他们是湘湖的历史名人。

一、无名名人

人们无法知道八千年前，生息在古湘湖边的先民，当时如何生活、劳作，也不知他们是谁。但他们创制的独木舟、苇草编织物、骨器、木器、石器、陶器等，作为出土文物，却保留到今天。当时能工巧匠的这些惊世之作，创造了没有文字记载的"跨湖桥文化"。他们是无名的湘湖名人。

二、越国君臣

句践，春秋时期越王，公元前494年被夫差打败，退至湘湖越王城山坚守，被吴军围困。两年后由此启程入吴，臣事吴王。回国后，在湘湖越王城山、老虎洞等地"卧薪尝胆"，经"十年生聚，十年教训"，打败吴国，成为春秋时期最后一位霸主。

范蠡，越国大夫，筑固陵屯兵城（今越王城），句践兵败求和，随同入吴。回国后，于苎萝山下访得美女西施，被句践送往吴国。并助句践灭吴，功成隐退。

文种，越国大夫，句践入吴为臣，在固陵城山下"临水祖道"时，"前为祝词"，并受托管理越国政事，后以九术助句践打败吴国。

三、湘湖湖贤

为修筑和保护湘湖作出重大贡献的地方官、乡贤、县民，被百姓尊称为"湘湖湖贤"，主要有：

杨时，北宋政和二年（1112）补萧山县令，顺应民意，"度地筑堤"而成湘湖，"均税于得利田，民乐从之"。

赵善济，南宋萧山县丞，"力争于朝得不废"湘湖，绍兴二十八年（1158），制定《均水法》，规定湘湖按序、按量放水。

顾冲，南宋萧山县令，清湖"重惩私占"，淳熙十一年（1184）重定《湘湖均水利约束记》，并刻石立碑，以示遵守。

郭渊明，南宋萧山县令，嘉定六年（1213）定出，"湖沿以金线为界"，禁止私占湘湖。

魏骥，明南京吏部尚书，告老还乡后，亲率百姓修筑湘湖堤塘，清退私占，著有《萧山水利事述》。

何舜宾，明南京湖广道监察御史，后受魏骥所托，上书县衙告发占湘湖围田者，被迫害。其子何竞上告朝廷，为父报仇，被称为"何孝子"。

殷庆，宋萧山县民，"徽宗时再请旨"。

四、湘湖出名臣

贺知章，唐朝越州永兴湘湖史家桥村（今知章村）人，年轻时，从故里乘船"晓发"，经湘湖，到西陵渡，北上长安，求取功名，考中"超群拔类科"状元，官至礼部侍郎。告老还乡时作《回乡偶书》，诗曰"少小离家老大回，乡音无改鬓毛衰"，老少皆知。

朱筠，清乾隆十八年（1753）中进士，今萧山黄家河村人，历任翰林院侍读大学士、安徽学政。曾向乾隆皇帝倡议编纂《四库全书》，并提供私人藏书332卷，供收录。

朱珪，清乾隆十三年（1748）中进士，今萧山黄家河村人，朱筠四弟，曾任四库全书馆总阅，后为嘉庆皇帝的老师，历任两广总督，兵部、户部、吏部尚书，协办大学士，为官清廉。

五、专著作者

张岱，明末清初人，曾数次到湘湖游玩，为湘湖留下了众多诗文，其中有"余以湘湖为处子"的名句，被广为引用。

毛奇龄，清翰林院检讨，他博览群籍，才气横溢，为清初著名经学家、文学家，著作甚丰，撰写了《湘湖水利志》等，并为保护湘湖、防止私占作出了重大贡献。

於士达，清嘉庆元年（1796）与王煦一起主持修筑湘湖堤塘，后著的《湘湖考略》是又一部有关湘湖水利的重要专著。

周易藻，清光绪中举人。1921年，58岁时，周易藻在湘湖缸窑湾建三间平屋居住，题名为"辛庐"，白天驾舟外出考察，夜则摘录古籍、宗卷，历时六个月，终于编成了第一部有关湘湖的方志《萧山湘湖志》八卷，后又续编一卷。

六、名人古墓

王丝，宋通州知州权三司监铁判官，墓在湘湖西山碑牌岭，范仲淹作墓表。

来廷绍，宋龙图阁直学士、绍兴太守，墓在湘湖方家坞，由辛弃疾作墓志铭。

单道，曾创制"四柱清册"，明太祖朱元璋下诏颁行全国，成为传统中式簿记，还发明牛轮水车"牛车盘"，灌溉省力、功倍，推广全国。墓在湘湖西山南麓单家园。

华克勒，明山西布政使，墓在湘湖青山之西。

七、办学名人

陶行知，我国著名教育家，曾四次亲临湘湖，为湘湖师范学校选定校址，制定办学方针，先后为湘师校刊《湘湖生活》题刊名，为新校舍、教室题写"教学做合一"和"教学相长"横额，给湘师师生作演讲，为湘师的创办和发展，立下了不朽功绩。

金海观，爱国乡村教育家，曾任浙江省湘湖师范学校校长达二十五年。抗日战争全面爆发后，亲率师生，辗转浙江西南、福建山区一带，七易校址，坚持战时教育，为我国教育史罕见。

无数历史名人曾为湘湖——萧山人民的母亲湖增光添彩，他们将名垂湘湖史册。

2005 年 7 月 1 日

湘湖大事纪略

前 言

湘湖,位于萧山城西,与钱塘江北岸的西湖遥相对称。东南、西北被两条山脉环抱的湘湖,是大自然天授地设造就的一方神秘水土。

湘湖的生态繁衍了生命,湘湖的山水传承了文明。这里的跨湖桥遗址、越王城遗址和古湘湖遗址,记录了湘湖历史,延续了湘湖文脉,是闪耀中华文明光辉的珍贵历史文化遗存。丰富的历史文化遗址和遗迹,使湘湖成了一个天然的历史文化博物馆。

研究湘湖文化,探索湘湖文脉,弘扬中华文明,是实施湘湖保护与开发工程的重要内容。为便于了解湘湖历史,就编者掌握的文献资料所及,将八千年来发生在湘湖地区的重大历史事件,按时序编排纪略,以供研究和关心湘湖的人士参考。

编集八千年湘湖大事记,是一项十分有意义而又非常艰巨的工作。由于编者水平有限,文献资料不足,引述可能是一家之言,错误和遗漏一定存在。作为抛砖引玉,敬请阅者指正、补充,使之逐步系统完整。

纪 年		湘湖大事纪略
(公元)年	朝代(时代)年	
8000 年前	新石器时代	湘湖一带有自然湖泊；华夏先民在此背山面湖居住、繁衍；自然湖泊边有独木舟及相关加工工场。
7000—6000 年前	海浸全盛期	湘湖一带成一片浅海。
前 510	周敬王十年	吴伐越，越王允常兵败槜李。
前 497	周敬王二十三年	越王允常卒，句践即位。
前 496	周敬王二十四年	吴伐越，战于槜李，吴败，吴王阖闾伤脚趾而亡。
前 494	周敬王二十六年	三月越伐吴，败于夫椒，句践率残兵退浙江，浦阳再战又败，保栖越王城山固陵城（今湘湖越王城，山下为固陵军港），三月吴越议和开始；萧然山，因句践被困，登城山遥望此山，"四顾萧然"而得名。
前 492	周敬王二十八年	五月，句践率妻子、范蠡等三百余人，由固陵启程，入臣于吴，在吴三年，效忠吴王夫差。
前 490	周敬王三十年	句践返国，开始"十年生聚，十年教训"，曾在湘湖固陵城、老虎洞卧薪尝胆。
前 485	周敬王三十五年	句践使范蠡在苎萝山访得美女西施，学舞习礼三年。
前 482	周敬王三十八年	句践遣文种以美女西施、郑旦和国宝献夫差，并遣士卒三千人，由固陵港出发，从吴伐齐。
前 481	周敬王三十九年	六月，句践趁夫差黄池会盟，由固陵港出发袭吴，杀吴太子友。
前 478	周敬王四十二年	三月，句践由固陵港启程，伐吴，吴大败。
前 476	周敬王四十四年	春，越由固陵，佯攻楚，使吴不备。

续表

纪 年		湘湖大事纪略
（公元）年	朝代（时代）年	
前475	周元王元年	越由固陵，攻吴，大败吴军，十一月始，围吴都达三年之久。
前473	周元王三年	越由固陵出发，伐吴、灭吴，夫差自杀。
前471	周元王五年	句践由固陵启程，会诸侯于徐州，越始称霸。
前210	秦始皇三十七年	秦始皇第五次出巡，祭大禹陵后，返回经湘湖连山时，"欲置石桥渡浙江，石柱数十列于江际"。因浪大未建成。湘湖石井山，相传有（秦始皇）妃子墓。
前141—前87	汉武帝	东方朔著《神异经》称"亚父断萧山南岭将麋于乌江"。湘湖压乌山由此得名。
8—23	新（王莽）	压乌山建铸钱币作坊（1992年出土铸铜母范、铜棒和大泉五十铜钱）。
25—220	东汉	袁康、吴平辑录《越绝书》，书中有句践兵败"保栖会稽填山（今湘湖越王城山）""固陵。所以然者，以其大船军所置也"等记述，并将湘湖水域形象生动地称作"目鱼池""溟海"。
196	东汉建安元年	孙策领兵渡浙江，欲攻会稽。会稽太守王朗发兵在固陵阻击。孙策用计取道渣浦（今湘湖潭头），袭击高迁屯，降王朗。
386—534	北魏	郦道元的《水经注·浙江水》称湘湖的前身为"谓之西城湖"。
557—589	南朝陈	夏侯曾先《会稽地志》，最早记载越王（句践）城山"馈鱼退敌"的故事。
695	唐证圣元年	贺知章自故乡越州永兴乘船，经湘湖，由西陵驿北上长安，考中状元，官至礼部侍郎。
744	唐天宝三载	贺知章告老还乡（今湘湖知章村），留下了脍炙人口的著名诗篇——《回乡偶书》。

续表

纪　年		湘湖大事纪略
（公元）年	朝代（时代）年	
656—713	唐	越州长史宋之问，游湘湖越王城，作诗《登越王台》。
701—762	唐	诗仙李白《送友人寻越中山水》诗中，有"东海横秦望，西陵绕越台"诗句。
1068—1077	北宋熙宁年间	古西城湖，因自然淤积及人为影响，已湮废成高阜田地，当地洪涝、干旱灾情频发，萧山居民吴氏等奏请废田筑湖。
1112—1114	北宋政和二年至四年	萧山县令杨时，召集耆老会议，亲往勘查，"视山可依，度地可圩，以山为界，筑土为塘"，筑南北两堤，废田37002亩，蓄水成湖，灌溉周边九乡146868亩农田，因湖区原有一个湘湖，故名湘湖。"万顷湘湖民稼穑。"杨时游湘湖，作诗《新湖夜行》。
1119	北宋宣和元年	地方豪绅提出废湖复田，首开禁垦之争，是年恰逢大旱，靠湖水灌溉得以收成，废湖复田未成。
1125—1210	南宋	爱国诗人陆游多次途经湘湖北面的西陵驿和南面的渔浦，并游览湘湖，留有许多诗篇。"此生安得常强健，小艇湘湖自采莼。"可见其对湘湖情有独钟。
1158	南宋绍兴二十八年	县丞赵善济制定《均水法》，规定湘湖按序、按量放水。
1182—1184	南宋淳熙九年至十一年	县令顾冲发现有人私占湘湖为田，即将私占田清出；重定《湘湖均水利约束记》，规定立秋前三日放水，白露后三日闭闸，并刻石立碑，以示遵守。
1201—1204	南宋嘉泰年间	《嘉泰会稽志》载："萧山湘湖之莼特珍，柔滑而腴。"

续表

纪 年		湘湖大事纪略
（公元）年	朝代（时代）年	
1213	南宋嘉定六年	县令郭渊明，根据"黄者山土，青黎者湖土"的建议，定出湘湖两岸以金线（黄土）为界，以禁止私占湘湖，发现在青土上建屋者，拆屋还湖，治罪充军。
1271—1368	元朝	元初，湘湖孙氏由富阳龙门迁来，为湘湖周边最早的居民之一。
1341—1370	元至正年间	侵湖为田者渐多，县尹崔嘉纳力驳罢湖之议，清出侵占之田还湖。
1311—1375	元末明初	著名军事家刘基辅助朱元璋建立明朝，曾多次在湘湖停留，留下许多传说和《题湘湖图》等多首诗篇。
1368—1378	明洪武初年	单道创制戽水牛车，又创制"四柱清册"（官府办理钱粮报销或移交编制的表册），朝廷颁布天下，永为定式。单道墓在湘湖西山南麓单家园。
1377	明洪武十年	九月，县令张懋作《湘湖水利图记》，重刻石碑立于县门，"以定民志"；张懋顺应民意，在湖边首建四长官祠。后人将祠移湖滨湫口之净土寺旁，改称杨长官祠，加图其像祀之。
1440	明正统五年	萧山籍、明南京吏部尚书魏骥，以湘湖受损，奏请朝廷，英宗皇帝因此发布了《全国水利禁令》。
1443	明正统八年	朝廷令进贡湘湖樱桃，扰民甚剧。知县苏琳将催贡太监捆送京城，据理力争，后英宗下令免贡，故湘湖樱桃又称免贡樱桃。
1450—1471	明景泰元年至成化七年	魏骥告老还乡，呼吁清查私田，疏浚湘湖，修筑涵闸，亲率乡民修筑堤塘，并倡议在杨长官祠旧址复祠，由其子完募款建成。朝廷赐额"德惠祠"。

续表

纪 年		湘湖大事纪略
（公元）年	朝代（时代）年	
1450—1471	明景泰元年至成化七年	魏骥，遗言"辞免营葬"，省银1700余两，转济灾民，成化七年去世，终年98岁。墓在乐丘（今徐家坞）。县民1450余人合章上奏朝廷，明宪宗准奏，魏骥入德惠祠，与杨时同祀。
1457—1464	明天顺年间	开凿碛堰山，引浦阳江水经山口入钱塘江，并筑临浦、麻溪两埧。自此依赖湘湖灌溉的农田，已不足原来的一半。 魏骥清出吴氏侵占湖田，孙氏侵占未退完，托付弟子、御史何舜宾继续办理。
1480	明成化十六年	县令吴淑，环湘湖两日游，并作《游湘湖记》。
1498	明弘治十一年	何舜宾揭露孙氏私占湖利，被受贿的县令邹鲁害死。后其子何竟历尽艰难，终于上告获准，孙氏所占湖田全部清出还湖。
1519	明正德十四年	工部尚书张崱、按察司金事富弦（何舜宾女婿）清出私占之田。
1554	明嘉靖三十三年	中书舍人、乡官孙学思，为方便两姓往来，出资在湘湖狭腰处筑堤、建跨湖桥。堤桥的建造，阻碍了湖水畅通，加速了湘湖的淤积。
1689	清康熙二十八年	八月，湘湖大旱，湖底皆裂；湖民私自筑堤架桥，经本县翰林院检讨毛奇龄揭发上告，知府采纳，削堤去桥，并勒石永禁。
1690—1716	清康熙年间	毛奇龄撰《湘湖水利志》，后被录入《四库全书》。
1796—1798	清嘉庆元年至三年	於士达与王煦修湘湖堤塘，於士达著《湘湖考略》，王煦参订。
1821—1874	清道光、同治年间	湖堤两次决口，定山前后至青山张，约4600余亩淤成高地，禁垦之争不断。

续表

纪　年		湘湖大事纪略
（公元）年	朝代（时代）年	
1825	清道光五年	汤金钊历任礼部、吏部、工部、户部尚书及协办大学士，从王晚闻师游石岩山，宿先照寺并赋诗。
1903—1926	清末至民国初年	多次禁垦之争，最终立碑，重申禁令。
1925	民国十四年	周易藻编写《萧山湘湖志》八卷。
1927	民国十六年	测量湘湖，湖面积比宋时缩小1/3，绘制民国十六年《湘湖建设计划图》；在定山一带，成立国立第三中山大学劳农学院，开垦种植、建造房屋；环湖统计有58个村庄，1770户，8750人，大多从事砖瓦业、农业；周易藻再编《萧山湘湖续志》。
1928	民国十七年	我国著名教育家陶行知先生，四次亲临湘湖，为湘湖师范学校选定校址，制定办学方针，并为校刊《湘湖生活》题写刊名。10月1日，在湘湖压乌山湘云寺，创立浙江省立湘湖乡村师范学校，操震球任校长。
1929	民国十八年	年底，中共杭州市委派恽逸群到湘湖师范任教，并着手开展重建中共萧山县委的工作。
1934	民国二十三年	6月，萧山县名胜管理委员会编《萧山县名胜纪略》，概略介绍湘湖风景、名胜、游程、交通及历代文人吟咏湘湖的诗文。
1935	民国二十四年	郁达夫至湘湖师范学校作演讲。
1937	民国二十六年	11月，日本侵略军飞机轮番轰炸萧山城厢镇。是月，湘湖师范学校迁离萧山，校长金海观亲率师生，辗转浙江西南、福建山区一带，七易校址，坚持战时教育，为我国教育史上罕见壮举。

续表

纪 年		湘湖大事纪略
（公元）年	朝代（时代）年	
1946	民国三十五年	1月，湘湖师范学校迁回萧山城厢镇。
1947	民国三十六年	5月20日，湘湖师范600余名师生，高举"反饥饿、反内战、反迫害"标语，上街示威游行；9月，湘湖师范学校，将该校《实施基本教育的报告》一书，连同为山区送教上门而创造的"教育担"一副，送交联合国教科文组织举办的展览会上展出；自1927年以来，截至是年，先后开垦土地约7000亩。
1949	中华人民共和国成立	至中华人民共和国成立前夕，湘湖面积仅存1万余亩。
1955年起		湘湖农场及西兴、石岩、城郊等乡村，先后围湖垦种达7000余亩；沿湖的几家砖瓦厂，为挖泥取土，又围湖1000余亩。
1958		4月，萧山县第一初级农业技术学校，在湘湖农场创办。
1959		8月22日，毛泽东主席至杜湖村视察。
1960		8月，小砾山排灌站落成。
1961		7月，增设湘湖区及湘湖公社。
1963		上半年，全国政协副主席何香凝视察湘湖农场；撤销湘湖区。
1966		湘湖全湖面积仅存3040亩；沿湖先后又兴建7家社队砖瓦厂，围湖1000多亩。
1970—1980		杭州砖瓦厂职工，在湘湖泥塘中挖泥时，曾发现一大堆大型脊椎动物骨头，有碗口粗的脊椎骨、肋骨和2—3厘米粗的牙齿等。
1978		湘湖农场被评为全国农垦系统先进集体。

续表

纪　年		湘湖大事纪略
（公元）年	朝代（时代）年	
1980		3月，老虎洞村人工种植"湘湖莼菜"获得成功，使湘湖传统名产得以恢复；"湘湖旗枪"茶更名为"浙江龙井"。
1984		县城建部门制订了逐步恢复湘湖景观的规划，规定凡黏土已取尽的泥塘，应灌水复湖；西山已辟为公园。
1989		12月12日，越王城遗址被定为浙江省省级文物保护单位。
1990		5月30日，浙江电大萧山学院学生郑苗，将在湘湖捡到的骨耜等出土文物带到学校告诉老师，后上交给萧山市文管会，并报告上年还曾发现过一只小木船；6月1日，文管会两位专家与郑苗一起，到湘湖调查，在城厢砖瓦厂取土现场，发现了大量黑陶片、兽骨、鹿角、木器残件等文物，遗址大部分已遭破坏，但在剖面还留有厚2米、宽30米左右的文化堆积层。因遗址地处以古湘湖跨湖桥而得名的跨湖桥自然村中，故名"跨湖桥遗址"。8月，国际百越文化学术研讨会120多位中外代表，曾登越王城山调研，认为这里是春秋末期越国屯兵拒吴的城堡。10月10日—12月11日，由湘湖砖瓦厂出资3万元，经国家文物局审批，对跨湖桥遗址进行了第一次考古发掘，出土了陶器、石器、木器和骨器等百余件及大量黑陶、彩陶碎片，发现了灰坑、建筑遗迹，经碳-14测定，其年代在八千年以前。
1995		9月，浙江省人民政府批准成立"浙江湘湖旅游度假区"。
1999		4月，湘湖东北部，建成"杭州乐园"，占地1000亩。

续表

纪　年		湘湖大事纪略
（公元）年	朝代（时代）年	
2000		湘湖西南部，建成"杭州东方文化园"，占地3000亩。
2001		5—7月，进行第二次跨湖桥遗址考古，发掘面积300平方米，出土了石器、木器、骨（角）器、陶瓷等大量文物，还有植物编织物、稻谷颗粒、中药等珍贵文物被发现，经碳-14测定，出土器物年代在8000—7000年前。
2002		3月26—28日，由萧山区政府、省考古所联合举办，萧山区文化局承办的跨湖桥遗址考古发掘学术研讨会上，跨湖桥遗址被全国考古专家确认为是一种单独的文化类型；4月12日，跨湖桥遗址被评为"2001年度全国十大考古新发现"之一；8月12日，世界休闲组织理事会决定，在杭州湘湖举办"2006杭州世界休闲博览会"；9—12月，萧山博物馆与省考古所联合考古队对跨湖桥遗址进行第三次考古发掘，出土了骨、木、石、陶器300余件及苇草编织物等文物，发现了一个自然"湖泊"，并在湖边发现了独木舟及相关加工工场遗迹。距今八千年的独木舟被称为"中华第一舟"。
2003		1月17日，在中共杭州市萧山区第十二次代表大会上，区委书记王建满提出："湘湖是萧山的文脉所在，是主城区最重要的生态环境，要保护和规划建设湘湖，努力使湘湖重现光彩。" 3月2日，杭州市萧山区十三届人大一次会议通过《政府工作报告》，决定"编制湘湖风景区规划，确定保护范围并严格进行规划控制，启动湘湖的保护和开发工作"，并作为区政府2003年为民办好十件实事之一。 8月19日，萧山区人民政府组建"浙江湘湖旅游度假区管理委员会"。

续表

纪　年		湘湖大事纪略
（公元）年	朝代（时代）年	
2003		12月，《萧山湘湖区块控制性规划》通过评审。湘湖区块规划范围：北至萧杭铁路，东至蜀山路，西至钱塘江，南至杭州绕城高速公路，规划总面积51.7平方千米。
2004		12月，《浙江湘湖保护与开发启动区块修建性详细规划》通过评审。启动区块面积为4.64平方千米，将恢复湖面1200亩。 12月17日，"跨湖桥文化"命名，跨湖桥遗址与下孙遗址考古学术报告——《跨湖桥》报告首发。
2005		2月，《浙江湘湖启动区块一期湖堤、湖岸工程设计》通过评审。2月17日，通过招标确定工程施工企业。3月8日，湘湖启动区块一期湖堤、湖岸工程建设开工。6月初，湘湖保护与开发工程领导小组和指挥部成立，王金财任领导小组组长，周先木任总指挥。6—11月，湘湖启动区块修建10座石桥，湘湖堤名、桥名、桥联征求、评选。6—11月，湘湖社区1400户居民、40多家企业房屋评估、签约、拆迁。10月，省政协文史委《关于加强越国固陵城遗址保护、开发和利用工作的建议》认为，"城山之巅的越国固陵城遗址，为越王句践屯兵抗吴的重要军事城堡，是目前唯一保护完好且与史书记载相符的古越文化遗址"，"固陵城是弥足珍贵的越国史迹"。时任中共杭州市委书记王国平批示："认真研究，积极采纳。"11月，湘湖启动区块开始园林绿化。
2006		2月9日，开挖湘河堤坝。湘湖与湘河隔断五十年后连通。

续表

纪年		湘湖大事纪略
（公元）年	朝代（时代）年	
2006		2月12日，新湘湖蓄水，水位首次达到设计黄海高程4.5米。 4月21日，湘湖启动区块（面积为4.64平方千米）水面为1200亩的新湘湖开园。
2007		1月26日，湘湖管委会召开湘湖启动区块北岸工程建设动员大会。 12月24日，湘湖启动区块二期工程，恢复水面600亩。
2008		"启动湘湖二期5.95平方千米的保护和开发"列入2008年政府办好十件实事之一，计划恢复湖面3000亩。 4月26日，浙江湘湖旅游度假区被评为"中国休闲旅游最佳目的地"。 4月30日，国家旅游局文件批准湘湖景区为国家4A级旅游景区。 8月27日，湘湖二期工程建设招标部正式成立。 10月1日，萧山少儿公园和极地海洋公园正式开放。
2009		9月28日，跨湖桥遗址博物馆建成开馆。 9月29日，杭州湘湖燕尔园开园迎宾。 10月1日，湘湖登山游步道建成并正式开放。
2010		3月9日，湘湖二期暨越王路、湖山路开工仪式在湘湖畔举行。 4月22日，湘湖（白马湖）研究院成立。 6月8日，浙江海洋学院萧山校区迁建工程举行奠基仪式。 9月23日，首届中国国际（萧山）跨湖桥文化节、第二届萧山国际旅游节、2010中国国际（萧山）钱江观潮节于湘湖边第一世界大剧场隆重开幕。

续表

纪　年		湘湖大事纪略
（公元）年	朝代（时代）年	
2011		9月14日，湘湖二期建成，于湘湖湖山广场举行开园仪式。二期工程景区面积5.95平方千米，恢复湖面2平方千米。
2012		5月30日，杭州市文物考古研究所于湘湖柴岭山上挖掘出一个西周时期的土墩墓群。
2013		是北宋萧山县令杨时建成湘湖900周年，也是实施湘湖保护与开发工程建设10周年。 7月18日，召开湘湖三期建设动员大会，正式拉开湘湖三期保护与开发建设的序幕。
2015		10月，成为首批国家级旅游度假区。
2016		10月1日，湘湖三期建成正式开园。三期恢复湖面2.9平方千米，湘湖湖面面积达到6.1平方千米，与6.38平方千米的西湖大小相当。湘湖度假区面积为35平方千米。
2017		12月17日，世界旅游联盟总部正式落户杭州萧山湘湖。
2023		2月24日，位于杭州市萧山区湘湖的世界旅游联盟总部正式建成启用。 6月1日，世界旅游博览馆正式开馆。

2005 年 11 月

2023 年 9 月补充

龙图遗蜕　越台拱秀

——湘湖两处来氏人文遗迹考

相传越王城山仰天螺山有来天官墓。为了解来天官与萧山来氏始祖的渊源，特意上山实地勘查，后经查阅《萧山来氏家谱》，发现了湘湖两处来氏人文遗迹：越台拱秀和龙图遗蜕。

一、越台拱秀

仰天螺山，因地形状若仰天田螺而名，在越王城遗址城垣外东南侧，为越王城遗址控制地带。这里有两座保存较为完好的古墓：一座为民国六年（1917）来菉铭墓。（碑文："来氏二十六世大宗清封奉直大夫晋封朝议大夫邑庠生兼袭云骑尉菉铭府君暨德配诰封宜人晋封恭人王太夫人合墓。"）另一座墓，石桌上方横石碑镌刻："崇祯十三年冬吉立，'越台拱秀'大字，为明崇祯阁臣、大学士钱士升题，由男立栻、孙男方炜等立。"因残缺镌刻墓主名的墓碑，而被当地村民误称的"来天官墓"，其实是立栻之父、方炜的祖父来光国之墓。《萧山来氏家谱》载："光国，字治征，号观吾，生正德辛巳……卒万历乙酉，年六十五，葬越王城仰天螺，以孙方炜贵，诰赠通议大夫、兵部右侍郎兼都察院右副都御史。"这与石刻碑文吻合。

来氏大支十六世方炜，为光国四子立模之子，字含赤，号泽兰，明万历甲午（1594）生，天启辛酉（1621）举人，乙丑（1625）进士，福州府侯官县知县，崇祯六年（1633）补嘉定令，历官吏部验封司员外郎，崇祯十三年（1640）随五叔父立栻为祖父立"越台拱秀"石碑，卒于清顺治戊子（1648）。因来方炜历官吏部员外郎，刚正不阿，人称"真吏部"，乡人称之"来天官"（俗称吏部官员为天官），故里宅第谓"天官第"，今尚存，门前大道称"天官路"。来方炜秉公执法，为官清正，以"崇祀（萧山）乡贤、嘉定县名宦祠"为后世纪念。

上述可见，仰天螺山"越台拱秀"石碑墓并非来天官墓，而是萧山来氏十六世的"来天官"方炜为祖父光国立碑之墓。其墓背靠越王台，朝向湘湖南岸的方家坞。方家坞有来氏始祖来廷绍墓。

关于湘湖越王城（台），有春秋古城遗址，又有方志记载、文人诗咏、民间传说。城垣外侧仰天螺山新发现的"越台拱秀"石碑，既是历史人文遗迹，也是湘湖越王台的明证，有保护价值。另外，该墓与附近的来裴铭墓现均保存完好，还可作为人文遗迹和当地民俗墓葬文化向游客展示。

二、龙图遗蜕

《萧山来氏家谱》载，始祖来廷绍，字继先，号平山，心不忘河洛故都故自号思洛，原籍河南开封府鄢陵县咸平乡，宋高宗绍兴庚午（1150）生于袁州（今江西宜春）宦邸，中光宗绍熙癸丑（1193）陈亮榜进士，历任朝散郎、龙图阁直学士，进阶宣奉大夫，宁宗嘉泰壬戌（1202）出知绍兴府事，道经萧山寓祇园寺僧舍病卒，享年五十三，葬湘湖方家坞。时长子师安随父赴任，以"故乡在数千里外，且隔在异域（为金兵占领）"，"于此得一佳山水可安父体魄者，葬越犹葬汴也，遂卜兆于湘湖方家坞,奉平山公遗蜕而窆（下葬）焉"（师安传略）。师安为父守墓,遂定居于萧山夏孝乡（距湘湖六七里）。来廷绍为长河来氏始祖。师安、师周兄弟二人请浙东安抚使辛弃疾（与苏轼并称"苏辛"的爱国词人）为父作墓志铭。志曰："……思洛幼负奇才，忠愤激烈，尝念祖宗耻未雪，愿奋不顾身，然未膺（接受）一命郁郁过四旬，绍熙四年中陈亮榜进士，天下士大夫识不识皆曰：'来陈俱登第，恢复有期矣！'……闻思洛以宣奉大夫出知绍兴府，予（辛弃疾）私喜曰：'来君来，事济矣！祖宗耻可雪矣！盖以绍兴乃越王卧薪尝胆之地，予与来无愧蠡种，不幸思洛未之任又卒矣！……"铭曰："壮志愤愤兮扶社稷，忠诚烈烈兮贯金石，怀抱郁郁兮未获伸，友义偲偲兮同挟策，皇天不慭兮夺其年，国步艰难兮谁共力，湘水苍苍兮荫佳城，千秋迢迢兮知来宅。"

由《萧山来氏家谱》记载可以确定，来廷绍墓在湘湖方家坞。方家坞地处湘湖南岸（即湖东）。有湘湖庙在方家坞。方家坞坐南朝北，透过象山、狮子山之间的井山湖可直面北方。湘水荫佳城，湖山面中原，这也是当年师安请人占卜选中的"佳山水可安父体魄"之地。

另据《萧山湘湖志》："来廷绍墓在湖东蜈蚣山……相传墓穴久失，乡人于湖中得石刻'龙图遗蜕'四字，遂筑亭竖石于中，亭柱镌有联云：'传遗诗礼家声远；秀发湖山瑞气长。'"蜈蚣山可能是方家坞的一座小山，"墓穴久失"是历代战乱所致。师安"于湘湖方家坞，奉平山公遗蜕而窆"，遗蜕即遗体或遗迹，来廷绍号平山，官龙图阁直学士，可以认为平山公遗蜕就是龙图遗蜕。"乡人于湖中得石刻'龙图遗蜕'"，可能就是师安请辛弃疾作墓志铭时所立石碑。因此，乡人于湖中得"龙图遗蜕"石刻，筑亭竖石撰联的事是可信的。萧山来氏始祖方家坞墓及后来的"龙图遗蜕"碑亭是来氏人文遗迹。

龙图遗蜕和越台拱秀，湘湖这两处来氏人文遗迹的保护、恢复，可望成为湘湖历史文化长廊中有价值的两处人文景观。

2008 年 5 月 12 日

构建湘湖文史档案　服务湘湖保护开发

（本文系萧山区"重新认识档案工作"大讨论活动征文，获一等奖）

浙江湘湖旅游度假区管理委员会，是2003年8月萧山区人民政府新组建的行政机关，具体负责实施湘湖保护与开发工程。湘湖是历史文化名湖。历史文化是湘湖保护开发工程规划设计的依据和参考。湘湖管委会肩负百万萧山人民的重托，力求将新湘湖打造成"自然生态湘湖、历史文化湘湖、休闲度假湘湖"。管委会领导十分重视挖掘和研究湘湖历史文化，把构建湘湖文史档案这一特殊的业务工作，作为机关档案工作的一部分，积极支持，狠抓落实。从而在四年内，从无到有地构建了内容最丰富、资料最全面的湘湖文史档案，及时为湘湖规划设计、工程建设、新闻报道和旅游宣传等各项工作，提供了参考依据，并为创建"国家4A级旅游景区"和"中国休闲旅游最佳目的地"，发挥了积极作用。

一、树立档案管理意识，构建湘湖文史档案

湘湖保护与开发，工作千头万绪，一切都需从头开始。湘湖管委会领导从一开始就注意把档案工作纳入到机关的日常工作中，为了深入挖掘和研究湘湖历史文化，专门成立了湘湖文化研究室，安排两名聘用人员，专职收集整理有关湘湖的各种文献资料，并要求按档案管理规范，分类立卷，创建湘湖文史档案，为湘湖保护与开发提供服务。

《档案法》明确指出："档案，是指过去和现在的机关、团体、企业事业单位和其他组织以及个人从事经济、政治、文化、社会、生态文明、军事、外事、科技等方面活动直接形成的对国家和社会具有保存价值的各种文字、图表、声像等不同形式的历史记录。"为了

创建湘湖文史档案，湘湖文化研究室以"挖掘、探索、研究、展示湘湖文化"为宗旨，通过各种途径，设法挖掘和收集有关湘湖文史的"历史记录"。

先从湘湖专著和地方志中收集资料。历代文人、学者为湘湖编撰的专著和史志，是有关湘湖历史文化全面系统的"历史记录"。为此，首先收集了《湘湖水利志》（三卷，清毛奇龄撰）、《湘湖考略》（清於士达著）、《萧山湘湖志》（民国周易藻编撰）等三部湘湖专著。从中发现线索，再到省市区各级图书馆、博物馆、档案馆、方志馆和学校图书馆等单位，通过检索、寻找、复印，获得所需古今文献资料。特别是历代《萧山县志》、南宋《嘉泰会稽志》、明代《萧山水利》和《萧山文化志》《城厢镇志》等方志，都有许多有关湘湖历史文化的记载。而方志的记载，一般比较客观，可信度高，参考价值大。通过查阅方志，收集了大量湘湖文史资料。

再从史籍、宗谱中挖掘有关湘湖历史事件、名人的文史资料。湘湖是春秋末期吴越争战的重要阵地。越王城山是句践被吴军围困时的保栖之地。从汉司马迁著《史记》，东汉袁康、吴平辑录《越绝书》，东汉赵晔著《吴越春秋》，宋司马光编著《资治通鉴》等史籍文献中，搜索有关越文化和吴越浙江之战记述的资料。从《湘湖孙氏宗谱》《萧山来氏家谱》和杨时、汤金钊、周易藻等湘湖名人年谱中，也收集了大量有关资料。

通过专业渠道获得资料。从萧山区地方志办公室等主办的《萧山史志》和萧山区历史学会的历年年会论文、高校专业学报和网上搜索有关湘湖历史文化的各种文章、图片。这些文章涉及面广，专业性强，研究有深度，参考价值较大。另外还收集了《湘湖——九个世纪的中国世事》（美国萧邦齐著）、《历史文化名湖——湘湖》（沈青松主编）、《湘湖古诗五百首》（杜永毅选编）、《湘湖民间传说》（吴桑梓等搜集整理）等专业人士近来编著的有关湘湖的书籍。

收集文化遗址考古资料。八千年前的跨湖桥遗址和两千五百年前的越王城遗址，是湘湖历史文化的两张金名片。通过博物馆收集了有关考古发掘和"越魂文物图片展"（浙江省文化厅、文物局等主办）等资料。

除了挖掘历史文化资料，也注意积累湘湖保护开发的新资料。随着湘湖的保护与开发，湘湖成了市、区报纸宣传报道的热点。报纸刊登了大量关于湘湖保护与开发的报道和湘湖文化研究文章。为此，坚持从市、区报刊中收集剪报资料、湘湖文化研究文章和湘湖保护与开发简报、景区名称、楹联、导游词以及规划设计文本等资料，为新湘湖积累新的"历史记录"。

湘湖管委会领导重视档案工作，把档案工作列入机关工作，专门设置机构，配备人员，及时修建、添置档案基础设施，从而确保收集、构建湘湖文史档案工作的顺利进行。四年多来，挖掘收集、编辑整理了总计400余万字的文史资料，初步创建了湘湖文史档案。

二、树立档案利用意识，服务湘湖保护开发

通过收集得到的湘湖文史资料，是为了利用而从"历史记录"中复印得到的。复印资料，是档案保存和提供利用的常用形式，虽然不是原始的"历史记录"，但具有同等的保存和利用价值，可以看作档案材料。而作为提供利用的资料，又是利用过程新的"历史记录"，成为新的技术业务档案，具有新的保存和利用价值。

档案利用包括"利用档案"和"档案提供利用"两个既密切联系而又不同的概念。利用档案是指利用者为了研究和解决各种问题而使用档案；档案提供利用工作是为满足利用需要的利用者提供档案材料，也就是为利用者服务的工作。利用档案是利用者的任务，提供利用是档案工作者的职责。收集、整理湘湖历史文化资料，构建文史档案，目的是更好利用文史档案，为湘湖保护与开发各项工作服务。而只有主动服务，积极提供利用和注意利用档案，才能充分发挥文史档案的作用。

历史文化是湘湖的灵魂。而文史档案如实地记录了历史活动各方面的真实情况，具有原始性、较大的真实性和内容的广泛性，是湘湖规划设计的必要依据，甚至是不可缺少的参考材料。为此，在收集整理、分类立卷的基础上，注意主动服务，积极提供利用，为湘湖保护开发各项工作服务。先后收集整理了《湘湖文献选编》4册、《湘湖文献集》3册，还专门整理了《湘湖二期区块规划设计参考资料》和《越王城遗址保护规划设计参考资料》《湘湖下孙宗祠民居规划设计参考资料》等资料，供规划设计单位进行启动区块和二期区块修建性详细规划作参考，还提出了"关于湘湖规划设计的几点意见"、"关于越王城景区建设的具体意见"、"锦上添花，画龙点睛——关于启动区块二期景点的建议"、"关于湘湖北岸景点建设的几点建议"、"挖掘历史文化，打造旅游景点——关于湘湖二期几处景点规划问题"等建议和意见，供领导决策，供设计参考。

档案是"历史记录"，是历史的真凭实据，有法律效用，可以作凭证，而作为历史真迹的档案，具有无可置辩的证据作用。湘湖专著等有关湘湖文史资料和跨湖桥遗址考古报告等都是湘湖历史文化具有证据作用的档案，在湘湖创建"国家4A级旅游景区"中发挥了重要的作用，也为湘湖"越王城"商标的司法应诉提供了重要的证据。

湘湖文史档案，也为湘湖景点命名和撰写楹联、导游词等提供翔实的历史背景资料，使景名和楹联蕴含湘湖历史文化，与湘湖历史文化融为一体。

为宣传湘湖提供资料。湘湖保护与开发，是利在当代、功在千秋的民心工程。但广大市民和国内外游客并不了解湘湖的过去和现在。宣传湘湖，扩大湘湖的影响，提高湘湖的知名度，显得十分重要。为此，注意及时向市、区报纸、电视等新闻媒体宣传报道湘湖提供资料，并为编撰《历史文化名湖——湘湖》及旅游、招商宣传图册等提供参考史料。还先后撰写了"湘湖的历史与文化"系列文章6篇、

"湘湖历史演变""湘湖知识拾零""湘湖大事记"等资料,以宣传湘湖,提高湘湖的知名度和美誉度。

　　构建湘湖文史档案,服务湘湖保护开发的工作实践,使我们认识了机关档案工作的必要性和做好档案工作的重要性,增强了档案意识、档案管理意识和档案利用意识,从而提高了做好档案工作的积极性和主动性。湘湖保护开发任重而道远。今后将进一步加强档案管理,通过深入研究和挖掘,收集更多有关湘湖的文史资料,积极提供利用,主动为湘湖二、三期工程等各项工作服务,使文史档案为打造湘湖人文景点,构建湘湖历史文化长廊,发挥更大的作用。

2008 年 6 月 8 日

《九怀词·水仙五郎》的祀神对象与现实意义

【内容提要】 本文从分析《九怀词》的写作背景、目的入手，结合萧山祭祀实际，阐述了《九怀词·水仙五郎》的祀神对象，分析认为以此地涨潮似并排奔腾的白马解释白马湖（或排马湖）湖名较合理、贴切，认为萧山民间至今过年仍祭祀（请）的五圣菩萨就是伍子胥的神化——水仙伍圣人，评价了《九怀词·水仙五郎》对湘湖历史文化研究与开发人文景观的现实意义。

《九怀词》为清代翰林院检讨、著名文学家毛奇龄撰写，《水仙五郎》是其中的第一篇。其词序中有关湘湖历史、传说和民俗的记述，在湘湖保护与开发以来，受到湘湖文化研究者的关注，而被较多地引用。但对其含义却各有不同的理解和看法：如认为湘湖民俗祭祀的"水仙神"是指湘神，而湘湖湖名源于湘神；建议为"事母孝"的五兄弟建纪念性景观，举办"湘湖水仙花节"等。为传承湘湖历史文化，建造相关人文景观，有必要了解《九怀词·水仙五郎》的祀神对象及现实意义。为便于阅读、理解，特将《九怀词·水仙五郎》词序及歌词，加标点、分段并注释，附后。

一、《九怀词》是祀神歌词

首先从毛奇龄《九怀词》序记述的历史原因与写作背景来分析。写作的历史原因，是春秋时期屈原作《九歌》十一章和晋代萧山人夏统"歌《土风》三章"的史实。词序开篇说："昔屈原放于江潭，见楚南之邑，其俗好祠（祀，笔者注，下同）而善为哀歌。每祠必师巫男女婆娑引声，歌神弦诸曲以悦于神，而其词鄙俚。（屈）原乃作《九歌》十一章变。"作者从屈原创作《九歌》的经历，联想到夏统"不忘故乡","歌《土风》三章以见志"的行为，认识到神弦歌的社会影响力："听者生故居之思焉！""然亦神言矣！"

写作背景是作者隐居巴山时"巫者吹箫度深林前去，且行且吹，声断续呦咽不忍闻"的见闻，而"思故乡越巫与楚相埒（等同）"，再联想到"今萧俗祠神尚有伍大夫"的萧山祭祀实际，"故居之思则未尝忘也"，从而勾起了对音乐有造诣、曾教授乐律的作者，为家乡萧山创作祀神歌词的动机。当时，萧山民间过年虽有祀神的习俗，但祀神歌词"不传""不记"。正如词序记述的：《土风》三章"其词不传不知何如"，"今萧俗祠神尚有伍大夫……且其词不记"，"因忆乡祠，当岁终巫者祝神名甚夥，皆不可考"，"其名多互异，展转讹错"等，表明创作统一规范的萧山祀神歌词，确有实际需要。

再从词序记述的写作经过：萧山乡祀"岁终巫者祝神名甚夥"，"其有特祠而略可疏（疏理）者，名凡有九"，"且以意考证并述所传闻，定词九章"，"仿汉大夫王褒旧名，亦名九怀"，从与《九歌》《土风》的归类、对比"以远附于《九歌》之末，纵词不逮原歌，声间奏必不及仲御（夏统字），而忧思纡郁前后一辙"，"曰吾怀之云尔，歌也乎哉"等分析，表明《九怀词》是毛奇龄"故居之思""因忆乡祠"，结合萧山年终祀神实际创作的，也是与《九歌》《土风》一样的祀神歌词。

二、《水仙五郎》的祀神对象是水仙伍圣人——伍子胥的神化

凡祀神歌，必有祀神对象。屈原的《九歌》，是以远古歌曲名称"九歌"，作《楚辞》的篇名。《九歌》共十一章。除第十章《国殇》祀卫国战死的将士、第十一章《礼魂》为祭祀各神鬼后的送神曲外，前九章分别祀九位神，如《湘君》祀湘水之神、《湘夫人》祀湘水女神等。湘水之神和湘水女神，是对帝舜和他两个妃子娥皇、女英的神化。舜死后，葬于湖南潇水与湘水合流的永州，被天帝封

为湘水之神，号湘君。娥皇、女英亦死于湘江，被封为湘水女神。湘水之神和湘水女神总称湘神。可见，《九歌》中《湘君》的祀神对象是湘水之神——舜的神化，《湘夫人》的祀神对象是湘水女神——舜妃娥皇、女英的神化。夏统的《土风》三章也都有特定的祀神对象——《慕歌》祀舜，《河女之章》祀孝娥，《小海唱》祀伍大夫（伍子胥）。

毛奇龄"因忆（萧山）乡祠"，以意考证并述所传闻，定词九章的《九怀词》，篇名隐晦，像屈原的《九歌》一样，不都能直接从篇名看出祀神对象，但各篇词的序文都说明"其有特祠"的祀神对象：《水仙五郎》祀水仙神，《沙虫王》祀越王句践，《下童》祀夏方，《江使君》祀江革，《苎萝小姑》祀西施，《张十一郎官》祀张夏，《北岭将军》祀厉狄，《萧相公》祀萧九（行九，失名），《荷仙》祀贺知章。其中后面七位是萧山本地人，都因对当地很有影响力的行为而被神化，受到祭祀。

另外两位被神化受祭祀的虽都不是萧山人，而从这两篇词序分别记述的人物〔水仙、伍相、伍（子）胥与句践〕、事件〔"伍相为吴主所杀"与"句践伐吴败归，吴兵追之，保栖于西陵之山而筑城其巅曰越王山"（《沙虫王》序文）〕和地点〔上湘湖、白马湖与越王（城）山、越王城〕分析，他们是萧山历史上最重大事件的亲历者，因而理所当然被作者列为《九怀词》的前两篇。

《水仙五郎》是《九怀词》的第一篇。词序开篇"萧山俗祠水仙神"，就表明这是为祭祀水仙神而作的祀神歌词。在词序和歌词中，还先后提到四位水仙神：五人（兄弟）"入江水取鱼，以潮至并漂去，因为潮神"；"伍胥死，吴人呼为水仙"；"灵平（屈原，名平，字原）死，楚人亦呼为水仙"；"冯夷（古代神话中的黄河水神）舞"。另外，从歌词中大量出现与水有关的文字，如江、水、波、涛、海、潮、流、清、泉、满等和水中的船、桨等物与荷花、鼋鼍、水母、虾、鳖、蜃、鲤等生物看，正是水仙神活动和管辖的环境。毫无疑问，《水仙五郎》

是祭祀水仙神的祀神歌词。

水仙即传说中的水仙神。被称为水仙神者，都是对死于水中或死后被抛尸水中的具体人的神化。祀水仙神必有特祀对象。但《九怀词·水仙五郎》词序及歌词中提到的四位水仙，都不是指湘水之神和湘水女神。再从总序中"今萧俗祠神尚有伍大夫，而舜帝与娥不与焉"和《水仙五郎》歌词中"早潮初落""晚潮又催""潮有信"等与潮水有关的环境看，祀神对象必是潮神水仙，而不可能是与潮水无关的湘水（江）的湘神。

《水仙五郎》的祀神对象应是上湘湖"湖边人家家祠之"的"水仙五圣人"，又名"水仙五郎"。该歌词序中关于"其神有五"，"相传是乡有兄弟，事母孝"，五人"入江水取鱼，以潮至并漂去，因为潮神"的表述，似乎是兄弟"五人"成为潮神。其实，这只是"相传"的传说。接着，作者借"杭俗祠三郎神"，对"神巫于祠时"，"五郎当来看三郎"的怖言作了按语，"伍相，杭人亦称伍郎，此五字当是伍字之误"，并回顾了春秋时期吴越争霸"伍相为吴主所杀"的历史和纽书（即《越绝书》）"伍胥死，吴人呼为水仙"的记载，进一步说明"水仙五郎"其实就是"水仙伍郎"，即"水仙伍圣人"。可见，《水仙五郎》就是祭祀"水仙伍圣人"的祀神歌词。是"展转讹错"，使历史上的吴国忠臣伍子胥，被"相传"为上湘湖的孝子五兄弟。需要特别说明，借用萧山方言的谐音字作篇名，是毛奇龄《九怀词》的写作手法：如第三篇篇名将夏童称为《下童》，第九篇篇名将贺仙称为《荷仙》一样，第一篇篇名将水仙伍圣人称为《水仙五郎》。两次提到伍郎，也表明这确是为祭祀伍子胥的神化——水仙伍圣人而作。

屈原将《湘君》（舜的神化）列为《九歌》首篇，毛奇龄将《水仙五郎》列为《九怀词》的第一篇，篇序中先后四次提到伍相、伍（子）胥，是由历史原因和地域特点决定的。和祭祀土地神一样，各地都有"特祠"的水仙神。而被"特祠"的水仙神往往是当地重大的、有影响事件的当事者被神化。春秋时期，吴越争霸，句践被困"保栖"于今湘湖越王城山，这是萧山历史上最为重大的事件。后"伍相（子胥）为吴主所杀"成为水仙。这一段吴越争霸的历史，结合写作当时"萧俗祠神尚有伍大夫"的实际分析，作为越国疆域萧山的百姓，出于自身功利价值的考虑，祭祀交战方吴国的主帅伍子胥，是可以理解的。

萧山地处水乡泽国，农耕渔业生产和生活居住环境虽较优越，但水灾对生产、生活的危害和对人的生命威胁往往是巨大的。正是出于对水灾的恐惧和对水仙神的崇敬，萧山百姓历来有祭祀水仙神的习俗，以祈求免灾、丰收和平安。于是作者将伍子胥的神化——水仙伍圣人，列为萧山岁终乡祀第一位。

需要说明，自佛教传入中国以后，逐渐与本土的道教相融合，民间祭祀中，也往往将祭祀神称作请（祭祀）菩萨。萧山至今仍保留过年祭祀（请）五圣菩萨的习俗。"五圣菩萨"不是指某五位圣人或五位菩萨，从"此五字当是伍字之误"，结合当时"今萧俗祠神尚有伍大夫"，可以认为五圣菩萨就是指伍子胥的神化——水仙伍圣人。自毛奇龄写作至今延续的祭祀，也是吴越争霸两千五百年以来本地祭祀民俗的传承。而且萧山民间祭祀的五圣菩萨并无专门的寺庙，这也与《水仙五郎》篇序中"萧人尝祠我无庙，吾庙在江中，不须也"相符，说明祭祀五圣菩萨就是祭祀水仙伍圣人。

三、《九怀词·水仙五郎》的现实意义

《九怀词》是为萧山岁终乡祀而创作的祀神歌词集，是毛奇龄为传承湘湖历史与民俗文化所作的重要贡献。毛奇龄根据历史文化和萧山本地自古传承的祀神习俗创作的《九怀词·水仙五郎》，对于当今研究湘湖历史文化和开发人文景观，具有十分重要的现实意义。

第一，《九怀词》词序"今萧俗祠神尚有伍大夫"与《水仙五郎》序文"萧山俗祠水仙神"，"上湘湖水仙花开，湖边人家家祠之"，"上

湘湖傍有白马湖是其迹也”，"伍相为吴主所杀"等记述，结合《沙虫王》序文中关于"句践伐吴败归，吴兵追之，保栖于西陵之山而筑城其巅，曰越王山，以其有城名为城山，俗名越王城方是，时句践意愦，命妇人采苦叶为藉，卧于其上，悬胆于梁而仰即含之""萧山人就城处立越王祠"等史实，表明今湘湖越王城山一带，正是春秋时期句践伐吴败归"保栖"和"卧薪尝胆"之地。萧山地区保留至今的年终请伍圣菩萨，是本地祭祀"水仙伍圣人"祀神习俗的延续，体现了当年历史的传承，充分说明湘湖越王城山与吴越争霸的历史渊源。这正是湘湖历史文化的魅力所在。

第二，从篇序"当潮上时，改乘白马，坐于潮头"，"上湘湖傍有白马湖是其迹也"的表述，可以看出当时白马湖水域还与钱塘江相通，而有"潮上"，潮水似并排奔腾的白马，由此解释白马湖或排马湖湖名，似乎更加合理、贴切。若以句践在此地"排马"布阵解释排（白）马湖湖名，可能缺乏依据，因为，一方面当时此地为水域不是陆地，不能排马布阵，另一方面吴越争霸时双方以水师交战为主，这可从吴越水师战斗图中得到印证。这一带河水纵横，战马实无用武之地。

第三，萧山年终祀神习俗和湘湖水仙花开时的祭祀活动，正是通过《九怀词·水仙五郎》得以传承，其中蕴含的历史与民俗文化，也为如今湘湖历史人文景观的建造提供了依据。

《水仙五郎》是按"今萧俗祠神尚有伍大夫"，"因忆乡祠，当岁终巫者祝神"的需要，以水仙神名，借"每岁秋节，上湘湖水仙花开"的地点、时间而创作。这里，水仙花不是通常所指的水仙花，开花时间也不是初春，而是"每岁秋节，上湘湖水仙花开"时，即是歌词所说的"神指水仙为期"，"谓荷花为水仙"，是以祀水仙神为名，称荷花为水仙花。所以上湘湖"湖边人家家祠之"的祭祀活动时间，实际是在荷花仍然开放的"秋节"。

上湘湖借井山湖与白马湖连通。根据《九怀词·水仙五郎》传承的历史与民俗文化，建议：在上湘湖井山湖旁建潮神（水仙伍圣人）雕塑景观，以使发生在湘湖的有关吴越争霸的历史人文景观更为完整，更加可信；每年举办湘湖荷花节，作为萧山观潮节活动内容之一。

正确解读《九怀词·水仙五郎》的祀神对象，利用其中传承的湘湖历史与民俗文化，在湘湖二期建设中通过构筑潮神景观和举办荷花节，可为景区增加历史文化内涵，丰富旅游观光活动。

2010年2月9日

附：清代毛奇龄《九怀词·水仙五郎》注释

九怀词

昔屈原放于江潭，见楚南之邑（古代区域单位），其俗好祠（春祭或得求曰祠）而善为哀歌。每祠必师巫男女婆娑引声，歌神弦诸曲（祀神所用的乐曲）以悦于神，而其词鄙俚（粗俗，浅陋）。原乃作《九歌》十一章变，其词大抵皆忧愁幽思中，心靡烦而无所发，不得已托兹神弦哀弹之，以摅（抒发）其抑纡（抑郁）之情。其声橙橙（音声），听者生故居之思焉！

予（我）避人之崇仁（尊爱），寄宿于巴山（指大巴山，今四川东北与陕西、湖北的界山）之民家者。越一年，过客祠华盖山者，不远百里，春粮（大米）负之。巫者吹箫度深林前去，且行且吹，声断续呦咽（形容低微的流水声）不忍闻。思故乡越巫与楚相埒，而词鄙尤甚，士君子犹歌之。

当晋武惠（晋武帝、晋惠帝，265—307年）时，予乡人夏统〔字仲御，会稽永兴（今萧山）人〕以采药入洛，洛王侯贵官争物色之，欲强之仕。统乃歌《土风》三章以见志。闻者曰："其人歌土风，不忘故乡，当不愿仕矣！"遂争致酒醴（甜酒）而去。

土风者，一《慕（思慕）歌》，祠舜也，谓舜能慕亲也；一《河女之章》，祠孝娥也，以孝娥为盱江女也；一《小海唱》，祠伍大夫也，大夫不良死而尸于江，哀之！江也者，海之小者也，虽其词不传不知何如，然亦神言矣！今萧俗祠神尚有伍大夫，而舜帝与娥不与焉，且其词不记，不能如仲御（夏统字）之能引声，而故居之思则未尝忘也。

因忆乡祠，当岁（年）终巫者祝（祈祷）神名甚夥（多），皆不可考，而其有特祠而略可疏（疏理）者，名凡有九。虽其名多互异，展转讹错，亦且以意考证并述所传闻，定词九章，以远附于《九歌》之末，纵词不逮（不及）原歌，声间奏必不及仲御，而忧思纡郁（曲折、深邃的样子）前后一辙，爰（于是）仿汉大夫王褒旧名，亦名九怀，曰吾怀之云尔，歌也乎哉！

水仙五郎

萧山俗祠水仙神。每岁秋节，上湘湖水仙花开，湖边人家家祠之。其神有五，一名水仙五圣人，又名水仙五郎。

相传是乡有兄弟，事母孝，傍湖而居。当水仙花时，其母思鱼餐，戒勿扰水中花。五人念满湖面皆花，定无可取鱼者，乃各衣鸺鹠之衣（鸺鹠，猫头鹰；鸺鹠之衣，指用于防雨而形似猫头鹰的蓑衣），入江水取鱼，以潮至并漂去，因为潮神。尝乘白马于水仙花开时，还故乡望母，故上湘湖傍有白马湖是其迹也。

杭俗祠三郎神。其祠（宗庙，祠堂）在候潮门外江塘边。一日神巫于祠时，大怖（恐怖）言霍霍："五郎当来看三郎矣！"须臾（片刻）潮至，坏庙一角。问："是何五郎，莫欲夺其庙否？"曰："萧人尝祠我无庙，吾（我的）庙在江中，不须也！"（按：伍相，杭人亦称伍郎，此五字当是伍字之误。）

伍相为吴主（王）所杀，煮之于镬（大锅），盛之以鸺鹠之衣，而游于江。伍相大恚（怒，怨恨），乃倪（同"脱"）去鸺鹠衣，当潮上时，改乘白马，坐于潮头。吴人望而认之曰："此伍郎也，今为仙矣！"故纽书（指《越绝书》）曰，伍胥死，吴人呼为水仙。或曰灵平（指屈原，原名平，自沉汨罗而死，后人传说为水仙）死，楚人亦呼为水仙，盖水神之称云。

前江兮风生沧波，浩渺兮江门不扃（上闩）须臾（片刻）；水上兮风雷并，排山而至兮遥天画青；砰磅訇磕（形容大而洪亮的声音）兮俨楼船之进兵，银戈组甲兮纷纵横；惊涛筑垒兮立海以作城，若有人兮推之行。（一间）

鼍鼌（鼍，鳖；鼌，扬子鳄）兮擂鼓，天吴呼噪兮冯夷（古代神话中的黄河水神，被天帝任命为河伯，管理河川）舞；前驱海若兮后逐水母，虾官鳖卒兮不知比数中有人兮骑白马。（二问）

早潮初落兮晚潮又催，江流上下兮无穷期；潮有信兮江有涯，望夫君兮君不来。（三问）

江流兮不住，朝从此来兮暮从此去，望夫君兮何处所。（四问）

春日兮西驰杨花，扑地兮漫天雪飞；江烟幂历兮江鸡啼，平沙草暖兮熏人欲迷，迎神不至兮打桨迟。（五问）

榴火兮将燃，着单衣兮无绵，迎神不至兮潮欲干；神指水仙为期兮今告予曰，不闲謇（正直）予将先期以要君兮谓荷花为水仙。（六问）

水仙兮奈何，秋霜未降兮花开满湖，神骑白马兮张灵弧（木弓）；解鞍歇马兮在前山之岨（同"阻"，险要），神之来兮待日下。（七问）

水仙兮芳香，秋风淅淅兮花开满江，神骑白马兮灵弧张；西山射虎兮东山射狼，神之来兮山月明。（八问）

泉清兮酒旨（味美），斫（劈）龙斩（斩）蜃（蚌类，大蛤蜊）兮炰（烹，煮）鳖鲙鲤；神左顾兮不跻（登）齿，但听清歌兮飒然以喜；金槽玉捩（琵琶的拔子）兮银甲指，琵琶三奏兮神醉止，旋风来四壁兮神去矣；白马将行兮花犹在水，水满堤兮花满沚（水中的小洲），望水仙兮思无已。（九问）

2010 年 1 月 13 日

注
1. 据文渊阁《四库全书》本《西河集》卷一百二十九加标点。
2. 《越绝书》载："后世称述，盖子胥水仙也。"子胥，指伍子胥。

五则湘湖文化遗存考究

湘湖是历史文化名湖。湘湖在沧桑岁月中留下的许多人文遗迹和历代文献、方志等古籍中大量有关湘湖的记载，都是传承湘湖历史的文化遗存。现就收集、了解的五则湘湖文化遗存，进行粗浅的考究。

一、康熙《莼赋》与湘湖莼菜

莼菜为湘湖最著名的特产。《嘉泰会稽志》在介绍萧山湘湖时称"湖生莼丝最美"。陆游等历代诗人游览湘湖时也留下了许多吟咏莼菜的诗句。

在收集湘湖文献资料时，从《四库全书》中发现了一篇有关湘湖莼菜的《莼赋》，赋序曰："莼，生杭之西湖与萧山之湘湖，一名水葵，蒂叶之间精华可鉴，而味又鲜美，如士君子道，胜而腴，意象闲远。朕南巡浙江，爱尝其羹，舟行多暇，援毫赋之。"这是清代康熙皇帝南巡浙江舟行时所作，为首次发现。

目前，还没有史料显示康熙皇帝到过湘湖。但清《圣祖仁皇帝御制文集》所载的《莼赋》，对莼菜生长季节、水质、特性、采摘、烹饪技巧、"入口之脆柔味"等的生动表述和"笑季鹰（张翰字）之所托，又何待于思秋"等赋句，都具有很强的专业性，可称是一篇关于莼菜的论文；而"朕南巡浙江，爱尝其羹"和"予求彼洞庭之所撷，恐难媲兹妙产""偶执笔以摛辞，宜荐之于琼楼"等赋语，可以说是康熙皇帝为湘湖莼菜所作的广告语和推介词。湘湖莼菜被列为贡品一点也不奇怪。

湘湖适于莼菜的生长，莼菜也使湘湖提高了知名度。有关湘湖莼菜的古籍文献记载以及原湘湖上孙村曾有一块"莼羹鲈脍"石碑，都是湘湖莼菜养殖、饮食文化的遗存。

随着湘湖的湮灭，湘湖莼菜一度消失。20世纪80年代，老虎洞村民在湖滨青山坞开发了80余亩莼菜养殖基地，产品直供杭州"楼外楼"等十大饭店、宾馆，还与日本的100余家公司签订销售合同。遗憾的是，再度复兴的湘湖莼菜业又一次消失了。

湘湖是萧山的名片，莼菜是湘湖的名片，湘湖莼菜有待重现辉煌。

二、"越台拱秀"石碑考

在湘湖越王城遗址外侧东南仰天螺山，有两座保存较为完好的来氏古墓。其中一座石碑镌刻"越台拱秀"四个大字，由"（明）大学士钱士升题"，为墓主之"（子）男立栻、孙男方炜等立"。因碑上未题写墓主名，而被当地村民误称为"来天官墓"。

《萧山来氏家谱》载："光国……卒万历乙酉，年六十五，葬越王城仰天螺，以孙方炜贵，诰赠通议大夫、兵部右侍郎兼都察院右副都御史。"其中，"葬越王城仰天螺"与"越台拱秀"石碑的地点均相符，"以孙方炜贵"表明立碑人方炜为光国之孙，系"来氏大支十六世"。来方炜为明天启辛酉（1621）举人，乙丑（1625）进士，历官吏部验封司员外郎。吏部为六部之首，俗称吏部官员为天官。故为官刚正不阿的来方炜被乡人称为"来天官"，以"崇祀（萧山）乡贤、嘉定县名宦祠"，为后世纪念，其长河故里宅第称"天官第"，门前大道称"天官路"。分析可见，"越台拱秀"石碑为"天官"来方炜请同朝为官的大学士钱士升题书，于崇祯十三年（1640）随五叔立栻，为祖父光国之墓所立，却被当地村民误称为"来天官墓"。

"越台拱秀"石碑古墓，与《萧山湘湖志》记载的长河来氏始祖来廷绍墓"龙图遗蜕"的石刻题额形式一脉相承，既反映了湘湖墓葬民俗文化，也是湘湖越王城早在四百多年前已称为越王台的证据，其作为文化遗存，在越王城遗址公园建设规划中值得保护，并向游客展示。

三、城山唱和诗及其人文内涵

周易藻编纂的《萧山湘湖志》卷七，录有两首清代诗文。一首是钱霦的《城山》，诗曰："西施明艳世间稀，此地曾经换舞衣。春色不随流水尽，暮山犹见彩云飞。"另一首为朱彝尊的《城山和钱六》，诗曰："江花江草满江关，浣女清歌日暮还。曲罢彩云犹未散，春风吹上土城山。"

这两首古诗的意境与人物，如春色与春风、暮山与日暮、彩云飞与彩云犹未散、换舞衣与清歌、西施与浣女等，都一一对应。尽管文中还不能确定钱六就是钱霦，但以排行称谓诗赠、唱和对象，却是朱彝尊的惯用手法，如他的诗作《赠蔡五十一（仲光）》《酬毛十九（奇龄）兼寄张五（杉）》等。而钱霦的确与朱彝尊往来甚密，有诗酬唱。再查朱彝尊《曝书亭集》，其中《土城山和钱六》诗后果然有上虞钱霦的《城山》诗原作，表明这两首诗确实是一组唱和诗。

朱彝尊与萧山毛奇龄一样，同于康熙十八年（1679）举博学鸿词科，授翰林院检讨，参与纂修《明史》，也对湘湖情有独钟，在游览湘湖时，怀古抒情，留下了《湘湖赋》《固陵怀古》等多首诗词。作为诗人兼通经史的学者，朱彝尊对春秋时期发生在湘湖地区的历史作了深入的研究。他的《固陵怀古》诗曰："越王此地受重围，置酒江亭感式微。想像诸臣纷涕泪，凄凉故国久暌违。"认为越王句践伐吴兵败后在固陵"此地受重围"，想象了句践入吴为臣前"临水祖道"时的凄惨场景。他的《湘湖赋》也有大量篇幅赋写了这段史事。

这首《土城山和钱六》，也是朱彝尊和他来往甚密的诗友钱霦，以诗唱和，借城山和浣女西施怀古，一起抒发他在明末清初改朝换代时，对春秋末期越王句践在城山卧薪尝胆、转死为霸历史的怀念之情。特别是朱彝尊将城山称为土城山，更显这位经史学者的专业水准。因为当年范蠡所筑固陵城，确实是沿山脊填土所筑，被《越绝书》称为"填山"，称土城山名副其实。

四、横筑塘村古湘湖遗迹

义桥镇横筑塘村的横筑塘埭、古湘湖塘遗址和赵家坞村的天昌闸等都是古湘湖及配套河渠留存的极为罕见的水利遗迹。横筑塘埭附近还留存了一块石碑，也与湘湖水利有关。

据保管这块石碑的85岁老人介绍，横筑塘埭附近旧有两座亭子，这块石碑在一个亭内，亭早被拆除，石碑用作铺路石阶。此石碑上"宋政和"等字清晰可见。查《萧山湘湖志》卷四，有文《清黄元寿毁塘建闸案》和《清黄元寿垦荒案》两篇，记述清光绪二十八年（1902）三月萧山县令瞿倬和光绪三十年（1904）五月萧山县令李菜分别为两案立禁碑事。现存石碑上"绍兴府萧山县正堂瞿""宋政和""三月立"等文字与《清黄元寿毁塘建闸案》文相吻合，表明这是一块清末湘湖水利禁碑。而另一个亭内，可能就是为《清黄元寿垦荒案》"自宋迄今禁止开垦，此次奉宪立碑永禁"的"禁令"碑。

北宋萧山县令杨时，视山可依，填土筑塘，修建湘湖。其后，湘湖禁垦之争不断，县令多次立碑永禁。横筑塘埭的这块石碑却是目前唯一发现存留的水利禁碑，值得保护并展示。

五、书画大家陈老莲父子与湘湖

湘湖山水秀美，蕴含人物古迹，李白、刘基等历代文人墨客留下了数百首诗词，其中也有元代王冕、明代徐渭、清代毛奇龄等书画家吟咏湘湖的诗篇。但古代书画家有关湘湖的丹青墨宝却很少见到。

在浙江省图书馆古籍部，查有《清朝书画家笔录》四卷，第二卷中有"字小莲题于湘湖之南楼"的条幅。"字小莲"为何人？从小莲联想到老莲。陈老莲，是明代画坛并称"南陈北崔"的大画家陈洪绶,其子,名字,字无名,号小莲。

陈洪绶是诸暨人,4岁时居萧山湘湖边长河来斯行家。来斯行为万历三十五年(1607)进士,历官福建右布政使、云南布政使,崇祯初年出资建造井山湖口的三善桥。陈洪绶4岁即居来斯行家,受其言传身教,17岁时与斯行之女完婚。另外,为湘湖老虎洞留下"此地曾传尝胆事;我来犹忆卧薪人"联句的刘宗周与陈洪绶有师生之谊。有关湘湖的古书画尚待发掘、收集。

历史文化是湘湖的灵魂,而文化遗存是构建历史文化湘湖的依据。在湘湖保护与开发中对湘湖文化遗存进行全面、系统发掘、研究与展示,必将有利于传承湘湖历史,弘扬湘湖文化,促进萧山旅游业的发展。

2011年2月25日

故乡情 湘湖梦

（"圆梦湘湖"征文 成人组一等奖）

我是因水而与湘湖结缘的。记得在萧山中学读高中时，每天清晨，我们都到城河里打水，刷牙，洗脸，连学生食堂用的水，也取自城河。听同学说，城河与湘湖相通，我这才知道萧山有个"湘湖"。三年高中生活，我就喝了三年湘湖水。其间我还与同学一起，到砖瓦厂泥塘里挖砖泥，在金家坞山上野营，见到了一望无际、波光粼粼的湘湖，留下了难以忘怀的印象。

后来，我到上海交通大学学习，又先后在大连内燃机车研究所工作，在华东交通大学任教。每次回家探望父母，乘火车到萧山站之前，我都会站起来，临窗远眺宽阔的湘湖水面。我知道，我已经把湘湖看作自己的故乡了。记不清从什么时候起，湘湖水面不见了，我的心中开始有了失落感。游子思乡情，离开故乡三十年后，我随着提出萧山创办大学的建议，于1988年年底调回萧山，在浙江电大萧山学院任教。我再次看到的湘湖，已名不副实，除了湘河及零星水域，就是一个个又大又深的泥塘。何时才能恢复湘湖，再见烟波浩渺的湘湖呢？从此，这成了我的梦想。

2001年年初，我退休了。但是对湘湖的情感和梦想，又迫使自己要努力做一点工作，尽一份力量。这时，我看到杭州实施跨钱塘江发展战略，萧山划归杭州市区，感到这将给湘湖的开发和利用带来新的机遇，湘湖将成为萧山经济社会发展的新亮点。于是，我借来了周易藻《萧山湘湖志》，在全面了解湘湖历史文化的基础上，将湘湖与"姐妹湖"西湖进行比较和分析研究，先后撰写了两篇论文——《浅论湘湖的开发与利用》和《对湘湖的认识与保护》，呼吁"恢复湘湖，开发湘湖"，并提出了"开发湘湖，首先要退耕还湖、退窑还湖，争取恢复新中国成立初尚存的一万余亩（约6.7平方千米）湘湖湖水面积"的构想和一些具体建议，分别寄给萧山区及上级有关领导。后来，我知道在此前后也有多位热心市民向有关部门和领导呼吁"还湖于民"。可见，湘湖的保护与开发是民心所向，大势所趋。所以，萧山区人民政府决定"启动湘湖保护与开发工作"后，这项"民心工程"得到了全区各部门和广大市民的关心与支持，也得到了征迁户和征迁企业的理解与配合。我期待梦想中的湘湖重现昔日山水环抱、湖山交融的风貌。

湘湖管委会的领导知道我关心湘湖，决定聘请我和另一位老先生，研究湘湖历史文化，为湘湖保护开发服务。梦想复湖，而又能亲自参与其中，这使我感到十分荣幸，但更多的是压力与责任。就这样，我退休后又开始了专业外的第二次"就业"。我们通过各种途径和方式搜集了大量有关湘湖历史文化的文献和资料，并分类汇编成册；再通过分析研究，整理成专题资料，供湘湖修建性详规和景区设计参考，为编写湘湖丛书、导游词和宣传图册等提供史料；撰写有关湘湖历史与文化的文章，宣传湘湖；还直接参与湘湖景名与楹联的征集与审定等工作，为湘湖保护与开发建设提供服务。这样，我参与了湘湖的文化建设，前后已做了十年"湘湖人"。

作为"湘湖人"，我深感责任重大。湘湖人文景观所展示的历史文化必须事出有据，真实可靠。启动区块一期工程建造的观鱼景区，由湖边一组亭榭、曲廊和石栈道组成，别具一格，但如何命名，可是费尽心思，设想多个方案，都不满意。后来，我提出用"湘浦观鱼"，即湘湖边观鱼的意思。但有的专家却认为不妥，说"湘"是专指湖南的，不能用。我从《康熙字典》中找到了依据："湖名。《广舆记》：在绍兴府萧山县。"专家们听后便一致同意定名"湘浦观鱼"。《康熙字典》为湘湖景点定名帮了忙。康熙皇帝有没有到过湘湖，目前还没有见到文字记载，但后来我却从《四库全书》中，发现康熙皇帝"爱尝"湘湖莼菜羹。他作的《莼赋》赋序说"莼，生杭之西湖与萧山之湘湖","朕南巡浙江，爱尝其羹"。这篇《莼赋》可作为今天湘湖莼菜的广告词。

湘堤为纪念杨时创建湘湖而名，堤上有一座雄伟大气的亭榭，位于湘湖纵轴线端头，是观赏湖景的绝佳场所。亭榭的命名，经反复讨论，也没有找到一个能确切表达如此美妙风景的名称。当我念出杨时《望湖楼晚眺》诗句"湖光写出千峰秀，天影融成十里秋"时，专家们都说，好！好！表达非常到位。有一位专家坐不住了，开始来回踱步，沉思中突然说："景名就叫'一镜容天'吧。"另一位专家接着说："楹联也不必另撰了，杨时的诗句就是现成最好的楹联。"一语中的，得到专家们一致赞同。此联配此额，可称佳构妙配。

景点文字传神达意，是否准确适宜，要接受游客的评说，历史的检验，来不得半点马虎。越王城是春秋末期越国屯兵抗吴的军事城堡，山下是越国配置大船军的军港，周围水域是吴越水师交战的战场。启动区块二期工程在越王城山山麓修建湖岸景观带，建造城山广场和一系列展示古越历史文化的人文景观。原来有人建议在湖边建军港，配置古战船，但一时无法实现。我根据《吴越春秋》中越王句践"入臣于吴，群臣皆送至浙江之上，临水祖道，军阵固陵"的记载，结合清代文学家朱彝尊《固陵怀古》诗句"越王此地受重围，置酒江亭感式微。想像诸臣纷涕泪，凄凉故国久暌违"，提出在湖边建一个亭子，纪念越王句践"临水祖道"2500周年。湘湖管委会领导同意了这个建议，决定建造一个碑亭，亭内竖"临水祖道"碑，以《文种祝词》作碑文。我们以《四库全书》中《吴越春秋》的文字制作了《文种祝词》。后来一份刊登《"临水祖道"石碑有错别字》文章的刊物送到了湘湖管委会。作者根据《古诗源》中"临水祖道"的具体内容，说文种祝词中"王离牽至"的"離"字，在石碑上成了错别字"雖"，"離"和"雖"两字意义完全不同，并指出"如此工程浩大的湘湖一期开发工程，力求要做到完美，尽管是一字之差，但影响却大"，建议改正错别字"雖"。我们又一次找来了《古诗源》

进行对比考证，发现《古诗源》关于"临水祖道"的文字虽出自《吴越春秋》，但与入编钦定《四库全书》史部之《吴越春秋》为不同版本，两者有三处不同。于是我写文章说明，碑文出自《四库全书》，"雖"字更符合祝词本意，是准确的。但这件事反映了游客、市民对景区文化的关注和监督，也为今后文化建设敲响了警钟。

挖掘、研究湘湖文化是十分枯燥的事情，但有时也能从中得到无法形容的乐趣。湘湖二期工程在湖边建造的一个亭子，设计名为"畅远亭"。在现场踏看时，发现这里湖面广阔，有人提出改为"平远亭"，更符合该景点的自然风光。谁知这一改，却正好传承了古湘湖的景点文化。后来，我从苏泂《湘湖饮平远亭，口占呈邢刍父》诗中，发现早在八百多年前湘湖边就有个"平远亭"。宋朝诗人苏泂，师从陆游学诗，也像他的老师一样，对湘湖情有独钟，他听陆游介绍湘湖美景，看到老师"此生安得常强健，小艇湘湖自采莼"的诗句，梦想到湘湖游览，于是他带着朋友一同来到了湘湖，在湖边的"平远亭"饮酒。随口吟诗赠友，发出了"湘湖湘湖在何许，不在天上终可寻"的感叹，表达了他寻访湘湖的决心。他还在另一首诗《湖中》表达了梦想成真的喜悦，"湘湖梦不到，今日到湘湖。草木尽春色，山川如画图"。如今，湘湖的景色更加秀美，我期望国内外游客像苏泂一样，把梦想变成"今日到湘湖"的行动。

新湘湖已经成为萧山市民的公园、外地游客的旅游胜地。每逢假日节庆，湘湖青山绿水之间，活动纷呈，游客爆满，呈现一派喜庆祥和的景象。每年正月十五闹元宵，都会在湘湖举行冬泳表演赛。这是我当初的建议，而我也连续参加了7届"湘湖杯"元宵冬泳表演赛，在湘湖中冬泳畅游，感受古越先民"习水便舟"习俗的乐趣。

喝湘湖水，结湘湖缘；思湘湖梦，做湘湖人；写湘湖文，游湘湖水：这就是我作为一个萧山市民的故乡情与湘湖梦。

2013年10月18日

金韵湘湖泉

漫漫八千年，湘湖这方神奇的水土，曾创造了灿烂的跨湖桥文化，传承了独特的古越文化和农耕水利文化。伴随着社会经济发展的商业、金融活动，在这里也展示出丰富多彩的文化内涵。金融，即货币资金的融通，维系着社会经济活动的正常运行，其功能像人体的血液系统。湘湖地区这个社会经济的"血液系统"，也像湘湖泉一样源远流长，蕴含诗韵。

金孕湘湖泉

早在两千五百多年前，越国大夫范蠡告别固陵（今湘湖越王城），弃官经商、治家创业，"三致千金"，被后世誉为"中华商祖"。

春秋末期，吴越两国争战不绝，越国大夫范蠡受命筑城屯兵。范蠡在浙江（今钱塘江）南路选择山水相间、易守难攻的"填山（今湘湖越王城山）"，在山巅填土筑城。《越绝书》卷八称该城为"浙江南路西城者，范蠡敦兵城也。其陵固可守，故谓之固陵。所以然者，以其大船军所置也"。可见，固陵就是范蠡屯兵抗吴的军事城堡。山下"大船军所置"，更使固陵城固若金汤。山上旧有"金城玉宇"摩崖，将固陵称为金城。

范蠡屯兵的固陵为交通要道、军事重地。固陵山水见证了越王句践兵败被困、馈鱼退敌、临水祖道、鸡鸣待诏、卧薪尝胆和出师伐吴等越国转死为霸的传奇故事。公元前494年，句践被吴王夫差困于固陵，正是范蠡献计并陪伴越王"身与之市"（自为人质），入吴为奴，才使越国免遭亡国。在越国"十年生聚，十年教训"期间，范蠡以"官卑年少"的计然为师，用计然的"七策"振兴越国经济。在越国逐渐强大后，范蠡多次统率越军由固陵港出师伐吴，终于辅佐句践复国雪耻，灭吴称霸。句践封范蠡为上将军，向周天子"表会稽山以为范蠡奉邑"，并对范蠡说："孤将与子分国而有之。"但范蠡却"以为大名之下，难以久居"，决心急流勇退。范蠡说："计然之策七，越用其五而得意。既已施于国，吾欲用之家。"决定弃官经商，治家创业。范蠡"为书辞句践"，"乃装其轻宝珠玉，自与其私徒属乘舟浮海以行，终不反"。范蠡毅然告别固陵，告别战争，告别名利，亲率家人、徒属，用行装所带句践奖赏的"轻宝珠玉"作原始资金，开始了治家创业的经商生涯。范蠡从"耕于海畔，苦身勠力，父子治产"开始，到陶"治产积居"，"候时转物，逐什一之利"，"十九年之中三致千金，再分散与贫交疏昆弟"。范蠡经商致富，"富好行其德"，是一位富商、仁商，理所当然地被誉为"中华商祖"。

范蠡在包括固陵在内的古越山水，学用计然七策振兴越国经济，从中也孕育了自己治家创业的经营意识与理念。范蠡告别金城固陵，却让湘湖走出了一位"中华商祖"。

金熔湘湖泉

两千多年前，在西城湖（今湘湖）曾经有过一个铸造钱币的作坊，熔金铸出了钱币大泉五十——湘湖泉。压乌山，又称"厴乌山"，因《嘉泰会稽志》记载"此山是亚父割断萧山南岭将厴于乌江"而名。项羽亚父范增割断萧山南岭压乌江是个神话故事，但两千多年后，却在放炮采石，真的断压乌山时，出土了新莽时期熔金铸泉的文物。

1992年4月的一天，压乌山采石场的工人在峭壁上放炮采石。中午时分，山岩上的大小石块随着一连串的炮声纷纷落地。稍后，从石裂土松的峭壁顶上掉下的一个黄沙甏四分五裂，甏内藏的古铜钱散落在碎石地表。工人们捡拾到的古铜钱等物品，被开拖拉机运石块的师傅装了两畚箕，但很快又被纷纷赶来看热闹的村民拿走了许多。第二天，萧山博物馆工作人员闻讯上门向村民宣传、说服，才收回了这次出土的铸铜母范、铜棒和铜钱，为研究新莽货币改制，展示湘湖金融历史文化发挥作用。

1999年12月出版的《萧山文物》，介绍了这次出土馆藏的五方二式（Ⅰ式范三方，Ⅱ式范二方）大泉五十叠铸铜母范及与Ⅰ式范母钱一致的铜钱——大泉五十。文中说："据分析，此地曾有铸钱作坊，正与《汉书·王莽传》载王莽'又遣谏大夫五十人分铸钱于郡国'相印证。"另外，据文物出土时在场的人介绍，除了大量铜钱和五件铸铜母范外，还发现几根五六厘米长的棒形铜材，铜棒的端头有熔化痕迹。同时出土熔化过的棒形铜材，也为"此地曾有铸钱作坊"的分析提供了证据。装着铜范、铜钱和铜材的黄沙甏，被压乌山采石炮炸开，揭开了此地铸钱作坊埋藏了两千多年的秘密，使人们仿佛看到了新莽时期屡改币制及造成的恶果。

西汉王朝摇摇欲坠之际，王莽摄政称帝后，为稳定政局，陆续颁布法令，附会《周礼》，托古改制，其中就先后进行了货币制度的改革：公元7年，王莽加铸错刀、契刀、大钱等三种钱币与原有的五铢钱共四品同时流通；公元9年，王莽始建国，因汉帝刘姓刀金偏旁犯忌，又废刀币和五铢钱，另作小钱与大钱一值五十并行，并颁令禁挟铜炭，以防盗铸；以后还有改作五物、六名、二十八品；只行大、小钱和尽废旧币，改行货布、货泉二品的币制改革。在短短十四年间，王莽五改币制，屡易货币。其中通行时间最长的是大泉五十。从王莽"分铸钱于郡国"的记载和从陕西临潼、户县及湘湖压乌山等地相继出土铜范看，大泉五十也是当时使用地区最广的钱币。压乌山铸铜母范书泉作钱，字体采用秦篆，也印证了王莽币制改革的复古意图。出土的Ⅰ式范、Ⅱ式范，字体笔画粗细不同，为前后不同时期所用。后期所用的大泉五十字体细瘦，且明显减重。王莽币改，强行大泉五十，给社会经济造成极大危害。当时1枚大泉五十的重量相当于2.5枚西汉五铢钱。这就是说，新莽政权每发行1枚大泉五十，就要从百姓手中夺取37.5铢钱的财富。据说时人对王莽钱币毫无信任，都私用五铢钱。

地处西城湖中的压乌山，与四周地面隔离，便于钱币铸造的安全管理。这里曾有过的铸钱作坊，可能是王莽遣谏大夫"分铸钱于郡国"的官营作坊，只是背面阴刻吉字的大泉五十铸铜母范，无法使王莽的币制改革逢凶化吉。新莽王朝也不满十五年就被此起彼伏的农民起义所推翻。而黄沙髻里单单收藏大泉五十钱范、钱币，又没有留下五花八门的王莽其他范币，这也可能是民间为了获取高达三倍毛利，不顾"禁挟铜炭，以防盗铸""一家铸钱，五家坐之，没入为奴婢"等禁令而私设的盗铸作坊。不管这是官营还是盗铸作坊的留存物，王莽币改混乱造成经济崩溃的教训，值得后来金融业引以为戒。

金涌湘湖泉

九百多年前，北宋萧山县令杨时顺应民意，在已湮废的西城湖，"视山可依，度地可圩，以山为界，筑土为塘"，修建了湘湖，使原来三万七千余亩高阜荒地变为蓄洪防旱的人工水库。从此，湘湖在当地经济发展中，以"日进一只金元宝"，源源不断为社会创造财富，像湘湖净土山麓的金泉井一样，泉涌不竭。

湘湖，蓄水灌溉周边九乡14万余亩农田，并以丰富的水产、山产和土地资源养育当地百姓，被萧山人民称为"母亲湖"。湘湖成湖以后，南宋当地官员又先后制定了《均水法》《湘湖均水利约束记》和禁止私占湘湖等规定，对湘湖进行科学、合理的管理；明代以后，魏骥等湖贤又与百姓一起参与湘湖的保护与治理，使湘湖历八百余年而不废，成为国外学者研究中国水利和社会的典型案例。"万顷湘湖民稼穑"，这是湘湖作为蓄水库对当地农业生产的贡献。

近百年来，随着湘湖边居民人数的不断增加和大片滩涂荒地的形成以及依赖湘湖灌溉农田的减少和现代抽水排灌机械的出现，使开发利用湘湖从需要变成了可能。民国初期，开垦、建设湘湖的计划、意见纷纷出台，原来属于水面的大量湘湖地域，被开垦成农田或办起了制作砖瓦的工厂。中华人民共和国成立以后，湘湖除了村民和湘湖农场的农田直接进行农业生产外，还有许多土地成了省、市、县属企业及许多私人企业的工厂和村民的住宅地。这次湘湖复湖，还湖于民，就搬迁企业和种养殖户1457家，拆迁民房3918户。近百年来，湘湖湖面土地直接用作农业生产和工业生产，创造财富，为民致富。这是湘湖在发展第一产业、第二产业中为当地社会所作的贡献。

新世纪初，杭州从"西湖时代"跨入"钱塘江时代"，萧山成为杭州主城区。2003年，萧山区人民政府启动"湘湖保护与开发工作"。湘湖保护与开发经过一期、二期工程建设，已恢复湖面3.2平方千米；建成的18平方千米旅游度假区形成了湘湖景区等4个国家4A级旅游景区。目前，湘湖三期工程建设全面开展，争创国家级旅游度假区和国家5A级旅游景区的工作已经启动。到第二年，一个湖面达到6平方千米，和西湖一样大的新湘湖将呈现在钱塘江南岸。旧时民间有"西湖日出一只金元宝，湘湖日进一只金元宝"之称，新湘湖将从过去农、工业生产为百姓"日进一只金元宝"，转变为与姐妹湖西湖一样依靠第三产业，在"日出一只金元宝"的旅游业中培育杭州、萧山经济新的增长点。

湘湖周边，创办于民国初的钱庄，如义桥的通惠钱庄、闻堰的同余钱庄等和中华人民共和国成立后的农村信用社等银行，都先后为湘湖开发建设提供资金支持，促进经济发展，金涌湘湖泉。

金融湘湖泉

湘湖人杰地灵。一百多年前，湘湖边出了一位担任过浙江省级银行行长、造币厂厂长的金融家，他就是金润泉先生。

湘湖成湖以后，先后接纳了许多前来谋生的人们，环湖渐渐形成了许多村镇,金润泉先生的故里就是其中之一。金家是从绍兴渔临关迁到萧山石岩山南麓金西村彭家里的。金先生名百顺,字润泉,就出生在这里。金润泉自幼家境贫寒,14岁被迫辍学,离家到杭州谋生。他当然不可能像当年范蠡告别固陵时"装其轻宝珠玉",开始外出创业。喝湘湖泉长大的金润泉由钱庄学徒起步,凭着天资聪慧和勤奋好学、吃苦耐劳的精神,很快掌握了金融经营之道,从清末出任大清银行浙江分行经理,到辛亥革命后任中国银行杭州分行行长、杭州造币厂厂长,再到中华人民共和国成立后留任中国银行杭州分行行长,四十余年间,成为浙江金融业举足轻重的传奇人物。其中,辛亥革命后,平息钞票挤兑银圆和提取存款风潮及由造币厂厂长金润泉具名借款,再由行长金润泉批贷,铸造成色统一的新银圆稳定金融,显示了金先生在金融业的领导才能与胆识;贷款支持修建浙赣铁路、钱江大桥、投资建造闸口电厂和参与筹办首届西湖博览会等,反映金先生对浙江经济建设的支持;抗日战争期间拒任伪省长,在银行转移中坚持营业和在解放战争中保护银行财产及请求当局不要炸毁钱江大桥,不要破坏电厂、水厂等行为,体现了金先生的爱国情怀和敬业精神;创办浙江红十字会、出资助学、捐助成立救火总会和救济战时难民等,反映出金先生的公益慈善之心。

　　金润泉,这位由王莽忌讳的刘姓去刀卯的金氏后裔,在社会大变革时代,在金融界开创和成就了一番大事业,为浙江经济的稳定与发展作出了贡献。故乡人民会永远记住这位"湘湖之子"。湘湖也为这位有陶朱公"富好行其德"风范的金融业巨擘而骄傲。

　　跨越了九百多年的湘湖,从蓄水防旱的农耕水库,转换成为当地提供备用水源、生态环境和面向国内外游客的旅游景区湖泊,使湘湖走出萧山,走向全国,走向世界。新湘湖已在越王城山南麓的大、小王坞建设金融小镇一期,还将在金西村区块规划二期。湘湖是走出"中华商祖"范蠡和浙江金融巨擘金润泉的风水宝地。湘湖金融小镇构建的金融中心必将充满活力,助推当地经济发展的这个"血液系统",也将谱写出新的诗篇,展示出绚丽多彩的湘湖金融文化。

2015 年 10 月 6 日

说明:
1. 关于湘湖金融小镇一期大、小毛坞区块地名,古籍和当地民间有多种说法,应科学、合理给予统一确认。
2. 古籍地名:(1)周易藻《萧山湘湖志》称为大、小黄坞;(2)民国十六年(1927)测绘的《湘湖建设计划图》称为大、小王坞。
3. 当地民间说法:(1)有的叫大、小望坞。萧山人"望"叫盲,当地百姓又将盲叫作毛(茅),于是就有大、小毛(茅)坞之说;(2)有的说,大、小坞内原来只有两三户人家,可能按家族大、小房,称作大、小房坞。
4. 萧山土话,读音不准,黄、王不分。本人意见山坞地处越王城山南麓,地名宜采用民国十六年(1927)测绘的《湘湖建设计划图》地名,定为大、小王坞。

筑湖传道　功在千秋
——评说杨时在萧山的历史功绩

北宋政和二年（1112）四月，"程门立雪"成语主人公之一杨时，赴任越州萧山县知县，至政和四年（1114）四月离开萧山。在萧山两年，杨时除了处理日常政务，同时还干了两件大事：一是听民意筑湖溉田；二是遵师嘱讲学传道。杨时筑湖、传道、利及当代，功在千秋，对萧山社会经济和教育的发展，产生了重大的影响。

一、筑湖溉田，造福百姓

明代萧山县令张懋的《萧山湘湖志略》，介绍了湘湖成湖前的状况，"原芜田也，至高阜"，"遇有连雨，水无所潴"，"低洼，受其淹没，艰于农事"。居民"乞筑为湖，宋神宗皇帝可其奏，旨下，无贤令不克缮营"。这就是说，当时湘湖地区本身经济价值不大，连雨时会危害四周低洼农田；居民建议筑湖，皇帝准奏下旨，却无县令组织实施。杨时任萧山县令后，听取民意和县尉方从礼的意见，了解筑湖的好处，决定实施三四十年前县民建议、皇帝下旨的工程。这是一项艰难的大工程，作为学者型官员，杨时是如何在不到两年的时间内完成的呢？第一，杨时召集耆老商议，并亲往勘查，确定了"视山可依，度地可圩，以山为界，筑土为塘"的筑湖方针和利用东西两座山脉，修筑南北两条堤坝，蓄水成湖的规划。第二，知人善任，任用"仕于州县，诚心爱民""独见称于有道者"的县尉方从礼，为筑湖工程总指挥"躬督其役"（宋许景衡《方文林墓志铭》），还有杨时学生、女婿陈渊，外地学生罗从彦，萧山学生戴集、萧欲仁等，积极支持筑湖，献计献策，协助方从礼监督管理筑湖工程。第三，筑湖工程，惠及民生，得到百姓的拥护与支持。湖域土地为"芜田"，也减少了筑湖的难度。当然,杨时的领导才能(后曾任工部侍郎)和人格魅力,也是工程顺利进行的重要因素。当时,"萧山之人,闻先生名,不治自化,人人图画先生形像,就家祠焉"。可见杨时在当时萧山百姓心中的地位。

杨时修筑湘湖的历史功绩主要有:

1. 筑堤成湖,造福一方百姓。依靠东西对峙两列山岭和在山的南北端修建的两条堤坝,将37002亩高阜芜田,改建成湖,防洪蓄水,化水害为水利,灌溉周边九乡146868亩农田,优化了这片土地资源,提高了湘湖及周边农田的经济效益,造福一方百姓,地方政府也从"均包湖米"中获益,利国利民。当湘湖筑湖七年后,地方豪绅提出废湖复田,是年恰逢大旱,靠湘湖水灌溉的周边农田,却得以丰收。事实证明,湘湖是周边农田收成的保障。筑湖十五年后,宋朝迁都杭州,为钱塘江北的京城提供蔬菜等农副产品,湘湖功不可没。

2. 筑堤成湖,谱写了一部湘湖水利史。杨时修筑湘湖,改写了这一地区的历史,一部新的湘湖水利史由此开始。筑堤成湖,依靠堤上的穴口和周围河渠、堰坝,形成了灌溉系统,湘湖流域构建起一个水利农耕的利益共同体。流域百姓自觉维护湘湖,遵守规定,从灌溉农田中获益。历任萧山官员,继承杨时开创的水利事业,在"禁垦之争"中坚持主禁,并制定了《均水法》《湘湖水利约束记》和以金线(黄土)为界,禁止私占等管理、保护湘湖的规章制度,使湘湖历八百余年而不废,为萧山农业经济的发展作出了不可磨灭的贡献,官民共同谱写了一部湘湖水利史,形成了独特的湘湖农耕水利文化,成为国内外学者研究中国水利和社会的典型案例。

3. 筑堤成湖,营造了一处游览胜地。湘湖地区古为杭州湾海湾,修筑湘湖,恢复了山水相间的古貌,形成"山抱水、水环山,山绕湖转、湖傍山走,山中藏湖、湖中有山,山水交融、湖山争辉"的格局。绿水青山，造就游览观光的自然环境，加上湖西北的越王城素有"周朝胜迹，越代名山"之称，使湘湖成了游览胜地，被誉为赛西湖。修筑湘湖的杨时"浮舟跨云行，冉冉蹴星汉"（《新湖夜行》），成了游览新湘湖的第一人。杨时还在望湖楼观赏新湖的美景："湖光写出千峰秀，天影融成十里秋。"（《望湖楼晚眺》）此后，湘湖成了历代文人游览怀古、聚会吟咏之地，他们留下了数百首古诗，其中就有游览越王城山、石岩山、压乌山和曹林庵的四组和韵诗。古诗传承和弘扬了湘湖历史文化与旅游文化。

4. 筑堤成湖，保护了一大片水土，为后续经济发展贮备了优质的土地资源。在农耕社会，水利是农业的命脉，为农耕水利保护湘湖，也保住了这3万多亩水土。随着社会经济的发展，在这片因保护而贮备的土地上，陆续办起农场、学校、水产养殖场、沿湖大大小小的砖瓦厂等，以后还建造了杭州齿轮箱厂和许多乡镇企业。湘湖的土地资源为地方工业经济的发展作出了新的贡献。在城厢砖瓦厂的挖泥塘，还发现了跨湖桥遗址，使八千年前的跨湖桥文化得以面世。

进入21世纪，萧山撤市成为杭州市一个区，适逢杭州市实施跨江沿江发展，湘湖迎来了新的发展机遇。中共萧山区委、区政府先后作出保护与开发湘湖，还湖于民的决策，通过一期、二期、三期工程建设，萧山人民得以圆梦湘湖。恢复湖面6.1平方千米的新湘湖，已成为国家4A级旅游景区、国家旅游度假区。国际旅游联盟总部和国际旅游博览馆在湘湖建成投入使用，昔日萧山人民的母亲湖，逐渐从萧山走向世界。

二、讲学传道，弘扬理学

杨时24岁考中进士后，并不急于为官。29岁、41岁时，先后与游酢等拜理学家程颢、程颐兄弟为师学习。后任浏阳县令、荆州府学教授等职，60岁任萧山县令。杨时始终牢记老师程颢分别时

"吾道南矣"的嘱咐，以"道南"为己任，在萧山讲学传道，弘扬程氏理学。

1. 道源讲学，对萧山教育学风和社会风尚产生深远影响。杨时在萧山处理公务，主持修筑湘湖，本已十分繁忙，但作为"学最纯""信道最笃"的"程门高第"，他把传播程氏理学作为自己一生的职责，走到哪里，传到哪里，而在萧山讲学传道，学生人数多，影响也最大。正如清张伯行《杨龟山集序》称："自先生官萧山，道日盛，学日彰，时从游千余人，讲论不辍，四方之士，尊重先生也至矣。"杨时当时在萧山讲学的地点，被后世称为"道源"。民国《萧山县志稿》介绍道源桥时，引用《道源田氏宗谱》："宋时昭明乡有戴某与邑令杨子游，曾讲学于斯，其后裔诚之建此桥，因以道源名。"昭明乡是湘湖灌溉九乡之一，在县城南。另明万历《萧山县志》载："道源桥，元戴成之建。"清乾隆《萧山县志》卷二十四《人物二》引用《通志》介绍戴成之，称其"创闸小江，以备旱涝，工役之费，未及于人""人以为至诚之感"。《乾隆志》还将《万历志》《康熙志》载道源桥的建造者戴成之，称为戴诚之。

元代戴成之所建的道源桥，南北跨道源河，位于今道源路南、育才路西，古为石板平桥，在"文革"中被改建为钢筋水泥环洞桥，改名为"文革桥"，今仍名道源桥。桥北道源桥自然村，今属杭州市萧山区城厢街道高桥社区，有田姓居民20多户。据田姓居民说，在道源河北沿岸、道源桥西，旧有田家祠堂，石板地面，后被毁；村里还有一座"道源钟秀"坊，为明弘治辛酉年（1501）解元、正德戊辰年（1508）进士田惟祐而立。道源桥应当是元朝时，居住在道源河附近的戴成之，为纪念其祖先戴集从宋邑令杨子（即杨时）游学而建，戴成之以桥北道源村名作桥名，可见道源地名已很有名气。

居住在道源桥北的田氏，自明初迁居道源村生息繁衍，因地名而称为道源田氏。道源村出了田惟祐等名人，确实是钟灵毓秀之地。

此地位于"治东南里许",离县城不远,作为讲学传道地确实很理想。从杨时游学的千余人,估计有不少萧山本地人,其中包括《道源田氏宗谱》中提到的戴集,还有一个叫萧欲仁。杨时当时曾为萧山萧欲仁《大学篇》书题。杨时"程门立雪",讲学传程氏理学和为民造福的高尚品德行为,对萧山地区树立尊师重学的学风和良好社会风尚,产生了重大的影响,并使萧山之民,"思之不忘","不治自化"。

2. 道源讲学,使萧山成为理学"道南"的重要中转站。杨时在萧山讲学传道,也吸引了周围地区学生前来求学,其中就有福建南剑人罗从彦,闻杨时得程氏之学,徒步一个多月来到萧山,向杨时求学。三日后就说:"不至是,几虚度一生矣!"而杨时经过面谈也高兴地说:"惟从彦可与言道。"两个福建人,相聚在萧山,好学生找到了好老师。学生罗从彦也不辜负老师的期望,守程氏之学,山居讲学不仕,又传了同乡李侗,三个同乡都是"接力"传道的先生,被后世称为"南剑三先生"。李侗后来又传了朱熹。从程氏理学传承发展成程朱理学,萧山是重要的中转站,因而成为道南之源。当年杨时讲学传道之地,理所当然地被后世称为"道源"。

杨时在萧山道源讲学传道,从《杨龟山先生集》卷十三《萧山所闻》中,我们可以看到当年杨时讲学的具体内容。这篇文章全篇不见老师杨时"所闻"萧山风土人情,却只见杨时用明道、伊川(二程)、孔孟和东坡的言论,针对实际问题,进行理论分析。巧的是《杨龟山先生集》卷二也有一篇《荆州所闻》,记录了先生(杨时)语录,是学生的听课笔记整理稿。而《萧山所闻》题下方"壬辰五月又自沙县来,至八月去"的人,正是罗从彦。可以肯定,这是学生罗从彦在萧山,"所闻"老师杨时讲学的听课笔记整理稿,记录的是当时杨时讲学传道的实际内容。这篇《萧山所闻》当时经杨时过目定稿,罗从彦抄了一份给老师留存,自己则以此为教材,"山居讲学",保程氏正宗,传程氏之学。这样,当罗从彦与老师杨时在同年(1135)

去世后，杨时受业诸子才会将该文"辑录"在《杨龟山先生集》中。

　　杨时在萧山任县令，筑湖灌溉农田，讲学南传理学，施德于民，造福百姓，值得后世敬仰、怀念和学习。今天，湘湖从萧山走向全国，走向世界。萧山人民永远记住这位在萧山建功立业的地方官。

2018 年 5 月 12 日初稿
2023 年 10 月修改

湘湖旧貌换新颜

湘湖，群山环绕，山清水秀，位于杭州市钱塘江南岸，萧山区城西，是杭州西湖的姐妹湖。湘湖，山水相依、气候宜人，适于人类生息繁衍，孕育了八千年的跨湖桥文明。湘湖，是兵家必争的军事重地，成了春秋时期吴越争战的古战场，越王句践曾在这里卧薪尝胆。

湘湖，位于浙江南北交通要道，是浙东唐诗之路的起点和唐代状元贺知章"少小离家老大回"的故里。九百余年前，这里被钱塘江的泥沙淤积成了高阜芜田，为灌溉周边农田，修筑了湘湖。自此，湘湖造福一方百姓，惠泽后世，被誉为萧山人民的母亲湖。但在人为因素和自然的共同影响下，母亲湖却经历了从筑湖、保湖到几乎湮废的沧桑岁月。改革开放的春风给湘湖复湖带来了机遇，2003年，中共萧山区委、区人民政府作出了"启动湘湖保护和开发工作的决定"，经过十余年的工程建设，面积为6.1平方千米，和西湖一样大小的新湘湖重现人间，萧山人民终于圆梦湘湖。作为退休教师，我有幸参与了湘湖保护与开发工作，亲眼见证了湘湖旧貌换新颜。

一、古湘湖

古湘湖始建于北宋政和二年（1112），是一个用于蓄水灌溉农田的人工水库。当年，"程门立雪"成语的主人公之一、补任萧山县知县的杨时，顺应民意并听取县尉方从礼的意见，决定实施三四十年前县民建议、皇帝下旨的建湖工程。经勘查确定了"视山可依，度地可圩，以山为界，筑土为塘"的筑湖方针，依靠东西对峙的两列山岭和在山的南北端修建的两条堤坝，将其间的37002亩高阜芜田，改建成湘湖。湘湖既能防洪抗旱，又可蓄水，通过湖堤上18个穴口和周围河渠、堰坝，灌溉九乡 146868 亩农田，造福一方百姓，政府也从收取"均包湖米"中获益，利国利民。因此，湘湖这个建造科学、使用合理、管理严格的灌溉水库，得到了流域内百姓的自觉维护；历任萧山地方官员，继承杨时开创的水利事业，在"禁垦之争"中坚持"主禁"，并制定和完善了保护、管理湘湖的规章制度，使湘湖历八百余年而不遭湮废，为萧山农业经济的发展作出了不可磨灭的贡献，形成了独特的湘湖农耕水利文化，成为国内外学者研究中国水利和农耕社会的典型案例。

湘湖山水，风景秀丽。杨时《望湖楼晚眺》诗句这样描写湘湖："湖光写出千峰秀，天影融成十里秋。"湘湖，水以山而奇丽，山以水而灵秀。富春江、浦阳江与钱塘江在这里三江汇流；浙西天目山潜渡钱塘江入萧山余脉（越王城山等）与富春龙门山延伸的支脉（萧然山等）在此地两山对峙，拱绕湘湖。南北蜿蜒曲折的这两座山脉，在湘湖边构成了数十个山坞及水漾湖、井山湖等两个山中小湖（坞），另有小山耸立湖中，形成"山抱水、水环山，山绕湖转、湖傍山走，山中藏湖、湖中有山，山水交融、湖山争辉"的自然格局。压乌山、定山等九座湖中小山，形态各异，有的似翠荷浮水，有的似鹭鸥眠沙，有的似镜中黛眉，美妙无比。清代康熙三十七年（1698），萧山县令金以培所题"湖山拱翠"摩崖，正是湘湖绿水青山美景的真实写照。

湘湖，自然风光秀美，又有深厚的历史文化底蕴，成了历代文人墨客游览怀古、聚会吟咏之地，他们留下了数百首湘湖古诗。唐代著名诗人李白、王维、孟浩然和宋、元、明、清名士陆游、文天祥、王冕、刘基、毛奇龄等都在这里留下赞美的诗篇。

湘湖风景美不胜收，其中两组"湘湖八景"最引人入胜。一组为湘湖西北岸湖里孙村《湘湖孙氏宗谱》收录的八景，有"龙井双涌""跨湖春涨""水漾鸣蛙""湘湖秋月""尖峰积雪""越城晚钟""柴岭樵歌""湖中落雁"，孙氏族人以每一景名为题，撰写了湘湖八景诗；另一组由当代文人编排景名，收录于《城厢镇志》中，八景有"城山怀古""览亭眺远""先照晨曦""跨湖秋月""杨岐钟声""横塘棹歌""湖心云影""山脚窑烟"。

当然,湘湖也有美中不足的无奈。那是当湘湖为灌溉农田,湖水被放干的时候。曾有记载说,有人闻听湘湖美景,却见到干涸的湘湖,自然大失所望。游览湘湖应选择湖面盈满、烟波浩渺之时,能见到"跨湖春涨"最好。

二、湘湖旧貌

湘湖由于泥沙淤积和周边人为蚕食,湖面逐渐减少。自明代开通碛堰山,建造麻溪、三江两闸后,依赖湘湖灌溉的农田已不足原来的一半,加上湖面淤积,周边人口增加,这些都使开垦湖内荒地成为可能和必要。1927年,政府制定了《湘湖建设计划》,上湘湖定山、压乌山一带收归国有。国立第三中山大学劳农学院(后改为浙江大学农学院农场、湘湖农场)和浙江省立湘湖乡村师范学校等,在此地开垦种植、建造房屋,先后占地约7000余亩。至1949年,湘湖水面仅存1万亩,已不足成湖初期的三分之一。中华人民共和国成立以后,由于河道整治和机电排灌设备的应用,周围农田灌溉对湘湖的依赖性更为降低,加上社会安定,人口猛增,粮食问题突出,在湘湖里围湖造田已成大势所趋。湘湖农场和周围乡村又先后围湖垦种达7000余亩。至1966年,湘湖水面减为3040亩。在此前后,又沿湖兴建了省、市、区、乡镇和村各级所属十余家砖瓦厂,还建了杭州齿轮箱厂和许多乡镇企业,另有苗圃和大片农田,使湘湖完全失去农田灌溉用水库的功能,水面仅剩一条三五十米宽、十余里长,用于自来水厂输水的湘河和几个零星的养殖鱼塘,总面积不过1460余亩。"湘湖"已有名无实,不再是一个湖名,而只是反映历史的一个地名。这一时期,湘湖以土地资源,继续为当地农业生产,特别是为国营和乡镇企业的工业生产发展,作出了新的巨大的贡献。

20世纪末期，面对半是农田、工厂，半是泥塘、河流，已名不副实的湘湖，如何更好地利用湘湖土地资源问题，已历史性地摆到地方政府和人民的面前。时值我国实施改革开放政策，经济社会得到了快速的发展。进入新世纪，萧山撤市成为杭州市区。随着杭州市实施沿江发展、跨江发展的新思路，中共萧山区委和萧山区人民政府顺应萧山人民圆梦湘湖的愿望，在1995年成立浙江湘湖旅游度假区的基础上，于2003年决定启动湘湖保护与开发工作。在湘湖创建九百年之后，重建旅游度假湘湖，利用湘湖的绿水青山发展第三产业。

三、新湘湖

2003年，开始实施湘湖保护与开发工作，以"历史文化湘湖、自然生态湘湖、休闲度假湘湖"为理念，编制了《湘湖区块控制性规划》和三个《区块修建性详细规划》，决定分三期工程，重建新湘湖。启动区块共恢复湖面1.2平方千米。其中一期工程在2006年4月22日建成，加上二期工程和后续的建设，使湘湖重现一湖秀水，两岸美景。长达9千米的自然生态湖岸还原了古湘湖风貌。湖中有湘堤、越堤和跨湖堤等三条湖堤，横贯湘湖两岸，湖堤和湖边有18座古石桥，显示了江南水乡的特色。湖岸至山麓有两条绿色景观带：一条是西北岸景观带，自湘里坊游客中心起至井山湖口，全长3千米，这既是一条自然生态的观景带，也是一条了解湘湖历史文化的怀古长廊。观景带上有下孙景区、越王城山景区和跨湖桥景区。下孙景区，有下孙文化村和湘湖渔村等景观，在下孙船埠可直面八千年前的下孙遗址，还有在建的逍遥庄园；越王城山景区，包括山麓城山广场的城山怀古坊、祖道亭、龙井双涌、荷花庄、德惠祠、道南书院以及越王城遗址公园的春秋越国屯兵抗吴古城堡遗址和越王祠等人文景观，还有山南的金融小镇；跨湖桥景区，包括重建的仿古跨湖桥、跨湖夜月景亭、婚庆园、古越窑影景观和象山船坞，船坞可见到跨湖桥遗址博物馆。另一条是东南岸景观带，岸边有一条绿化带和越风楼、跨湖桥遗址博物馆，公路旁沿山建造了湖滨楼、湘湖驿站、娃哈哈养生园、跨湖楼和杭州极地海洋世界等休闲度假服务设施和游览景观。

湘湖二期区块于2009年开始建设，2011年9月14日建成开园，景区全新亮相：又恢复湖面2平方千米；沿湖建成了茗醉园、古越人家等酒店，平远亭、巡越台、采莼园、盈盈榭亭台楼榭等景观和老虎洞游客中心；在湖中建造了杨堤和湘湖路堤。在湘湖路堤上和两岸景观带中又建造了52座桥梁；在湖边建造了古朴、生态的青浦问莼、云洲敛翠、眉山听风、金沙戏水、紫燕洲等景点；在湖山广场湖边建了休闲大舞台和大型音乐喷泉；另建了大型停车场等配套设施；还有正在建造的兰博基尼酒店和开元森泊度假乐园等住宿餐饮设施。

2013年是杨时建成湘湖900周年，也是当今萧山人民大手笔实施湘湖保护与开发10周年。恢复湖面3.2平方千米的湘湖，已被评为国家4A级风景旅游区、中国百强景区和中国休闲旅游目的地等。景区还拥有杭州乐园、东方文化园和杭州极地海洋公园等三个国家4A级旅游景区。

湘湖三期工程于2016年9月30日全面建成。三期建设又恢复湖面2.9平方千米，也使压乌山、定山恢复古貌，秀立湖中，并重现"湘湖云影"古景；湖东南岸景区新建了为纪念贺知章而命名的贺公堤和38座仿古石桥，使新湘湖拥有的石桥达到了108座。石桥结构不同，造型各异，千姿百态，被誉为湘湖桥梁博物园；湖的东南端新建了游客中心和餐饮设施；还建有金融小镇二期。

湘湖三期工程收官，终使萧山人民圆梦湘湖。新湘湖湖面积6.1平方千米，与杭州西湖面积6.38平方米大小相当。以"历史文化、自然生态、休闲度假"为主题定位、总面积为35平方千米的湘湖旅游度假区，被批准为全国首批国家级旅游度假区。去年，世界旅游联盟（WTA）总部落户湘湖压乌山。目前，湘湖正以"杭州湘湖跨湖桥景区"为名，创建国家 5A 级旅游景区，创建景观质量已通过省级评审，将迎接国家级评审。

湘湖旧貌换新颜，从乡村的自然山水，转变为城市的生态环境和备用水源，从萧山的灌溉水库转变为国家级旅游度假区湖泊，从为萧山的农业和工业服务转变成为杭州的休闲旅游产业服务，从造福当地百姓转变为面向国内外游客的休闲旅游度假胜地。湘湖从萧山走向世界。古湘湖美，新湘湖更美。九百年前，萧山县令杨时两年修建湘湖，确实不易。而九百年后，萧山人民十五年重建新湘湖更为困难。建设资金的安排、农保地的使用及数千户居民和千余家企业的拆迁安置等问题很多，但在改革开放的大环境下，一切问题就容易解决。湘湖保护与开发启动后，在萧山全区各部门和广大市民的大力支持下，在全体拆迁户和拆迁企业的积极配合下，湘湖建设者发扬"五加二"和"白加黑"的工作精神，使这项萧山经济建设史上投资最多、周期最长、难度最大的工程顺利建成。因此，新湘湖的面世离不开改革开放。湘湖国家级旅游度假区的建成，是萧山改革开放的一项重大成果。

2018 年 6 月 28 日

王城相湖水依山

——湘湖湖名索源

【内容提要】 湘湖湖名取义，是笔者自 2001 年退休后开始研究湘湖文化、参加湘湖保护与开发工作以来，一直关注的问题。学者虽不认同明初钱宰《湘阴草堂记》中"境之胜若潇湘然，因以名之"的湘湖湖名取义，而提出的各种解释又尚无定论。湘湖景区导游只得仍按"潇湘然"解释湖名。笔者在湘湖志愿者服务处值班时，常有游客质疑湖名，遂又作了《四库全书》影印版等文献考证和调查研究。本文试图通过湖名和相关地名（城名）的历史记载、名称变化，结合越王句践在湘湖山水的传奇经历和范蠡在固陵的活动及对越国的贡献，从山水名称的延续性和相关性，来探索湘湖湖名之含义。

【关键词】 湘湖；湖名；范蠡

湘湖，在杭州市萧山区城西、钱塘江南岸。自西南至东北走向的萧然山、越王城山，在此地两山对峙，拱绕湘湖。湘湖，绿水青山，山水相依，蓄水溉田，造福百姓，被誉为"萧山人民的母亲湖"。关于湘湖湖名的取义，即何时，何以名湘湖，在古籍文献中曾有过记载。实施湘湖保护与开发前后，很自然又受到关注和重视。学者对何时名湘湖的考证取得了进展，确定在杨时建湘湖前，唐宋时就有萧山"湘湖"的记载。但因古籍以讹传讹，也引起过一些误解。而对何以名湘湖，却仍停留在明初钱宰《湘阴草堂记》"境之胜若潇湘然，因以名之"的说法。这种随意的解释，难以令人信服。"湘湖，究竟何以称湘湖？"笔者在湘湖志愿者服务处值班时，常有游

---

① 此文载《浙江文史资料》2023 年第 2—3 期。

客提出这样的质疑，不免勾起过去对湖名问题认识的回忆，同时决定再对湘湖湖名进行考证和研究，以期给湘湖湖名一个符合历史文化的合理解释。

一、何时名湘湖

北宋政和二年（1112），萧山县令杨时，顺应民意，在淤塞成的高阜地，利用东西两边的萧然山和越王城山山岭，筑南北两条堤塘，修建成湖，以蓄洪防旱，灌溉周边九乡14万余亩农田。新湖建成后，杨时浮舟湖上，夜宿荒陂，作《新湖夜行》诗，表达他为百姓办成一件实事后的喜悦心情。当时确定新湖湖名应该不难。建新湖的高阜地原有一个面积不小的湘湖。复湖复名，理所当然。古湘湖获得了新生，当然就会被主持建湖的县令杨时，称作"新湖"；当时周围百姓，早已习惯于"湘湖"这个名称，自然就会将新湖称为湘湖。

1. 建湖后湘湖湖名的最早记载

北宋许景衡《横塘集》中的《方文林墓志铭》记载："萧山湘湖湮废久，民田无以溉，从礼亟以浚治，请于有司，而躬督其役，未几湖复，邑人赖其利。"从中，后人可以了解，时任萧山县尉方从礼（后升任文林郎而称方文林），协助县令杨时，从建议、调查，到躬督修建湘湖的全过程。方从礼是萧山湘湖复湖利民的功臣。至于《墓志铭》撰写的时间，应该是从道为兄请铭的重和二年（1119）。这符合许景衡、方从礼和杨时三人关系的情理和"从道自台抵福"请铭、许景衡"尝闻诸杨先生中立（杨时字）曰'仕于州县，诚心爱民，若吾从礼者无几'"和"我铭从礼以劝当世"的实际情况。由此，可以基本确定，湘湖修建后七年，即1119年，就有了湘湖湖名的正式记载。

2. 南朝宋《幽明录》无湘湖湖名记载

上述"萧山湘湖湮废久"，说明建湖前应当有逐渐被湮废的湘湖，也会有湖名的记载。《萧山文化志》（1990年6月版），在介绍湘湖景点时，称"南朝宋刘义庆《幽明录》已有湘湖名称和故事记载"。此说后又被学者引用。但这种说法缺乏考证。事实上，被认为是《幽明录》记载"湘湖"名称的这个故事，编在《四库全书》（影印版）的四个文集中。最早的是晋干宝《搜神记》记载："吴余杭县南有上湖湖中央作塘。"且不说故事发生在余杭，引文中连一个湘字也没有。以后这个故事又被南朝宋刘义庆编录于《幽明录》。宋李昉《太平广记·河伯》和明董斯张《广博物志》再收录《幽明录》的这个故事，但引文中均为"湖湖"。唐释道世再据《幽明录》，编在《法苑珠林》时，将引文中"湖湖"错为"湘湘"。只有收录在明《永乐大典》的《幽明录》错为"湘湖"。而且故事发生在余杭，不在萧山。可见，说南朝宋时已有萧山湘湖名称的记载是没有依据的。何况，南朝宋（420—479）时，湖名应是北魏（386—534）郦道元在《水经注》中所称的西城湖。

3. 唐末湘湖湖名的记载

浙江理工大学副教授蔡堂根博士，在撰写关于唐末著名道教学者杜光庭专著时，见到杜光庭撰《道教灵验记·萧山白鹤观石像老君验》一文中，"提及萧山湘湖"。蔡先生是湖南（湘）人。这是目前他发现湘湖湖名在古籍中最早的记载。

另外，宋检校秘书监兼御史大夫孙光宪（约895—968）撰著的《北梦琐言》，"所载都是唐末五代诸国轶事遗文，可资考证"。其中《周蕡》等篇，在宋太平兴国三年（978）由李昉等编录在《太平广记》，入编《四库全书》。可见，《周蕡》篇中"湘湖有大校周蕡者"的记载，并非出自南朝宋刘义庆的《幽明录》。《周蕡》所载"湘湖"，应为唐末五代时期的湖名。这也可为唐杜光庭《萧山白鹤观石像老君验》所载"湘湖"佐证。

4. 北宋建湖前就有湘湖湖名记载

2006年，新湘湖一期工程恢复湖面后，蔡堂根博士提出"湘湖之名在杨时造湖之前就已经存在"。他根据北宋刘敞著《公是集》诗文《得萧山书言吏民颇相信又言湘湖之奇及生子名湘戏作此诗》，认为，"得萧山书"，"应该是指得到其弟弟刘和的信。刘敞与弟弟刘和关系很好，常有书信、诗文等往来"。刘和任萧山县令时，"不仅修复了萧山的'岁寒堂'，还'清酒肥鱼宴宾客，时时骑马临湘湖'。当时的湘湖大概很神奇"，"以至于儿子降生后，刘和要给儿子取名为湘"。"此诗表明，最迟在庆历年间（1041—1048），在杨时造湖的六十余年之前，萧山就已经有了湘湖。"

刘敞接到任萧山县令的弟弟书信，所作的诗句"时时骑马临湘湖""湖波无风百里平""令尹生儿湖作名"等，真实记载了当时的湘湖：风景美，湖面广，影响大。

宋代江西新喻（今新余市）人刘敞一家，与萧山湘湖还很有缘分和情谊。刘氏伯侄为官萧山，善政惠民。刘敞（1019—1068），字原父，号公是。其弟刘攽（1023—1089），字贡父，号公非。兄弟俩同中庆历六年（1046）进士。刘敞《公是集》除了上面得萧山书"戏作此诗"外，还在卷三十六《岁寒堂记》中说："天圣中，伯父为萧山，去十二岁，而吾弟和亦为萧山。萧山之人固望而喜矣。"在卷十四《寄题萧山岁寒堂》中又说："伯父曾宰此邑。"刘敞次弟刘攽所作《彭城集》卷九有《寄题萧山岁寒堂直己亭》《寄和父》《寄杨十七》等。《寄和父》中原注"时自宋之任越州"，说明是和父任越州萧山令时所作。《寄杨十七》中原注："杨有诗道和父萧山政善，作此报之。"这是刘攽听杨十七说"和父萧山政善"而作。诗中刘敞所称"吾弟和"、刘攽所称"和父"，为刘敔，字和父。他是刘敞的堂弟、刘攽的堂兄。由此可见，"时时骑马临湘湖""生子名湘"的萧山县令是刘敔。刘敔比刘敞兄弟早四年中进士，时年不足23岁，故被刘敞称为"吾家千里驹"。他与刘敞、刘攽兄弟情深，常有书信、诗文往来，使刘敞、刘攽了解萧山湘湖的情况。

另《宋史·刘敞传》载，"敞侍英宗讲读"，"帝固重其才，每燕见他学士，必问敞安否。帝食新橙，命赐之"。攽"仕州县二十年"，

"召拜中书舍人"。刘攽在宋英宗治平三年（1066）前后，已与哥哥刘敞同朝为官，官至中书舍人，负责承办各项文书，起草有关诏令。当"居民吴氏等具状闻奏，乞筑为湖"时，兄弟俩自然会向宋神宗介绍湘湖有关情况，使"宋神宗皇帝可其奏"，并"旨下"筑湖。只因"无贤令不克缮营"，才使皇帝批准的筑湖工程没有实施，但这为六十多年后"贤令"杨时顺利修筑湘湖打好了基础。因此，刘敞、刘攽兄弟可能还是修筑湘湖的前期功臣。

二、何以名湘湖

上述可知，早在唐末和北宋就有湘湖湖名的记载，北宋杨时筑湖后，很自然沿用了原来的湘湖湖名。但对湖名取义，唐宋时期似乎并不成为问题。当然，也可能是目前还没有发现当时有关记载。

1. 湘湖湖名取义的最早历史记载

明初钱宰所撰《湘阴草堂记》记载："句越之墟有山焉，曰萧山；有水焉，曰湘湖。山秀而疏，水澄而深，邑之人谓境之胜若潇湘然，因以名之。有汤处士者，世居其地，间尝筑室于湘水之阴。日与宾客燕处其上，以遨以嬉，且将以为归藏之地焉，名之曰湘阴草堂。"可见，湘阴草堂是汤处士在其世居地湘湖之南所筑，用以居住，日与宾客燕处，将以为归藏之地。钱宰应该没有到过湘阴草堂。汤处士特意让儿子去请这位当时很有名望的国子博士、祖籍临安的会稽人钱宰，来写堂记，以提高"草堂"的声誉和知名度。汤处士之子在陈述时，当然会说明在句践越国故址，有萧山，有湘湖，草堂地处湘湖之南，这里山水风景，胜若潇湘然。于是钱宰就借邑人之口，"谓境之胜若潇湘然"，作出了"因以名之"的结论。这种对湘湖湖名的随意解释，显然并没有被当时和后来的文人、学者所认可。从明嘉靖开始，历代《萧山县志》在《水利》中介绍湘湖时，只称"曰湘湖"，而均未引用钱宰的湖名说。

2. 民国《萧山湘湖志》存钱宰湖名说

民国十四年（1925），周易藻在湘湖"辛庐"家中，编纂《萧山湘湖志》时，显然是怀疑钱宰的湖名说，故称"湘湖之名不知何所取义"，只因"他书无所考证，姑存其说"。周易藻不认同钱宰关于湘湖湖名的说法，却像《湘阴草堂记》记载的汤处士一样，在湘湖之北的上孙村缸窑湾建生圹，旁筑室三楹，颜曰"辛庐"，用作幽居，以为归藏之地，还请萧山"世进士"后裔王仁溥作《辛庐记》。

3. 当代学者湖名取义的几种观点

直到20世纪90年代初，特别是实施湘湖保护与开发工程以后，才有学者关心湖名取义，提出了以下关于湘湖湖名取义新的解释。

首先是，1990年6月版《萧山文化志》称："湖因有人解释湖光山色如潇湘妃子而得名。"

二是认为，"湘湖之'湘'源于湘神"，"非湖南'潇湘'之景"。理由是"萧山湘湖周边是舜传说故事集中区域，各朝《萧山县志》大都记载有湘湖周边的历山、渔浦、舜湖等传说，这就使得舜之妻尧之女娥皇、女英化身的'湘神（水仙神）'传说有了依据"，还有"萧山历史上有祭祀湘神（百姓叫水仙神）的习俗"。

三是认为，"钱宰《湘阴草堂记》对湘湖湖名的解释无疑是错误的"，"对湘湖的解释虽然随意、牵强，但尚能反映湘湖命名的基本思路"，"同样重要的山和湖毗邻在一起，人们在取名时也许会考虑其名字的关联和对称"，"潇湘二字历来连用代指湖南。'潇'与'萧'音同形近……而湖就在萧山脚下，出于关联和对称的考虑，人们在命名时很容易想到'湘湖'，即通过'潇湘'二字把山和湖之间关联又对称的关系准确地表达出来"。

四是，从"发现与'湘'同音的字多含宽长形空间"和发现"湘"字或同音地名的地形地貌共同特点，认为"湘湖的湖名同其他'湘'字或同音字地名有一定相关性，应该与其特殊的地形和地理位置相关。而'西乡相藏里'（指从闻堰镇老虎洞南朝墓出土的墓砖铭文）的发现，也为我们进一步揭开湘湖湖名命名的面纱，提供了十分珍贵的线索"。

五是认为,湘湖为北宋萧山县令杨时开筑,而杨时此前曾任湖南(简称湘)浏阳县令,湖名可能与此有关。

目前,关于湘湖湖名取义,众说纷纭,却无定论,只得按周易藻的"姑存其说",以"境之胜若潇湘然"解释湘湖。

三、湖名之我见

我对湘湖湖名的认识,经历了从认同钱宰湖名说,到怀疑,然后探索湖名取义的过程。

1. 认同钱宰湖名说

2001年年初退休后,我借来了周易藻《萧山湘湖志》,首次见到钱宰《湘阴草堂记》"境之胜若潇湘然,因以名之"的湘湖湖名解释,其给我留下了深刻的印象。先后撰写了《浅论湘湖的开发与利用》和《对湘湖的认识与保护》两篇论文,呼吁"恢复湖面,开发湘湖",提出"让潇湘湖光再现人间",分别寄给萧山区及上级领导。

萧山区政府正式实施湘湖保护与开发后,我受聘参与湘湖历史文化研究和保护开发建设。我搜集整理了大量有关湘湖历史文化的文献资料。探索古籍史书和跨湖桥遗址,可以发现湘湖水域历史变迁的轨迹,从中也可以见到不同时期有趣名称的记载。当时我撰写了《湘湖趣名记沧桑》一文,概述湘湖水域趣名曾记录的岁月沧桑,认为湘湖经过保护与开发,"将使潇湘湖光重现光彩"。

2. "湘"并非专指湖南

后来,在为湘湖启动区块湖边的观鱼景区命名时,专家不同意采用"湘浦观鱼"的景名,说"湘"是专指湖南的,不能用。而当我翻出《康熙字典》,说出了"湖名。《广舆记》:在绍兴府萧山县"时,专家便一致同意定名"湘浦观鱼"。由此,我对"境之胜若潇湘"的湖名说产生了怀疑。

"湘"字,最早出现在《楚辞》中,是从"相"字发展而来的。

商代武丁有子封于相（今河北）。周时战乱，有相人南逃湖南。后人将相人择水而居的江，称为湘水。后来，湖南又有了湘江、湘山、湘州等名称，湘也成了湖南省的简称。但"湘"字不是湖南的专用词，同样也被《康熙字典》解释为萧山湘湖的湖名。而湘湖湖名究竟何所取义的问题，却一直萦绕心头。这次湘湖游客质疑湖名，才促使我再次面对这一难题。我重新查阅了有关文献资料和当前学者关于湘湖湖名取义的论述，通过调查考证和分析研究，我从中受到启发，对湘湖湖名取义有了新的认识。

3. 古湘湖山水名称的最早记载

如前文所述，唐末至宋代，就有湘湖湖名的记载。而最早记述古湘湖山水名称的，是被称为现存最早方志、由东汉袁平和吴康所著的《越绝书》。《越绝书》卷八《越绝外传记地传第十》称："浙江南路西城者，范蠡敦兵城也。其陵固可守，故谓之固陵。所以然者，以其大船军所置也。"东汉时所称浙江南路，是指浙江南通道，即今湘湖水域，当年为越国大夫范蠡"大船军所置"的固陵港；相应的中路指的是中通道，即今白马湖水域，前身为《水经注》所称的西陵湖；相应的北路指北通道，即今钱塘江。西城，因在浙江南路之西而名，为越国大夫范蠡所筑的屯兵城，时称固陵。《越绝外传记地传第十》还说："会稽山上城者，句践与吴战，大败，栖其中。因以下为目鱼池，其利不租。"《越绝书》卷七《越绝内传陈成恒第九》也记载了，句践向到越国游说的子贡（孔子派遣的弟子）总结了伐吴失败的教训和后果，讲述了自身"上栖会稽山，下守溟海，唯鱼鳖是见"的凄惨情景。句践所称"会稽山"是指西城，即固陵所在的山，今称越王城山。所称"溟海"，是指浙江南路，当时为杭州湾海湾。"唯鱼鳖是见"，这与被称为目鱼池的记载相一致。东汉赵晔《吴越春秋》也记载："越王句践五年五月，与大夫种、范蠡入臣于吴。群臣皆送至浙江之上，临水祖道，军阵固陵。"说明西城（固陵）就是句践保栖的会稽山上城，即今越王城遗址（为浙江省省级文物保护单位）；群臣送至浙江之上，临水祖道之地就在今越王城遗址山下的固陵港，即今湘湖边。

此后，浙江南路淤塞成天然湖泊，被北魏郦道元在《水经注》中称为"西城湖"。

4. 西城与西城湖名称演变记载

自《越绝书》记载"西城"，《水经注》记载"西城湖"后，西城与西城湖的名称一直延续了较长的年代。直到唐代，才又见到相关山水名称的记载，但是名称却已改变。如初唐诗人宋之问《登越王台》"江上越王台，登高望几回"已将"西城"称为"越王台"；李白《送友人寻越中山水》中有"东海横秦望，西陵绕越台"诗句，将"越王台"称为"越台"。元代张招《萧山四咏》诗句"越王城垒久荒凉"和明代刘基《题湘湖图》诗句"湘湖碧绕越王城"，都已将西城称作"越王城"。唐代以来诗人所称越王台（城），应当是当时萧山百姓称呼的名称。而湖名，如前所述，在唐末杜光庭和宋代孙光宪、刘敞的诗文中已有"湘湖"名称的记载。

5. 越王城与范相湖

"西城"和"西城湖"是目前所见古湘湖山水名称的最早记载，都是以方位词定名。显然，西城湖应当是以湖边被称为"越代名山"上的西城（固陵）而命名的。这种定名方式容易雷同，缺乏名称的特点与文化内涵。当时周围百姓根据代代相传在这里发生的吴越相争故事，知道越王句践在此"保栖固陵""临水祖道""卧薪尝胆"等复国雪耻的传奇经历，为怀念他，弘扬卧薪尝胆精神，而将昔日范蠡修筑、屯兵的西城改称越王城。当然，百姓也不会忘记越国大夫范蠡，亲自陪伴越王入臣于吴；在"十年生聚，十年教训"期间操计然七策，振兴越国经济，富国强民，助句践复国雪耻；后又自固陵港"浮海出齐"经商，三致千金，分赠贫疏，被誉为"中华商祖"。范蠡、文种是越王句践的左膀右臂，是越国君主之下的最高行政长官，即宰相，如清代毛奇龄称吴国大夫伍子胥为伍相一样。他在《水仙五郎》一文中说,"伍相为吴主所杀","伍胥死,吴人呼为水仙"。

范蠡有宰相才,在越国执宰相事。可以说,没有范蠡,就没有越国的复兴与称霸。难怪著名史学家司马迁所撰《史记》中《越王句践世家》篇,全文3485个字,而叙述范蠡经历及其在越国功绩的达1184个字,竟占全文三分之一。文中记载:"范蠡事越王句践,既苦身勠力,与句践深谋二十余年,竟灭吴,报会稽之耻,北渡兵于淮以临齐、晋,号令中国,以尊周室,句践以霸,而范蠡称上将军。"显然,句践"灭吴""以霸",离不开范蠡"苦身勠力,与句践深谋二十余年"。范蠡也在"号令中国,以尊周室,句践以霸"时,得到"上将军"的封号。之后,范蠡却选择急流勇退,离开越国时,句践以"孤将与子(范蠡)分国而有之"相挽留,离开越国后,"句践表会稽山以为范蠡奉邑"。为范蠡保留了封地,足见句践对范蠡在越国的地位和所建功绩的肯定。此文还记载:"范蠡浮海出齐……齐人闻其贤,以为相。"范蠡以"久受尊名,不祥","乃归相印,尽散其财"。这表明范蠡离开越国后,也确实曾在齐国为相。

湘湖古诗词中已有范蠡塘、范浦等纪念范蠡的古湘湖地名。清代毛万龄《湘湖春泛》诗句"越王台上錞于冷,丞相祠前松桧枯"中,湘湖越王台上丞相祠,丞相显然是指范蠡,明代玉芝和尚《越王台》诗句"越王台上客登临,范蠡湖头草正新",将越王台下的湘湖称作范蠡湖,都表示湘湖湖名与范蠡有关。因此,当百姓决定改称作为"范蠡教兵城"的"西城"为"越王城"时,自然也会想到,与越王城山水相依,以西城命名的西城湖——当年越国"大船军所置"的固陵港,以范蠡在越国的宰相地位,取相字,加水旁,称为湘湖。

虽然范蠡离开了越国,湘湖一带古越大地的百姓,从历史文化传承中,更希望用范蠡相关的湖名,环护越王城。城以越王名,湖以范相名。当年"时时骑马临湘湖"的萧山县令刘和父,应当是了解湘湖湖名取义,才"生子名湘",对儿子寄予厚望。

王城相湖水依山,湘湖碧绕越王城。因范蠡在越国的贡献和职位,西城湖改称湘湖,顺理成章,实至名归,显示出萧山百姓对湘湖历史的尊重。湘湖越王城山是"句践卧薪尝胆之区";湘湖的前身固陵港是被誉为"中华商祖"的范蠡,在振兴越国经济中形成经商意识与理念后,"浮海出齐"、治家经商的始发地。明确湘湖湖名含义,对传承湘湖文化,弘扬萧山精神、浙商精神,发展湘湖旅游业,将会产生重大的影响。

2019年9月28日初稿

2020年3月5日修改

参考文献

1. 蔡堂根:《萧山湘湖史》,浙江人民出版社,2011年。
2. 吴泽炎等编纂:《辞源》(修订本),商务印书馆,1983年。
3. 〔明〕张懋:《萧山湘湖志略》,载民国十四年(1925)刊本《萧山湘湖志》卷五。
4. 方晨光:《湘湖之"湘"源于湘神》。
5. 曹亮:《萧山湘湖湖名来源新证》,载《萧山记忆(第十辑)》,浙江人民出版社,2016年。
6. 〔清〕释超理:《梧桐阁集序》。

贺知章故里浅说

"少小离家老大回,乡音无改鬓毛衰。"这是贺知章(659—约744)《回乡偶书》中的诗句,脍炙人口,千古传诵。贺知章少小"离家"在哪里?他又是何方"乡音"呢?下面说一点粗浅的看法。

《新唐书·贺知章传》说,贺知章"越州永兴人"。《旧唐书》说是"会稽永兴人"。隋唐后州郡互称,会稽就是越州。《嘉泰会稽志》就采用了新、旧唐书的说法,说贺知章"越州永兴人"。当时,越州除了永兴县,还有会稽县、山阴县,如贺知章不是永兴人,参与《会稽志》修订的陆游父子是山阴人,也绝不可能将贺知章"修订"成"越州永兴人"。明代嘉靖、万历,清代康熙、乾隆和民国《萧山县志》也一脉相承。因此,"贺知章,越州永兴人"的说法,历史上一直为学界所认可。认可贺知章是越州永兴人,他的父亲,甚至祖父必然也是越州永兴人。永兴就是贺知章出生、成长的故里。

《旧唐书》说贺知章是"太子洗马德仁之族孙"。《新唐书》说贺知章"与族姑子陆象先善"。贺知章有这两位不是永兴人的族亲,京城在朝为官,"少以文词知名"的他,"少小离家",前往京城,寻找出路,合情合理,也会得到族亲的照顾和帮助。象先尝谓人曰:"季真清谭风流,吾一日不见,则鄙吝生矣!"可见两人关系非同一般。贺知章"性旷夷,善谭说","晚节尤诞放,遨嬉里巷,自号四明狂客"。贺知章生性旷达、坦荡、豪放,爱交友,喜谈论的性格,深得唐玄宗的信任及同仁和朋友的尊重。贺知章与李白金龟换酒,结为忘年交;请辞归乡,唐玄宗妥然安置并赐诗,皇太子率百官饯送、赋诗辞行。如此经历与待遇,应与贺知章为人性格有关。从《新唐书》和《旧唐书》也可全面了解贺知章的性格、学识和经历。

贺知章是越州永兴(今浙江杭州市萧山区西)人,在萧山有贺家园、思家桥、文笔峰、周官湖等关于贺知章的传说；还有清代毛奇龄《九怀词·荷仙》说："贺监也。监，吾邑人，少名知彰，取知微知彰义也！"清代郭伦《萧山赋》说"文笔环季真之宅"等等。因唐书定下的基调和《会稽志》《萧山县志》的引用，使贺知章萧山故里更为可信，地点更加明确。

当然，有人根据《唐书》中贺知章自号"四明狂客"和李白《对酒忆贺监》中"四明有狂客""狂客归四明"诗句，以为贺知章是"四明人"，回归的是"四明"。贺氏是浙东望族。贺知章的祖先，是四明人。四明是贺氏的祖籍。过去，人们常称自己的祖籍为某地人。如清末萧山人任伯年，称自己是山阴任伯年。蔡东藩的妻舅，明明是萧山湘湖边埭上黄人，却自称江夏黄某某，竹制家具上也写上江夏黄某某。贺知章出于对先祖的尊重和祖籍的怀念，以萧山贺氏郡望"四明"自号"四明狂客"。

还有，《新唐书》说贺知章"乃请为道士"。李白《送贺宾客归越》诗句"山阴道士如相见，应写黄庭换白鹅"，贺知章"请为道士"，好像山阴道士就是贺知章。其实，并非如此。李白知道贺知章是书法家，送行时，想起典故：王羲之很喜欢白鹅，山阴地方有个道士知道后，就请他书写道教经典之一《黄庭经》，以自己所养一群白鹅作报酬。李白想贺宾客归越，恐怕也会有道士上门求书。可见诗中是上门求书的山阴道士，而非请为道士的贺知章。

贺知章辞归时，据《新唐书》说，玄宗"擢其子曾子为会稽郡司马"。唐时州府设司马一人，是辅佐太守，又较清闲的州官，在贺知章萧山故里就不可能安排这样的职位，可见唐玄宗良苦用心。当时，贺知章已无亲人在萧山故里，也只能随儿子曾子前往郡府会稽。而回归途中，必定会到萧山故里，于是也就有了《回乡偶书》。

萧山居民贺哲人，14岁时见到家中保存的4册《贺氏宗谱》（惜毁于1966年），每册厚1.5厘米左右，是1877年做的宗谱。他的太爷爷贺全富上了宗谱，他1893年出生的爷爷就没上宗谱。他家自太爷爷开始就住在萧山市心路原城厢饭店旁，后房屋遭日寇炸毁，搬迁至东门。他当时看到家谱中有贺知章的名字。他的姐姐也说，家住湘湖塘下施的舅舅对她说，在她家中看到过《贺氏宗谱》，宗谱上有贺知章的画像。说你们还是贺知章的后代呀！贺哲人在孙子出生时，还奉贺知章为先祖，进行祭祀。

唐天宝元年（742），永兴始称萧山县，属会稽郡。贺知章"少小离家"在永兴。天宝三载（744），贺知章"老大回"来，乡音无改萧山人。如今，萧山北干山上、箩婆桥旁的知章公园和湘湖湖山广场都耸立着贺公塑像，在湘湖国家级旅游度假区，还有以贺知章命名的贺公堤和知章学校等，表达了当今萧山人民，对这位唐代先贤的尊敬、崇拜和纪念。

2021 年 7 月 20 日

越王城山景区简介

越王城山,海拔只有128米的小山,却深藏着两千五百余年的历史底蕴。春秋末期,周王室衰落,群雄逐鹿,位居长江下游的两个诸侯国吴和越之间也展开一场你死我活的争战。吴越战争,双方经过长期较量,一波三折,颇富于戏剧色彩。句践卧薪尝胆,十年生聚,十年教训,最终起死回生,复国称霸;夫差因胜而骄,居安忘危,最终身败国亡。而越王城山正是当年吴越争战的重要战场。这里也因此留下了"馈鱼退敌""临水祖道""卧薪尝胆"等一连串吴越争战的传奇故事。

1989年,越王城遗址被列为浙江省省级文物保护单位。1991年,经省、市文物部门考古发掘,这里曾出土了石刀、石锛、印纹硬陶、原始青瓷等文物,证实为春秋末至战国时期的文化遗存,是目前我国保存最完好的春秋末期城堡遗址,越王城山也因而被誉为"周朝胜迹,越代名山"。

越王城山景区分两部分:山下是城山广场,有"城山怀古"牌坊、祖道亭、越王城山山门和龙井双涌等景点;山上是越王城遗址景观,有城山古道、越王城遗址、洗马池、佛眼泉、越台拱秀等遗迹和越王祠、古越亭、望湖亭、卧薪尝胆等景点。从城山广场沿城山古道可以直接登上越王城山。另外还有新建的三条石阶游步道,可从不同方向上山,游览越王城山景区。

城山广场

城山广场建于湘湖一期,广场四周有牌坊、碑亭、山门、点将台、烽火台、水师指挥台等仿古景观。

（一）城山怀古牌坊

这是一座具有浓浓怀古之情的牌坊，上面匾额有"城山怀古"四个字。"城山怀古"是湘湖八景之一。越王城山古道入口处曾有一座"城山古道坊"，建于 1924 年，由几根石柱组成，比较简陋。1992 年改建成四柱三门冲天式石坊，前后抱鼓。目前这座牌坊是 2007 年重建的。

牌坊上面四根高大的石柱是图腾柱。图腾柱就是把图腾刻在柱子上。原始社会的人认为自己的祖先源于某种动物或植物，或是与某种动物或植物发生过亲缘关系，于是某种动物或植物便成了这个民族最古老的祖先，并用作本民族的标记，称为图腾，它是一种最原始的宗教形式。原始人相信图腾具有神秘而强大的力量，因而将它刻在柱子、房屋、大树上，时时要举行隆重、虔诚的祭祀活动，祈求它能保佑自己氏族的生存繁衍和发展壮大。不同地区和国家的人有不同的图腾崇拜。比如我们中国人的图腾一般为龙。古代越人崇拜鸟。牌坊石柱就采用鸟图腾。

城山怀古牌坊上有四副楹联。面水的两副，主联是："郁郁固陵[①]，一任神驰今古；悠悠越水[②]，更容思接瀛寰[③]。"上联是说，现在的越王城一片草木葱茏，而古代却是范蠡屯兵的固陵城、句践兵败后的保栖地，历史的沧桑会勾起游人怀古抚今的深思。下联是说，现今的湘湖水源远流长，是历史和现实的汇合，它足以让人们的思绪无限延伸。

副联是："文种祝[④]犹存，岩壑漫寻薪胆[⑤]迹；范蠡谋[⑥]既遂[⑦]，鹭鸥闲沐苎萝[⑧]风。"上联是说，登越王城怀古，仿佛当年文种送别句践时的祝词犹在耳边，面对着这山岩溪壑，就任他随意去探寻当年

注释：①固陵，指越王城。　②越水，指湘湖。　③瀛寰，指瀛海、寰宇，是对地球水陆的总称。　④文种祝，指句践兵败，入吴为奴，"临水祖道"时，大夫文种所致祝词。⑤薪胆，指句践返国后卧薪尝胆。　⑥范蠡谋，指范蠡在句践困守山时，献计让句践"身与之市"，即让句践自作人质，入吴为奴的旷世奇谋。　⑦既遂，已经成功。　⑧苎萝，指苎萝山浣纱女西施。

句践卧薪尝胆的遗迹吧。下联是说，范蠡帮助句践复国的计谋取得了成功，现在人们看到鹭鸥悠闲沐浴在湘湖之中，不禁令人想起当年浣纱女西施在这里告别越国乡亲时的风姿。这副楹联巧妙地写了四个历史人物——文种、句践、范蠡、西施，用史实和传说编织成了访古探幽、览胜怡情的画卷。

牌坊的背面，匾额"水流云在"四个字取自杜甫《江亭》颈联"水流心不竞，云在意俱迟"的头两字，寓意时光如水流，历史的时空已经变换，但浮云依旧。

牌坊上背面的两副楹联，主联是："虎洞衔悲①，方辟就春秋大业；龟山遗爱②，又展开烟水新图。"上联的意思是，越王句践在悲愤中不忘国耻，卧薪尝胆，才造就复国称霸的伟业。下联的意思是，杨时开辟湘湖，造福后世，如今萧山人民又展开了保护与开发湘湖的宏伟新图。

副联是："古垒③抹斜阳，岭树幻成兵甲影；新堤④摇细柳，棹歌销尽鼓鼙声⑤。"上联的意思是，夕阳照在越王城上，山岭的树木仿佛变幻成越国将士们雄伟的身影，使游客在古越屯兵之地，勾起历史的记忆。下联的意思是，湘堤、越堤上柳树摇曳，船上歌声取代了当年的战鼓声，展现在人们面前的是一派宁静祥和的景象。

（二）祖道亭

祖道亭，在城山怀古牌坊的东侧。祖道是古代为出行者祭祀路神、祈求保佑，并饮宴送行的仪式。公元前494年，越国被吴国打败之后，句践保栖固陵，被迫向吴称臣。公元前492年五月，句践率夫人、范蠡等三百余人作为人质，入吴为奴，以换取越国的继续生存。行前，群臣在固陵城下临水祖道，祭祀路神，祈求皇天佑助。大夫文种致祝词，敬酒钱行，气氛悲壮。临水祖道亭就是为了纪念

注释：①虎洞衔悲，指越王句践当年在老虎洞山卧薪尝胆时的悲愤心境。　②龟山遗爱，指宋代萧山县令杨时（字龟山）主持修筑湘湖，造福百姓，惠泽后世。　③古垒，指越王城遗址。　④新堤，指湘堤、越堤等。　⑤鼓鼙声，指战争的鼓角声。

这段往事而建。石碑的另一面就是大夫文种祝词:"皇天祐助,前沉后扬。祸为德根,忧为福堂。威人者灭,服从者昌。王虽牵致,其后无殃。君臣生离,感动上皇。众夫哀悲,莫不感伤。臣请荐脯,行酒二觞。大王德寿,无疆无极。乾坤受灵,神祇辅翼。我王厚之,祉祐在侧。德销百殃,利受其福。去彼吴庭,来归越国。"

亭柱上的楹联是:"黄钺①初收,酒满难消臣虏②恨;乌鸢乍起,风高不断国妃歌③。"楹联形象地反映了临水祖道时句践夫妇的悲愤心情。上联是说,句践兵败被困,只能收起象征帝王的仪仗,群臣饯行的酒杯满满的,却难以消除入吴为奴的满腔悲愤。下联是说,在向吴国进发途中,身怀六甲的句践夫人悲伤万分,面对飞去复来的乌鸢,靠着船舷悲伤地唱乌鸢歌。由于悲伤与途中劳累,句践夫人在女阳亭早产生下女儿,寄养于李乡。

祖道亭面水一侧,还有一副楹联:"赌命行奇计;椎心④别故人。"上联是说,句践入吴为奴,实施的是范蠡谋划的奇计,是在以性命去作赌注。下联是说,句践面对入吴为奴、死生未卜的困境,不得不痛心疾首与故人(包括朝臣、将士,甚至是越国百姓)相别。清代文学家朱彝尊《固陵怀古》诗,描述了当年的凄惨场景:"越王此地受重围,置酒江亭感式微。想像诸臣纷涕泪,凄凉故国久暌违。"谁知,临水祖道却是句践转死为霸之行!

(三)龙井双涌景点

"龙井双涌"为古湘湖八景之一。此景原在湘湖中孙村。村中有双井:一井在孙氏宗祠前,一井在城山古道入口左侧。古井的北面有龙头山,形似蛟龙出水,泉水由双井涌出,故曰"龙井双涌"。现为整合景观,将两口古井合在一起,井旁立"龙井双涌"景观石。有意思的是喝湘湖龙井水的孙氏宗族,来自富阳龙门。龙门孙氏祖

注释:①黄钺,以黄金为饰的钺,作为帝王之仪仗。 ②臣虏,指奴隶。 ③国妃,指句践夫人;国妃歌,指句践夫人在入吴船上唱的乌鸢歌。 ④椎心,刺心的意思,形容极度悲痛的样子。

先孙明,是春秋末期著名军事家孙武的次子。在吴越争雄中,夫差用《孙子兵法》的策略,围越王句践于固陵(越王城山)。耐人寻味的是,距此一千八百年后,孙武后裔却从龙门迁徙到这里,在当年的古战场固陵山下繁衍生息,聚居长达七百年之久,直到湘湖景区的开发,才另迁新居。台门面向双泉古井匾额为"蕴甘澄洁"(语出《井赞》),称誉双涌龙井积聚甜美、清澄的泉水。另有一副楹联为:"一脉①传宗②,回眸凤鸞③;双泉名世④,侧耳⑤龙吟⑥。"上联是说,孙氏宗族上自春秋末期著名军事家孙武起,一脉相传至其后裔,回眸家族史,可知孙门出现过孙武、孙坚、孙权等许多奋发有为的著名人物。下联是说,龙井双涌为湘湖八景之一,现恢复景观,又闻名于世,侧耳倾听,似可闻龙吟之声。

(四)越王城山山门

1. 越国大旗

山门门楼正中迎风飘扬的杏黄色大旗,旗下方有9条装饰飘带,这是越国大旗。越国是周朝诸侯国,配享这九旒大旗。旗上鸟篆体"越"字出自越王剑上的字体。大旗两旁各有8面小旗,上有古越人普遍信仰的鸟图腾图案。

2. 范蠡点将台

范蠡屯兵固陵时,在固陵军港设立点将台。

3. 烽火台

固陵城为越国军事要塞。城四周有高隆台地,供瞭望警戒用,并设烽火台:以白天燃烟(烽),夜间点火(燧)报警。为保护遗址,将仿制的烽火台放置在这里,供游客参观。

4. 维甲令

石刻维甲令,是越王句践返国六年后颁发的伐吴战争动员令。

注释:①一脉,指世系相承。 ②传宗,继承祖业。 ③鸞,飞举;凤鸞,指奋发有为。 ④名世,闻名于世。 ⑤侧耳,倾听的样子。 ⑥龙吟,似龙鸣之声。

它的意思是：连结好犀甲，快整修好枪矛刀剑！要想昂首航行长江，快整治战船！激起冲天怒火，勇士们坚定地迈步前进！让勇士们在海上苦练，在野地宿营，去致胜攻关！

5. 越甲石像

湘湖周围山水，曾是吴越争雄的古战场。《越绝书》记载："句践与吴战于浙江之上……越栖于会稽之山（今越王城山），吴退而围之。"当时退守固陵城山的五千越国兵甲，把阵亡将士从战船上背至岸边山下。如今这些越甲石像再现了当年争战的惨烈！

6. 水师指挥台

固陵军港是越国水师基地，拥有大、小战船数百艘。仿置的水师指挥台楼顶有鼓、钲等军用乐器，以"击鼓、鸣金"指挥大船军演练。鼓声激励士气，催人奋进。

越王城遗址景观

穿过越王城山山门，就进入越王城遗址景观。

（一）越王城遗址石碑

越王城遗址，为浙江省人民政府1989年12月12日公布的浙江省省级文物保护单位，萧山市人民政府1990年8月20日立石碑。越王城，内缓外陡，易守难攻，经明代修建的城山古道可直达城内。土夯古城垣总长1091.2米，内有城山寺、句践祠、佛眼泉、洗马池等遗迹。

（二）城山古道

城山古道为明代皇帝敕赐建造，有五百余级石阶，后被毁重建，现"敕赐城山古道"石碑残件尚存。1924年，山下湖里孙村中建造了城山古道坊。城山古道，沿山沟曲折而上，是当年进出越王城的唯一通道，也是穿越两千五百年历史的时空隧道。

（三）古越亭

登上三百余级石阶，有一座悬空四角亭，匾额为"古越亭"。20

世纪 80 年代，亭子由当地民营企业家出资，为纪念越王句践卧薪尝胆，弘扬励精图治精神而建，匾额和楹联由著名书法家沙孟海先生书写。楹联"卧薪尝胆，誓雪越耻；立马馈鱼，智退吴兵"，说的是越王句践在山上卧薪尝胆和馈鱼退敌的故事。

（四）马门石牌坊

越王城山，中间低矮、平坦，四周高隆，"宛如城堞"[①]，城前两座山峰对峙，宛如一扇门，所以称为马门。马门是越王城进出的唯一通道，有一夫当关，万夫莫开的峻险。

石牌坊，正面匾额"越王城"，这里就是越王城的入口。石柱上有一副楹联："保栖[②]水掬[③]固陵月；振旅[④]舟[⑤]迎查浦[⑥]潮。"上联是说，当年越王句践在月夜乘船离开保栖地，入吴为奴时四周海水，像双手捧着固陵城上倒映的月亮。下联是说，句践返国后经"十年生聚，十年教训"，整顿军队，亲率越国水师，迎着查浦的潮水出征。牌坊背面匾额"周朝胜迹"，是指越王城（古称西城、固陵）是建于周朝春秋时期的名胜古迹。背面石柱上也有一副楹联："一接[⑦]豪雄气[⑧]；常存忧乐心[⑨]。"这副楹联是说，人们来到此地一接触到英雄豪杰之气，自然而然就多了一份忧患意识和豁达之心。

（五）洗马池

进入马门后就是越王城，前面就是越王祠。石道左下方有两个水池。外面这个水池就是春秋时期遗留下来的古迹，叫洗马池。句践"馈鱼退敌"的鲤鱼就取自洗马池。公元前 494 年，句践伐吴，兵败夫椒，领残兵五千保栖固陵。那时的固陵城山四面环水，海水直接连通钱塘江，所以山下海水不能饮用。吴军追赶到此，面对山高坡陡，难以攻克。吴王夫差以为，句践山上缺水，无法持久，宜

注释：①见明嘉靖《萧山县志》记载。城堞，城上如齿状的矮墙。　②栖，居住或栖息的地方；保栖，指句践兵败被困固陵。　③掬，双手捧。　④振旅，整顿军队。　⑤舟，指越国水师。　⑥查浦，吴王夫差筑城围困越军之地。　⑦接，接触。　⑧豪雄气，指句践卧薪尝胆、奋发图强的精神。　⑨忧乐心，指忧患意识。

以智取，不可强攻。因此"退而围之"，想迫使句践前来投降，却始终未见动静，于是派人向句践赠送盐和米，逼句践投降。越王句践深知赠送盐和米的含义，便命人取洗马池中鲤鱼一双，予以馈赠。吴王眼见送来活鱼，知道山上有水，也便知道此战不可速取。句践以"馈鱼退敌"拖延了吴军进攻，使越军得以喘息，为"求降保越"争得时间。现在经过疏浚、修建，成了一处景点。

（六）放生池

里面这个水池，原来是城山寺的放生池。现经过疏浚、整修，成为越王祠前的水池景观。放生池是佛寺中的一个设施，一般为人工开凿的池塘，主要是为体现佛教"慈悲为怀，体念众生"的心怀，让信徒将各种水生动物如鱼、龟等放养在这里。信徒放一次生就积一次德，象征了"吉祥云集，万德庄严"的意义。

（七）金城玉宇摩崖

原城山寺门外有"金城玉宇"摩崖古迹，为清代战火所毁。金城玉宇中的金城指越王城"陵固可守"，固若金汤；玉宇指城山寺、句践祠殿宇，是后世用来敬仰佛祖，祭祀越王句践的屋宇。

（八）越王祠

越王祠，是经国家文物局批准，由萧山区人民政府出资建造的纪念性建筑。总建筑面积约415平方米，由山门、钟楼、碑亭、门厅、越王祠大殿、怀古堂、怀古轩等组成。

1. 山门

山门书匾额"越王祠"。门柱楹联："质[①]身足显韬光[②]智；复国深怀浴日[③]心。"上联是说，句践以自身为人质，入吴为臣的举动，足显韬光之智。下联是说，范蠡为越国保国复兴向句践提出"身与之市"的谋略，并陪伴句践入吴为奴，是深怀辅佐越王建功立业的忠心。

注释：①质，抵押。　②韬光，比喻把才能掩藏起来。　③浴日，比喻辅佐王室，建功立业。

2. 门厅

门厅正面匾额"大禹①遗烈②"。匾额意为越王句践创立的丰功伟绩颇有先祖夏禹的遗风。正面亭柱楹联:"七策③运筹兴越;廿年④雪耻吞吴。"上联是说,句践运筹计然的七条计策使越国兴盛。下联是说,越国经过十年生聚,十年教训,二十年后终于复国雪耻,吞并吴国。

门厅背面匾额"主⑤臣⑥同显⑦"。匾额说的是越王句践与大夫范蠡、文种一起谱写了吴越风云的传奇故事,君臣声誉同样显赫。门柱楹联:"谋⑧国系民,同怀同抱⑨;去⑩乡⑪恋栈⑫,惟⑬信惟忠。"上联是说,句践入吴为臣时,文种受句践托付谋划国事,心系百姓,与越王同心同德。下联是说,范蠡为陪伴句践入吴为奴,离开了留恋的越国客居地,凭的只是他对越王的信念和忠诚。

3. 大殿

越王祠大殿按传统宋式木结构庙宇大殿建造,古朴庄重,内有越王句践与大夫范蠡、文种塑像和展示越王句践转死为霸的历史故事的六幅浮雕。

(1) 正门匾额与楹联

正门匾额"精神万古⑭"。匾额意为越王句践卧薪尝胆、奋发图强的精神万世传承。现在奔竞不息、勇立潮头的萧山精神由此衍化而来。正门柱上的楹联是:"剑影刀光观越史,大悲大勇;卧薪尝胆仰⑮英名,可泣可歌。"上联是说,游客参观越王殿,可以从吴越相争的剑影刀光中,了解越国非常悲壮、英勇的历史。下联是说,在

注释:①大禹,夏代第一个君主、句践的先祖。 ②遗,遗族,后代;烈,功业。 ③七策,指越大夫计然(《史记》称计然)向句践提出的七条强国计策。 ④廿年,指越国经历十年生聚,十年教训。 ⑤主,君主,指句践。 ⑥臣,指大夫范蠡、文种。 ⑦显,指声誉显赫。 ⑧谋,谋划。 ⑨同怀同抱,意为同心同德。 ⑩去,离开。 ⑪乡,指越国。 ⑫栈,指客居地。 ⑬惟,语首助词。 ⑭万古,指万世。 ⑮仰,敬慕、瞻仰。

这里发生的卧薪尝胆历史故事，可歌可泣。

大厅正门边柱有楹联："噫①！功狗功人②，合力契③心扶社稷；嚱④，为奴为主⑤，宏猷⑥奇计覆乾坤⑦。"上联说越国的文臣将士齐心合力扶助越国社稷。下联说句践入吴为奴，后又成为霸主是采用了范蠡宏伟的谋划奇计才扭转乾坤，复国称霸。

（2）大殿匾额与楹联

大殿正中的塑像是越王句践，左右两位是句践的著名辅臣范蠡和文种，塑像正上方匾额为"神祇⑧辅翼⑨"。神祇辅翼，取自临水祖道时文种祝词，意为祈求神明辅佐协助。塑像旁柱有一副楹联："越⑩遘⑪屯蒙⑫、隐沼吴⑬，胜算⑭艰辛遵九术⑮；伯⑯成剥复⑰、难完己⑱，遗谋生聚惠千秋。"上联是说，句践兵败被困，遭遇艰难晦暗，却隐藏灭吴的意图，取胜的计谋是要艰辛地依照文种的灭吴九术。下联是说，句践成为霸主，越国由衰变盛，却错杀文种，自己也难以完美，而遗留下来十年生聚、十年教训的谋略仍然惠泽千秋。

塑像东侧匾额为"伟绩流芳"，是颂扬句践强国富民的丰功伟绩流芳后世。西侧匾额为"英声⑲茂实⑳"，歌颂越王句践有美好的声名和盛美的业绩。

注释：①噫，叹词。　②功狗功人，汉刘邦赏功臣，以萧何为首功。众将以萧何无战功，不服，刘邦说：比方打猎，追杀兽兔的是狗，指挥狗的是人，萧何发现兽兔踪迹，指挥猎狗行动，是功人，所以应该居第一。功狗功人，这里意指越国起不同作用的文臣将士。③契，投合。　④嚱，叹词。　⑤为奴为主，指句践入吴为奴。　⑥猷，谋划、大计。⑦覆乾坤，指翻天覆地。　⑧神祇，天神和地神，泛指神明。　⑨辅翼，辅佐协助。⑩越，指越国。　⑪遘，遭遇。　⑫屯蒙，周易的两个卦。屯，艰难；蒙，蒙昧，喻塞滞、晦暗。　⑬沼吴，灭吴。　⑭胜算，取胜的计谋。　⑮九术，指文种为越王句践提出的九条伐吴谋术。一曰尊天地，事鬼神；二曰重财帛，以遗其君；三曰贵籴粟缟，以空其邦；四曰遗之好美，以为劳其志；五曰遗之巧匠，使起宫室高台，尽其财，疲其力；六曰遗其谀臣，使之易伐；七曰强其谏臣，使之自杀；八曰邦家富而备器；九曰坚厉甲兵，以承其弊。　⑯伯，通"霸"。　⑰剥复，《周易》的两个卦，剥卦象征剥落，复卦象征来复，后用"剥复"指盛衰、消长。　⑱难完己，指灭吴后句践错杀文种，难以完己。⑲英声，美好的声名。　⑳茂实，盛美的业绩。

大殿内边柱有一副楹联:"雄风①吹古越,慨②复仇大野③云雷,极哀悟变;霸业过长江,催④蓄志⑤中华儿女,坚忍图成。"上联是说,越国兵败被吴国占领,悲哀至极,思变图强,在古越大地形成了令人敬畏的气势,群情激昂,复仇烈火如广大原野上云涌雷鸣。下联是说,句践过长江与中原诸侯会盟,成就霸业的壮举,激励中华儿女立志艰苦努力,奋发图强。

(3)六幅浮雕

六幅浮雕主要展示了吴越争霸的历史风云。

第一幅浮雕为筑城抗吴。春秋末期,吴越相争。浙江(今钱塘江)两岸,两军对垒,战争频发。为加强防御,利用浙江天堑,越王句践命范蠡在城山之巅筑军事城堡屯兵,《越绝书》载:"浙江南路西城者,范蠡敦兵城也。其陵固可守,故谓之固陵。所以然者,以其大船军所置也。"固陵,世称越王城。山下的固陵军港配置越国的"大船军",句践从公元前496年起兵拒吴到公元前473年灭吴,前后多次大的军事行动,都由固陵军港出发。

第二幅为馈鱼退敌。

第三幅为临水祖道。

第四幅为卧薪尝胆。句践赦归越国后,时刻不忘会稽之耻,睡柴堆,尝苦胆。相传句践常在当年被困的固陵城"卧薪尝胆"。他安抚百姓,重用范蠡、文种等贤人,励精图治,经过"十年生聚,十年教训",使越国国力恢复,强盛起来,终于复国雪耻,灭吴称霸。

第五幅为西施别越。西施是中国古代四大美女之一,春秋末期越国苎萝山人。公元前488年,越王句践命范蠡访得美女西施,经三年学舞、习礼。为了挽救越国的危亡,西施在公元前485年,由固陵港换上舞衣,跳了舞,辞别前来送行的当地父老乡亲,上船去了

注释:①雄风,威风、令人敬畏的气势。 ②慨,激昂、愤激。 ③大野,广大的原野。 ④催,激励。 ⑤蓄志,立志。

吴国。西施入吴后,凭借其倾国倾城之貌和高超的琴棋歌舞,致使吴王日日深宫醉不醒,沉迷酒色,不理朝政,在她的内应下,句践终于灭吴复国,西施为越国雪耻灭吴作出了卓越贡献。

第六幅为东南称霸。越王句践被赦返国以后,采用大夫文种的灭吴九术和计然的强国七策,通过鼓励生育,发展生产,维甲强军,削弱吴国实力,离间吴国君臣关系等手段,经过"十年生聚,十年教训",于周元王元年(前475)率越国水师伐吴,大败吴军,围吴都达三年之久。周元王三年(前473),越灭吴,夫差自杀。周元王五年(前471),句践与诸侯在徐州会盟,登上了号令天下诸侯的政治舞台,成为名重一时的东南霸主。

4. 怀古堂

怀古堂展厅匾额为"青史①无泯②"。意为史书记载历史,是无法消失的。这个展厅就是展示越王城有关的历史。展厅门柱有一副楹联:"雄③继禹苗④,看剑光熠熠⑤;志兴国祚⑥,赞锐气蒸蒸⑦。"上联是说,句践这样的出色人物,是禹的后裔,也继承了大禹的伟业。下联是说,句践有志气振兴国运,其锐气向上,值得赞美。在展馆主要陈列的是仿制的越王剑和越王城山及吴越争霸的相关史料。

5. 怀古轩

城山怀古是湘湖八景之一。自唐朝以来,历代文人墨客,登上越王城怀古,留下了许多诗篇。越王殿正门楹联:"银艾⑧已辞,篷舟载明月;彩衣曾换,城堞送红颜⑨。"上联是说,句践已取下越王银印绿绶,在月夜离开固陵港,乘着篷舟,在鸡鸣前到查浦吴王夫差大营,待诏入吴。下联是说,西施在此地换了彩色舞衣,固陵城城

注释:①青史,史书、书籍。 ②泯,消灭、消失。 ③雄,出众的人物,指句践。 ④禹苗,指句践是大禹的苗裔。 ⑤熠熠,鲜明貌。 ⑥国祚,指国运。 ⑦蒸蒸,向上的样子。 ⑧银艾,银印绿绶,绶为用来系官印和勋章的丝带,以艾草染为绿色,故称艾。 ⑨红颜,指西施。

湘湖行

墙见证了西施入吴。

另外两副楹联比较有意思。外进门楹联为："妙策强军王者佐[1]；精诚[2]善[3]贾[4]国之师[5]。"上联是说，大夫范蠡以计然为师，用计然的七策富国强军，成为越王的辅佐大臣。下联是说，范蠡助句践复国雪耻后，将计然之策"用之家"，善于做买卖，成为我国的商祖。据传越灭吴后，句践封范蠡为上将军。范蠡知道是急流勇退的时候了，他喟然叹息说："我从计然那里学到的本领，已经让越国富强了，我要再用于治理自己的家。"于是在一个深夜，范蠡携带金银细软，带领家属和手下，驾一叶扁舟泛于江湖，开始了经商致富之路。后来，他辗转来到齐国。范蠡跳出是非之地，又想到风雨同舟的同僚文种曾有知遇之恩，于是投书一封，劝说道："飞鸟尽，良弓藏；狡兔死，走狗烹。越王为人，长颈鸟喙，可与共患难，不可与共富贵，你为何还不离去？"范蠡到了齐国后，改姓换名，耕作于海边，齐心合力，同治产业。由于经营有方，没有多久，产业竟然达数千万钱。齐国人听说范蠡的贤明，要请他作齐相，范蠡拒绝了。于是，他把家财都分给亲友乡邻，只带着最值钱的珠宝，从小道离开了齐国，来到了陶，自号陶朱公。由于陶的地理位置很好，往来贸易非常发达，范蠡便做起了买卖，没有几年，又置下了千金的产业。天下人都称赞陶朱公是最会做买卖的人。范蠡也因此成了我国商人的鼻祖。范蠡本人凭借自己的智慧，适度掌握着进退之间的步伐，后人曾经有评论说："文种善图始，范蠡能虑终。"相比起来，文种的结局就有些悲凄。

另一副与文种有关的楹联是："行尔[6]策，患余策[7]，知否？献吾忠，绝孤[8]忠，了无？"这副楹联以对话的形式，来表达句践灭吴称

注释：①佐，指辅佐的人。　②精诚，至诚。　③善，善于。　④贾，指做买卖。　⑤国之师，指商祖。　⑥尔，你。　⑦余策，指九术中已用于灭吴的其余谋术。　⑧孤，孤独。

霸后，欲诛杀大夫文种时君臣双方的心态。上联是句践对文种说，我采用了你的计策，又担心你未用完的计策，你知道吗？下联是文种回答句践说，我向你献出了忠心，你却绝了我孤独的忠心，难道事情就了结了吗？

据传文种看到范蠡书信后，并没有出走，而是称病不上朝。后来有人诬告文种要造反，句践便赐剑一把，令其引颈自杀。句践赐死的命令也堪称经典，他给文种下令说：当年你献给我灭吴九术，我只用了五条便灭掉了强吴，还有四条在你那里，你到地下我先王那里去试试那四条吧。文种便自杀了。

6. 碑亭、钟楼

这块碑，是康熙皇帝的御敕石碑，上面刻有"敕赐城山禅寺"等碑文。自宋代开始，越王城山上建的主要是纪念越王句践的建筑。1127年宋朝迁都临安（今浙江杭州）时，杨时筑成湘湖已经十五年。湘湖除了灌溉农田，还成了游览胜地，越王城山也从过去的荒山野岭，重新进入了人们关注的视野。当时，越王句践卧薪尝胆、复国雪耻的历史故事，正是南宋人梦想收复中原失地的精神寄托。于是，在句践屯兵抗吴的越王城建造了纪念句践的建筑。至明末清初（具体时间暂无法考证），这里衍化为城山寺。特别是清朝取代明朝以后，城山寺的地位开始凸现出来。这里面有耐人寻味的历史背景。清入主中原后，清朝当局显然不喜欢百姓卧薪尝胆、复国雪耻的行为。因此，清朝统治者极力推崇城山寺。雄才大略、励精图治的康熙皇帝"敕赐城山禅寺"碑，期望百姓成为佛家弟子，安分守己。但清初统治者并没拆毁句践祠，而是让句践祠保留了一席之地，这或许正是康熙皇帝治国安民的高明之处。康熙皇帝的"敕赐"，也让同一时代的释迦牟尼和越王句践，一同接受善男信女的朝拜和祀奉，这也是一个有趣的巧合。

城山寺在乾隆、嘉庆年间，香火极为兴旺。咸丰年间，毁于战乱，仅存破屋数间。越王祠重建时，为让后人更好地了解城山历史，故建此碑亭。

山门外还有一座亭子，叫钟楼。钟楼也是原城山寺的配套建筑。清乾（隆）嘉（庆）年间，城山寺极为兴盛，住有众多僧侣。每当僧侣鸣钟晚课，低沉的钟声久久回荡于湘湖湖面，令人肃然。这就是清乾隆"湘湖八景"之一的"越城晚钟"。为了传承湘湖的景点文化，因而重建了钟楼。

7. 佛眼泉

佛眼泉所在之处。明代嘉靖《萧山县志》记载，越王城内"石上两窍通泉，围不逾杯，深不盈尺，冬夏不竭，曰佛眼泉"。佛眼，佛教名词，认为修道成佛就具有超凡的眼力，能洞察一切。越王城山上这两窍冬夏不竭的通泉，确是奇观。

8. 越王城遗址

从马门沿着石阶可以登上越王城山巅，这座俯瞰湘湖辽阔湖面的奇特山峰陡峭险峻，多像一座雄伟的城墙，这就是越王城遗址。越王城山，是天目山的余脉。它由杭州转塘浮山，潜渡钱塘江而入萧山境内。句践在固陵被困三年，后转死为霸，故后人称固陵为越王城。越王城是目前国内一座保存最为完好的春秋战国时期的城堡遗址。对面（东南面）是连绵不断的富阳龙门山脉的余脉。相传句践当年保栖固陵时曾四顾萧然，所以称对面山为萧然山，萧山也因此得名。

中卑四高的这座越王城山，在两千五百年前，越国大夫范蠡十分巧妙地利用北面的马山和南面的仰天田螺山（状若仰天田螺而名）紧相连接的有利地形，用土石将低谷填平，将两山连接成为一个整体，连接部分构成了马门。然后将马山的山头筑为城东北的高隆台地，将仰天田螺山的三个山头，分别筑为城东南、西南和西北的高隆台地。最后将这四个高隆台地之间的山脊部，用黄土和块石夯成高约3米，外陡内缓的城垣墙体，构成一座随山势起伏的封闭式城垣。四周的高隆台地是固陵城的四个瞭望台。越王城内占地面积

2万余平方米。有人说越王城不大,句践保栖时怎能驻扎五千越兵呢?其实越王城只是越军指挥部所在地。以越王城为核心的周围山岭、支脉,包括对面的萧然山,都驻扎了越兵。

吴越争霸的历史虽然距今已有两千五百余年,如今站在越王城山,仿佛依然能感触到那段惊心动魄、波谲云诡的历史。这段历史风云也让美丽的湘湖多了一层神秘的面纱。

后　记

2023年，是杭州市萧山区人民政府实施湘湖保护与开发20周年。湘湖经过三期工程建设，恢复湖面6.1平方千米，萧山人民终于圆梦湘湖。湘湖也从萧山走向全国，走向世界。

2023年年初，我得到了政协杭州市萧山区委员会编的新书《湘湖这二十年》，想起了去年接受编写组采访的情景，思绪立即进入二十多年来亲身经历的回忆。湘湖这二十年，也是我关注湘湖，所思所行的二十年。我何不也将二十多年来研究湘湖、建设湘湖所撰写的有关湘湖历史文化的文章，结集成册，出一本书？书名就定为《湘湖行》，作为对自己二十多年来所坚持工作的总结，并以自己"湘湖行"的体验与认知，为宣传湘湖、扩大湘湖的影响出一份力，期待各地游客也前来"湘湖行"。

我的这一打算，得到了湘湖管委会和湘湖研究院同事的鼓励与支持，根据他们提出的意见，为更好宣传湘湖，我拟定了《湘湖行》的编写目录，决定重新撰写文稿，并收录过去有关研究文章。经过回忆、思考和撰写，终于在6月底完成了《湘湖行》文稿的编撰。其间，得到了陈关土、黄勇芳、翟文斌、周慧丽、董国栋、方长富、曹亮等的帮助，为本书目录和文稿提出了许多修改意见，在此深表感谢。

书写《湘湖行》的过程，既是对自己湘湖文化建设工作的回顾，也是对湘湖文化研究的深入探讨。在撰写《甲科济美埭上黄》一文时，我得知姑丈的父亲黄镐京，还是《中国历代通俗演义》作者蔡东藩的老丈人。黄镐京是湘湖埭上黄人，蔡东藩就是湘湖人家的女婿。女婿称半子，蔡东藩也是湘湖人。著名演义作家蔡东藩和著名画家任伯年一样，有资格入列湖山广场湘湖名人雕塑像。编纂《萧山埭

后记

上黄氏家谱》的黄庚培先生，为此篇文稿提出了修改意见，深表感谢！

在修改《湘湖湖名之我见》一文时，我从明代玉芝和尚《越王台》诗句"越王台上客登临，范蠡湖头草正新"和清代毛万龄《湘湖春泛》诗句"越王台上镩于冷，丞相祠前松桧枯"中，发现湘湖湖名和越国大夫范蠡相关，正是越王城、范相湖，为湘湖湖名之我见增添了依据。范蠡助句践灭吴称霸后，从固陵港（今湘湖边）浮海出齐。范蠡操计然七策，在振兴越国经济中孕育了经商意识与理念，后经商致富，被誉为"中华商祖"。范蠡是从固陵出来的中华商祖，是浙商的先祖。中华商祖文化值得传承和弘扬。

《湘湖研究》编收录《〈九怀词·水仙五郎〉的祀神对象与现实意义》一文时，经分析认为，水仙五郎，是指水仙伍圣人，即潮神伍子胥。萧山民间过年过节时祭祀五圣菩萨，就是祭祀潮神伍子胥。萧山每年都举办观潮节，如能结合展示有关潮神伍子胥的活动，既可传承吴越文化，又可丰富观潮节活动内涵。

"踏破铁鞋无觅处，得来全不费工夫"是众所周知的名句，其实前面还有两句："崆峒访道至湘湖，万卷诗书看转愚。"这是南宋浙江永嘉人夏元鼎，行万里路，读万卷书，艰辛访道，在湘湖得到的感悟。湘湖真是神秘之地。游客来到新湘湖旅游度假，相信一定也会有新的感悟。

"水光潋滟晴方好，山色空蒙雨亦奇。欲把西湖比西子，淡妆浓抹总相宜"是苏轼赞美杭州西湖的名句。苏东坡没有见到西湖的姐妹湖，因为当时湘湖还未开建。本书书名《湘湖行》采用苏东坡书法集字，让苏体"湘湖行"来体验湘湖的美丽风景吧！

我得知，第六届中国作家协会副主席、第六届浙江省作家协会主席、著名诗人、作家、编剧黄亚洲先生，祖居湘湖埭上黄老屋村，也是湘湖人，就请杭州市萧山区文联主席黄勇芳联系，请他为本书作序。黄先生很快就发来了《一个湖泊如此行走》。衷心感谢黄亚洲先生为本书作序。

  本书得以顺利成稿，也要感谢我家人的理解、支持和帮助。

  二十年来，我坚持冬泳活动，曾经夏渡钱江母亲河、冬泳西湘姐妹湖。2003年9月25日，我参加了湘湖管委会召开的有关湘湖保护与开发座谈会，开启了一段难忘的经历。往事历历在目，择要记录于《湘湖行》。

楼柏青
2023 年 9 月 25 日

张惟安摄影

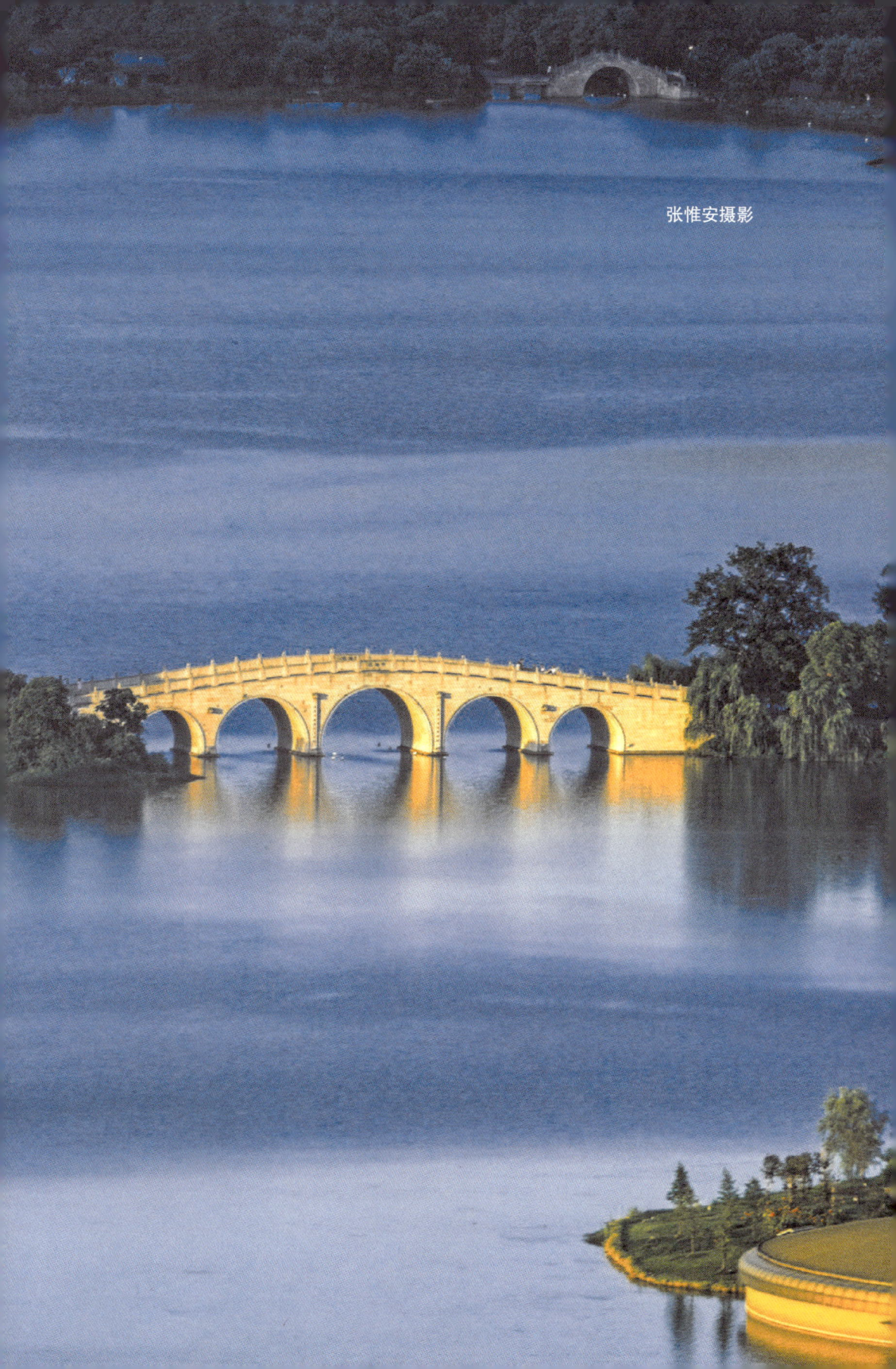